U0717552

The Legendary

董事会杂志社
深圳价值在线信息科技股份有限公司 编著

传奇董秘

Board

Secretary

江苏人民出版社 凤凰报刊出版传媒

图书在版编目（CIP）数据

传奇董秘 / 董事会杂志社，深圳价值在线信息科技股份有限公司编著． -- 南京 ： 江苏人民出版社，2025. 7. -- ISBN 978-7-214-30273-1

Ⅰ．F276.6

中国国家版本馆CIP数据核字第2025JN3515号

书　　　名	传奇董秘	
编　　　著	董事会杂志社	
	深圳价值在线信息科技股份有限公司	
策　　　划	谷学禹	
责 任 编 辑	刘英鹏	
装 帧 设 计	刘葶葶	
责 任 监 制	王　娟	
出 版 发 行	江苏人民出版社	
出　　　品	江苏凤凰报刊出版传媒有限公司	
地　　　址	南京市湖南路 1 号 A 楼，邮编:210009	
照　　　排	南京紫藤制版印务中心	
印　　　刷	江苏凤凰新华印务集团有限公司	
开　　　本	890 毫米×1240 毫米　1/32	
印　　　张	12.375　　插页 4	
字　　　数	240 千字	
版　　　次	2025 年 7 月第 1 版	
印　　　次	2025 年 7 月第 1 次印刷	
标 准 书 号	ISBN 978 - 7 - 214 - 30273 - 1	
定　　　价	128.00 元	

（江苏人民出版社图书凡印装错误可向承印厂调换）

《传奇董秘》一书呈现的是中国资本市场发展的缩影。上市公司董秘是推动企业规范、持续发展的关键角色，是给中国资本市场发展添砖加瓦的重要参与者。传奇董秘是这一群体中的标杆和引领者，他们以惊人的创造力、不凡的领导力、长久的影响力，不断书写资本市场的传奇。

——宋志平　中国上市公司协会会长

《传奇董秘》编辑委员会

名誉主任　施卫东

主　　任　葛　云　余兴喜

委　　员　谷学禹　慕凌霞　苏　梅

　　　　　孙　坚　沈　静　徐　潇

扫码听本书

目　录

序言一

守初心　知敬畏　书传奇
——我眼中的传奇董秘

非常感谢峰会给我几分钟时间,对《董事会》杂志今年首次举办,也是全国首创的传奇董秘授予和董秘好助手奖的评选进行破题。这份荣耀源于自己二十年董秘生涯告一段落后的一些思考。

各位都很清楚,对上市公司而言,董事会秘书尽管后面不带"长",但实实在在是公司治理的"急先锋"。可以毫不夸张地说,他们是资本市场全程的实践者,见证了中国资本市场从无到有,从小到大的过程。他们也是中国资本市场规则的守望者,我常说,董事会秘书是公司内部运行的"减速器",因为他们承担着公司按规则底线运行的重任。董事会秘书更是中国资本市场发展的传承者,从"40后"、"50后"的第一代董秘到"60后"、"70后"的中间力量董秘,再到目前大量聚集的"80后"、"90后"新锐董秘,完整诠释了传承的力量:三十年来,经过几代人的努力，终于把上市公司董事会秘书的高管地位在《中华人民共和国公司法》中予以明确；三十年来，经过几代人的努力，终于让董事会秘书成为一个让人接受、受人尊敬的职业；三十年来，经过几代人的努力，更是写就了董秘在资本市场的无数传奇。

在这样的传奇书写过程中，一直映照着的是董秘们的初心，那就是：永远以敬畏之心善待市场参与者。董事会秘书是上市公司中最愿意和监管要求看齐的人，乐见市场规范运行，助推公司健康发展，祈福股市牛多熊少，投资者付出必有回报；董事会秘书又是上市公司中最能够和外界同行交流的人，期盼彼此相亲相爱，在惊涛骇浪之中能够宠辱不惊，坐看云卷云舒。

所以，传奇董秘是一个称谓，也是一面旗帜；是一种传承，更是一个方向。属于我们每一个曾经为、正在为中国证券市场添砖加瓦的人！

所以，传奇董秘不用评选颁发，只需挖掘授予！正所谓：人在江湖，其身亦能由己；人不在江湖，江湖依然有他的传说。此为传奇董秘。

能够成为传奇，自然应该具有与董秘相应的硬核能力。我一直愿意用 A 股市场上一个上市公司的简称来直观形容一个优秀的董秘所应该具备的核心能力，那就是"深高速"。首先，工作要有深度。董秘要了解公司，吃透公司，以对公司所处行业的深刻理解和拥有的财务、法律知识护航，真正体现董事会秘书在公司治理方面的专业能力，所谓知其然，还要知其所以然。这个工作深度体现了董事会秘书的综合能力。其次,工作讲究高度。我始终认为格局决定公司走向,格局也决定出现问题后的处理方向。只有站位高,才能总揽全局,妥善处理各类问题。工作高度引领着董事会秘书的工作格局。最后,工作更需速度。这是最基本的要求,董事会秘书的很多工作都是有时间要求的,信息披露更是如此,有 24 小时反应,也有 48 小时反应,所以董秘和团队的反应速度是所有工作的第一要求。

能够成为传奇,自然也需要不同层面的支撑。我个人理解以下三个方面的支持是必不可少的。第一是要有好的助手。董事会秘书不是也不应该是一个人在战斗,只有在好助手和优秀董秘团队的一起努力之下,才会成为传奇董秘。第二是要有好的董事会,或者说好的董事长。一个负责任的董事会、负责任的董事长,对董事会秘书工作的重要性不言而喻。第三是要有好的股东,特别是好的大股东。我们常说股东文化决定公司的文化,那里面主要指的是大股东的文化。一个懂规矩、讲规矩的大股东是不会为难上市公司的,只会体谅上市公司,帮助上市公司克服前进过程中的各种困难;一个懂规矩、讲规矩的大股东也不会为所欲为,一定会遵守自己的承诺,给市场以明确预期、朗朗晴空。

因为有以上三个方面的思考,才萌生了推动董秘好助手评选的想法。这个想法萦绕在我脑海里已经有五六年了,并促成了我曾经工作过的上海和广东两地上市公司优秀证代评选的落地,最终在《董事会》杂志的推动下举办了第一个全国性的董秘好助手评选活动。在我曾经的董事会秘书生涯中,我深深意识到:没有一个团队的全心投入,想要把董事会秘书工作做得圆满几乎是不可能的。在座的董秘可以扪心自问一下:是不是给力的助手们给了你们洒脱的空间和去领奖的时间?所以,我在朋友圈为首届董秘好助手奖评选拉票时写下了这样一段话:日复一日,董秘的助手们都在为公司的规范运行忙碌着,请你们抽出一天时间为他们点赞颁奖,打造更为亲密无间的董秘团队。所以,作为董秘,千万不要吝啬你们的推荐!所以,今天我们才会看到有那么多的董秘为他们的好助手颁奖的动人场面!

各位同行兄弟姐妹们,我们即将一起见证首批传奇董秘和董秘好助手的诞生。这只是一个美好的开始,未来会有更丰富的内涵。我十分期待在大家的共同努力下,能够和《董事会》杂志有更深层的互动。期待成立独具风格的董秘学院,所有课程均由传奇董秘讲授,打造中国第一个全实战体系的董秘培训标准;期待搭建稳健投资平台,这样一个平台也将全部由传奇董秘发起,以他们数十年对市场的洞见践行稳健长久的价值投资理念;在此基础上也期待传奇董秘公益基金的成立,为《董事会》杂志金圆桌奖评选保持公正独立做出应有的贡献,也为董秘团队中的弱势群体提供切实的资助;期待以此为平台做成能够永续交流的老友会,真正升华"天下董秘一家亲"的理念:不分公司大小,不分收入高低,不分地域南北,给我五分钟,还你老朋友,报上我名号,聚散两依依。把江湖世界的侠义情,真正演化为传奇董秘的真性情!

最后我想用或许大家都熟悉的一段话来为今天的传奇董秘破题:"公司秘书只是像上了油的吱吱作响的铰链一样,默默地扎扎实实地工作着,是他们在维护着董事会的顺利运转,而人们却经常遗忘他们。董事会如果工作顺畅,没人会关心公司董事会秘书的工作,但如果出了问题,人人都会关注公司董事会秘书的工作。"

所以董秘能做好的事情都是小事,董秘没有做好的事情全是大事,如果我们能把所有的大事都做成小事,那就是本事,而属于你的传奇就已然诞生!

（摘于施卫东先生在首届中国上市公司传奇董秘峰会暨首届董秘好助手奖颁奖活动上的演讲）

序言二

致敬上市公司规范运行、资本运作的掌舵人

在当今资本市场日新月异的背景下,监管趋严已成常态,进一步提高治理水平将是推动上市公司高质量发展的关键抓手。董事会秘书,作为公司运营的核心人物,其在公司治理结构优化、信息披露透明化及价值创造等方面的作用愈发凸显。他们不仅是以资本运作为核心的新经济和以资产运营为核心的传统经济交汇传导的关键执行者,担当着公司治理的中流砥柱角色,更是连接董事会与管理层、股东与公司、监管与公司之间的桥梁与纽带。

董秘们在履职过程中,始终秉持法规至上原则,严守监管要求,致力于引导公司以卓越的经营成果回馈投资者,堪称公司规范运行、资本运作背后不可或缺的"智囊"与"沟通大使",同时也是企业形象的塑造者和维护者。

近十年来,价值在线一直致力于推动董办工作信息化,易

董 SaaS 产品自 2016 年推出以来,获得了董秘朋友们的大力支持,他们给我们提供了非常多的产品思路和宝贵意见,也帮助我们在全国的业务推广。在服务上市公司的过程中,我们有幸与众多董秘深度交流,这些互动让我深切体会到董秘群体的非凡能力——他们不仅需精通跨领域知识,具备卓越的沟通协调能力,还需擅长资本运作,并能灵活应对各类突发挑战,确保公司合规稳健前行。

在我们看来,一位优秀的董秘,能在企业资本运作的关键节点上做出精准决策,如股权激励的时机选择、再融资策略规划及并购交易的巧妙安排等。而那些超凡卓越的董秘,则如同杰出的投资银行家,能在实业与资本领域间游刃有余,通过高效整合资源,对企业市值与市场地位产生深远影响。

本书深入聚焦那些在资本市场风浪中勇立潮头的董秘,通过他们的口述或书写,剖析他们在企业发展关键时刻的思考与行动,展现他们如何解决典型难题,成就一段段传奇故事,如施卫东引领中国船舶的辉煌篇章、中国铁建余兴喜发行首单境外可转债、紫江企业高军亲历第一批股权分置改革试点、中集集团于玉群主导首家 B 股转 H 股、河钢股份李卜海首次跨沪深交易所上市公司吸收合并、金波历经八次融资的坚韧不拔、曲江文旅高艳狙击恶意收购……这一切,也是我国资本市场发展的一个个里程碑,推动了中国资本市场在规则制度、资本运作上的一个个创新与突破。

看到一个个董秘的传奇回忆,画面感满满,这是每位董秘最黄金的二三十年岁月，也是他们的青春与奋斗、梦想与坚持。他们在各自岗位上，用他们的智慧和专业，规范和成就了中国资本市场的一个个传奇、一家家伟大的上市公司，在短短三十几年的时间内，中国资本市场成为全球最重要的资本市场之一。

书中的每一篇文章、每一位董秘的故事，都真实展现了他们的实战场景和宝贵心得，他们陪伴上市公司取得了一个个辉煌成就，也迎来了他们个人职业生涯的高光时刻，成长为职场的耀眼明星，他们是我们的榜样。他们的经历鲜明生动，不仅饱含个人成长的启迪，也提供了实用的策略建议。相信读者在阅毕此书后，定能收获满满的灵感与深刻的洞见，为自己的人生点亮一盏盏指路明灯。

满怀感激之情，我们希望通过这本书，向那些过去、现在以及将来给予我们帮助、鼓励、信任与支持的董秘同仁们致以最诚挚的谢意。对于那些正在董办岗位上辛勤耕耘、未来即将成长为董秘的共创伙伴们，我们同样怀着无限的敬意。对于那些参与易董共创的朋友们，我们更是感激不尽。是你们与易董的共创、共建、共享，才有了更多宝贵的建议、智慧的火花，乃至批评与指正，这些都将成为我们前行的灯塔。你们在工作上严谨专业的精神，对数字化道路的不懈追求，以及帮助易董产品在业内口碑的广泛传播，共同铸就了易董成长壮大的今天和未来。你们的深厚恩情若星辰，照亮易董前行的路，我们铭记于心，永不会忘。

最后，我们希望通过这本书，激励那些在职场上奋斗的董办人，无论面临何种艰难险阻，都能心怀信念，勇于担当，书写属于自己的辉煌篇章。

苍穹不负少年意，岁月不枉赶路人。愿每一位董办人前路漫漫亦灿灿，人生海海皆星辰。

价值在线 & 易董

2025 年 2 月 20 日

施卫东

　　施卫东，男，1967年生，中共党员，上海人。现任中国船舶(600150.SH)董事、总经理。1997年至2016年期间，曾任中船科技（600072.SH）、中国船舶(600150.SH)和中船防务（600685.SH/00317.HK）三家上市公司董事会秘书、副总经理，拥有丰富的上市公司治理、资本运作、股权管理和投关管理经验，主导、负责过公司上市、股权分置改革、重大资产重组、A＋H股核心军工资产境外上市、构建控股型上市公司等开创性运作，融资总额超50亿元。

施卫东：不期而遇

——我的二十年董秘岁月

　　从 1996 年我筹备第一家额度审批制的上市公司担任董秘到 2016 年离开那个岗位，三十岁到五十岁，正好是我职业生涯最黄金的年龄，整整二十年时间。当初，我根本就没想到要进入资本市场，但是进去了以后才发现，我的人生都被改写了。

从"好上加好"到漂亮的九折

　　我是 1992 年走进资本市场的，当时作为毕马威审计团队人员参与了上海石化的 A＋H 改制上市工作。后来，江南造船厂准备上市，那时审批制度是额度制，1996 年拿到了六千万的 A 股发行额度，厂里的领导弄了一个上市筹备班子，大概有七八个人，以年轻人为主，我被任命为筹备组的首席秘书。所以说，从 1996 年开始，到 2016 年，我全程参与了资本市场二十年。这里面有意思的是，我把中船集团所有三家上市公司董事会秘书这个职位的工作做了一个遍，两家在上海，一家在广州。现在基本不可能了，没有机缘巧合是没办法做到的，我觉得这是一个前无古人后无来者的事情。

每个公司都有它的特点。我服务过的第一个上市公司是额度制出来的，自己全程经历，感情很深，尽管其规模不大，但它出自江南造船厂，在当时的资本市场上也是有名有姓的；第二个就是中国船舶，称得上是资本市场上的一个传奇。

2007年是迄今为止中国资本市场真正意义上最大的牛市，上证指数6124这个点位至今仍需仰望。当时的市场背景是上市公司进行了股权分置改革，股改带来了资金牛；不仅如此，中国加入WTO以后经济发展势头也很好，和资本市场形成了整体共振。跟昙花一现冲到最高点的小股票不一样，造船业是中国比较大的重装备业，有很大规模。我们通过2007年的资产重组，开启了"好上加好"的模式，在这个过程中，身处周期性行业的中国船舶，股价也走到了历史的最高点。

2007年以前的资产重组基本上是为了救活一个公司，很多公司都是亏损了甚至要退市了，借助重组装入一个新的产业，把净资产弄得好一点，把这个公司弄成盈利。而我们2007年做的事情是，原来这个公司就很好了，沪东重机当时是国内最大的船用柴油机供应商，加上整个造船业形势相当好，公司业绩非常好。我们在这个基础上又加入了优质的造船和修船资产，这就相当于把公司打造为造船、修船、柴油机一体化上市的概念，这就是"好上加好"的模式。

那时候的造船市场火到什么程度？你最终拿到一条船时，

从签订合同到建造再到最后交船,当中竟然已经换了三四拨船东,真可以说是击鼓传花!就好比你和我签了一个协议,然后过了两个月,我加价把协议卖给了张某,张某过了两个月再加个价卖给李某,那个时候船东代表一直在换,最后拿到船的船公司已经不是一开始签合同的人了。

在这个重组案例当中,我们开启了"好上加好"模式,优质资产新老共存,谱写了一曲 2007 年中国牛市最华美的篇章。

在我记忆中,当时超过两百块的股票,似乎只有贵州茅台和中国船舶,但中国船舶股价长期高于贵州茅台。11 月中国船舶股价最高达到三百元,茅台最高好像到了二百八十多元。这是 2007 年的实际情况,当时公司的市值达到了两千亿元,而市值的飙升是有业绩支撑的。当然,炒船行为也推动了股价飙升。

那个时间段,我一天最多接待投资者八场,从早上到晚上,有的四十五分钟一场,有的一小时一场。那时候大家比较激动,觉得这个公司好得不得了。投资者都希望自己能和上市公司的高管一对一交流,我喉咙沙哑的毛病就是那个时候落下的。有的基金经理甚至还没交流完,就拿起手机下单了。

那个时期是中国船舶,也是我职业生涯当中的一个高点。中国船舶"好上加好"的资产重组做法被上海证券交易所评为当年最佳并购案例。并且,这个案例引领了 2007 年以后一些公司对"好上加好"模式的复制,成为周期性行业的一个典范,让我们引以为豪。

从我做的三家公司来说,中国船舶创造了不可复制的辉煌，尤其是这个辉煌是真实的。中国船舶当时的动态市盈率三十多倍，并不高，机械行业平均也是三十到四十倍，是非常正常的。尽管受2008年金融危机冲击，盛况持续时间只有一年多，但这是制造业的周期性带来的，跟那些主业不正常的公司是不一样的。

不惑之年见证中国船舶"好上加好"的重大资产重组（2007年）

我做资产重组并购一共有五六次，有成功也有失败，但记忆深刻的是到了中船防务（广船国际）之后。

2014年，中船集团一纸调令，我没有任何思想准备就去了广州，做广船国际副总经理、董事会秘书，专门负责广船国际收购一块军工资产。这个案例的一个特殊性在于，公司由此成为H股市场上的军工第一股。以往在香港市场上是没有内地军工的实体资产上市的，后面也没有跟随者，因为我们是 A＋H公司，我们注入的是核心军工资产，据我所知，国防科工局批了我们这一单以后，至今还没有批准过其他的公司。

做这件事情，我花了近一年半时间，从 2014 年 5 月开始，之后又花了半年做收尾工作。当时，我是主持行政工作的副总，主要工作就是负责资本运作项目，没有总经理，这个案例我是全过程的主要参与者，包括和两地交易所的沟通等，这里面的难点就是军工资产和信息披露问题。随着重组的完成，实体型的公司变成了一个平台型的上市公司。

2015 年 5 月份之前，这个资本项目就基本完成了。应该说，从时间点的把握上我们做得很漂亮，度也掌握得非常好。这其中有一个细节：证监会批文是 2015 年 3 月份拿到的，批文的有效期是半年，而我们只花了两至三周就完成了发行。由于是市场竞价，半年之内完全可以再等一等，等到市场价格更高些再发行。但是，我们认为应该抓紧时间弄好，因为市场已经够好了，已经超过我们的想象，这是一个职业判断。

我不能说我不欢迎市场火热，但感觉明显热过头了。原计划我们要做北上广深的全国路演，后来我们当机立断，取消了所有大型路演，代之以定向规模很小的反向路演。最终，我们的股票发行价格和当天的收盘价只相差了百分之十左右，就是九折——那天收盘四十多块，发行价接近三十八块。

当时也可以"心黑"一点，等一个高价，但价格越高风险也会越大。实际上，两个月以后你就发不了，因为遇到股灾了，天天跌停没法把握了。可见在证券市场上，把握趋势很重要，自己对度的把握也是非常重要的。

它就像一种烙印，这辈子拿不掉了

中国资本市场的发展向来是问题导向的，问题出来了想办法怎么去解决。用这个模式推演开来，可以解决很多复杂琐碎的问题。基于这个逻辑，如果是从对资本市场的贡献角度来说，我觉得有两三件事值得记录。

第一个是我在江南重工工作的时候，当时将车间改造成一个上市公司，所以这里面充满了很多关联交易。在 20 世纪 90 年代末期，我首创了关联交易的框架协议。当时我和交易所多次沟通，能不能将一年内可能产生的关联交易估一个数值，搞一个额度，在每年一次的年度股东大会一次性通过，这样就不用每次按照规则开这会开那会了，效率提高了很多。现在我们觉得很简单，但在当时是有开创性意义的。

不期而遇的董秘生涯（1997 年）

还有就是对内担保的框架协议。担保分对外和对内,我一直认为对内担保的风险跟对外担保的风险是不一样的。对内担保是指自己对全资或控股子公司或者它们之间在业务过程中的一些相互担保。有一天,我在上交所交流时谈到,中国船舶下面有造船厂、修船厂、柴油机厂,它们相互担保,对下的担保,都是内部的,我认为风险没有扩大。对内的担保其实也是对下面的一种把控,有所约束,属于内部控制。企业一旦变为上市公司,很多事情便身不由己,要有完善的内控流程,这个和非上市公司完全不一样,从这个角度来说,上市公司是有它的规范性要求的,能不担保尽量不担保。但是,光机械地遵守规则,你可能会效率很慢。我们把一年内可能的对内预计担保金额,在股东大会上一次性定下来,一旦发生担保,只需要公告一下,这就提高了效率。这件事在2008—2009年的时候,我认为是一种既尊重规则又讲究效率的做法。当然,风险非常大的对外担保是不能用这个方式的。

第二个贡献我认为是给初入门的后辈一些经验,集中在我的交流上、讲课上。我和在上交所上市的很多后进同行都交流过,甚至一个公司整个董办都和我交流过。2012年开始,我给上交所做董秘资格培训,从第四十四期到现在的第一百二十多期,七十多期的培训,目前大概已经超过一万五千名学员了。每次培训,我都和他们分享半天的董秘心得,很多人听了以后都觉得,我是真正把他们的疑惑解答了,每一次的评分都是很高的,算是金牌课程了。尽管我离开这个圈子已经两年多了,但上交所还是请我去交流，包括科创板的首期董秘资格培训班，也请我去"传道授业"，我以为这是对我们这代董秘的肯定。

为《董事会》发展鼓与呼（2024 年）

我们这一代人做事情都是很认真的，来了事情就怕做不好。所以我和他们交流，第一就说要人品好，人品好体现在证券市场上做事要专心专注不敷衍，你的任何一个公告、一段文字都是对着资本市场，一旦粗心了，就可能会给资本市场带来莫名的搅动。比如公告中你写错一个字，一个字可能值一个亿，比如三千万，你写成三个亿了，股票价格不受影响是不可能的。当然人品也体现在我们都是天然的内部信息接收者，我们是要好好交朋友，但不能害朋友，所以要有健康的财富观念，不能觉得什么信息都能和朋友说，常在河边走，一定会湿脚。

刚入行的董秘急需有人带他们入门，怎么做好董秘、怎么管理下面的部门,这些都是实战的经验,没有虚的东西。很多你觉得很简单的事情,对他们是非常难的,你的经验经历在于可能刚听他们半句话,就知道难在什么地方。所以我和他们交流的时候,会设置好多个场景,比如证券监管部门忽然来电话,股东突然指责,调研机构突袭,遭遇不利公司的消息,等等,怎么办?应该怎么处理?现在是自媒体时代,纸媒时代可以把已经印好的报纸都可以买回来,但自媒体时代,一传播出去就收不回来了,我在交流中把它比喻成"一秒就是全世界"。现在政策法规变化很快,一些学员会问到比较难的专业问题,我也不一定回答得了,那大家就一起学习,我用我的人脉再请教交易所的老师或是一些专家,或是上市公司的一线同行,通过这种方式也能保持自己对知识的更新。

第三个是我很奇特的贡献,到了广东以后,短短的两年多时间,粤沪同行之间的交流增多了。我过去了以后,把一些热心董秘组成一个核心群,再由这些人扩散出去,像滚雪球一样。每年有一次互访,广州的董秘到上海去,上海的也过来广州,这样彼此之间都能有业务提高,我觉得这样做非常好。这都是民间的,比较大的规模,相互在一起的董秘有六七十人,气氛非常融洽。2014年到2016年年底,两年半时间,我在广州除了业务上做了一个军工资产注入的重组项目,还做了这样一个无形的东西。我在里面牵线搭桥,不单单要有热情,还要有这个奉献精神,要带头付出一些,除了精力,还有经济上的。当然我认为都是非常值得的,都是有回报的,大家对你认可,其他方面你有一些问题要讨教的时候，对方就会毫无保留地告诉你。因为广东和上海的董秘群体是不一样的，广东民营的特别多，上海国有的多一些，相互的交流就很有意义。两种不同性质的企业董秘之间的交流，会吸取到不同的工作方式，取长补短。我就像桥梁使者一样，把大家联系在一起，它就是"天下董秘一家亲"的理念。

企业如人，应客观看待上市公司

我一直说，上市公司像人一样，人有点不舒服但并不影响和外界的交流。企业也是这样，一个客观的规律是：企业运转过程中一定会有毛病，但这个毛病不会让企业停滞。遇到什么情况不能先找它的毛病，不能因噎废食，而是要容忍这些毛病，想办法怎么解决毛病。所以，问题是靠发展来解决的，一定要用发展的眼光把老毛病克服掉，公司才能不断往前走。实际上，你不可能期待一个企业是完全健康的，这样的上市公司实际上是不存在的。

国有企业有一些弊端可能不符合市场逻辑，在这个过程中有很多酸甜苦辣，有很多人是不理解的。我以前讲过一句话，每一个公告背后，可能都有一连串的事情。公告出来或许只有几行字，但前面可能做了几个月的努力，有很多和大股东的交流，甚至是交锋，最后出来是风轻云淡，其实公告出来的时候说明一个很大的事情已经解决了。我在第一家公司江南重工做的时候,记得是在 1999 年,上海证监局来检查,检查以后他们觉得我们很规范,江南重工成了上海证监局巡查以后唯一一发文表扬的单位,后面就没有了,因为证监局看到一个个好公司变脸了,这又变成一个前无古人后无来者的事情。再比如说,我刚到中船防务的时候,整个董办人很少,我去的第一件事是一边做项目一边打造一支队伍,用项目来出队伍,用队伍来出项目,很经典的做法。我花了一年时间把三四个人带出来,淘汰了两个人,但淘汰了的两个人在其他上市公司也做得挺好。从此以后,中船防务在上交所考评都是 A,在这之前都是 B。

回看我的个人经历,我读的是复旦大学世界经济专业,1989 年毕业的时候,中国证券市场还没有起来,压根都没有想到这辈子会与董秘有关联。机缘巧合,我参与筹备了江南重工的上市工作,当初觉得上市公司是一个比较新的领域,没想到进去之后就出不来了,人生的黄金时期都在里面,而且非常投入,人生的成功失败、汗水泪水也是这个市场给的。如果要我总结 20 年董秘生涯的感受,我想用"战战兢兢,如履薄冰"八个字来形容一点也不为过。我一直觉得,董秘能做好的事都是小事,董秘没做好的事全是大事。董事会秘书实际上是无法改变公司的,但可以影响公司,好的董秘应该是公司董事会的影子。我也一直想写一本回忆录,名字都想好了,就叫《不期而遇》。我想说,一切的不期而遇都是冥冥之中,都是偶然中的必然,有如我与中船集团的不期而遇,是中船成就了我,我心怀感恩;有如我与资本市场、与传奇董秘的不期而遇,从接触市场到职业董秘,再到传道授业解惑,我庆幸我的黄金年代是热忱的、认真的和乐于奉献的。我虽然离开了这个位置,但大部分的社会活动还是和董秘有关,就像一种烙印,拿不掉了。我自己也很认同,我一直是这个圈子里的一份子,应该为这个圈子做贡献,同样,至今还战斗在资本市场第一线的兄弟姐妹们也一直没有忘记我,那么多值得骄傲的同行和朋友是我人生最值得珍惜的财富。

余兴喜

　　余兴喜，生于1958年1月，陕西靖边人。现任中国上市公司协会学术顾问委员会委员、独立董事专业委员会委员，北京交通大学经管学院兼职教授，国药股份、首钢股份、瑞泰科技独立董事等职务，是中国注册会计师协会资深会员（非执业），"中国公司治理50人论坛"成员。2010年10月至2018年5月任中国铁建董事会秘书、公司秘书、新闻发言人，2018年8月至2023年12月任北京上市公司协会秘书长。参与或主持过IPO、定向增发、并购、境内外可转债、A＋H上市公司分拆子公司到境外上市等多项资本运作，创造多项第一。

余兴喜：主动出击平舆情

经常有人问，如何才能成为一个优秀的董秘？董秘如何避免"出问题"？我曾经套用一句"名人名言"来回答这个问题：幸福的家庭都是相似的，不幸的家庭各有各的不幸；优秀的董秘都是相似的，出问题的董秘各有各的原因。你要把董秘职责内的所有工作都做好了，才可能成为一名优秀的董秘；某一项工作做得不到位，你就可能出问题。之所以说"可能"，是因为这只是你成为优秀董秘的内因，但还离不开外因，离不开你所供职的公司给你提供的工作环境。我觉得我很幸运，这个幸运就包括有一个好的公司、好的董事会、好的领导、好的同事、好的下属等好的工作环境。这些外因，不是董秘本人可以完全掌控的，具有"运气"的成分。

上面说的"所有工作"，绝大部分是琐碎的具体工作，听起来会很枯燥，我这里说说我的董秘职业生涯中几个稍有点"故事"的事情。

信息披露不出纰漏

　　中国铁建规模较大,加上沪、港两地上市,信息披露工作量大,每年在两地交易所披露的各种文件大都在 400 份以上。这些年来,未发生过交易所审核不通过或发现错误要求改正、需要补充披露、更正披露的情况,更没有被采取过任何监管措施;在上交所先前每年对董秘的考核和近几年每年对公司信息披露的评比中,结果均是"优秀"或"A"。

　　这里面的一个重要因素,是我们始终把"零纰漏"作为信息披露工作质量的基本标准,用认真的态度和严格的制度,确保完全合规,确保不出现任何不符合"真实、准确、完整、及时、公平"原则的疏漏。所谓"完全合规",就是既要符合有具体条文规定的"规"，也要符合虽无具体规定但有原则规定的"规"。

举个例子。我们知道，与日常经营活动相关的工程承包合同的强制性披露标准是合同金额占公司最近一个会计年度经审计主营业务收入的 50% 以上，由于公司每年主营业务收入都在五六千亿元以上，不可能有超过 50% 的合同，而投资者又十分关注公司的工程承包合同情况，因此，公司对于达到 30 亿元人民币或 5 亿美元的合同，一直进行"自愿性披露"；而且，由于工程项目发包采取招标方式，签订合同是在宣布中标之后，因此此类"合同"一般应在得知中标时披露，签合同时披露就太晚了。自愿性披露必须是达到标准就一定披露，未达到标准就不披露；而不是想披露就披露，不想披露就不披露，我们把这个称为"一贯性原则"。

当然，自愿性披露仍然须遵循"真实、准确、完整、及时、公平"的原则。关于"及时"，规则规定是"自起算日或者触及披露时点的两个交易日内"，但在实际工作中，不能仅仅满足于两个交易日的要求。2014 年，公司投了一个墨西哥高铁的标，这个项目投标报价中本公司占 39 亿美元，为上年营业收入的 3.04%。墨西哥政府定于当地时间 2014 年 11 月 3 日，即北京时间 11 月 4 日凌晨公开宣布招标结果。当时上交所还没有早间和午间披露时段，如果中标，正常情况下发布公告的时间应为 11 月 4 日晚间，但公司判断认为，由于这是国外第一条全部采用中国标准的高铁，关注度高、影响大，可能会对 11 月 4 日的交易产生较大影响，收市后披露可能会实质上违反公平性和及时性原则。经与两地交易所沟通,公司创造性地于11月3日晚间发布了海外项目投标提示性公告。公告中把几个要点讲清楚:什么样的项目;将会于何时何地由何人通过何种方式宣布招标结果;因为本公司参加的联合体是唯一投标方,故中标的可能性比较大;总的报价是多少,本公司占多少份额。这样,有兴趣的投资者就会关注第二天开市之前的相关新闻,从而做出自己的判断,保证了投资者公平获得相关信息。当晚宣布的中标人果然是本公司的联合体,11月4日公司股票收盘价涨幅达8.29%,这也说明这个提示性公告的必要性。

接待悲伤的股民

我们有一个理念,叫"尊重投资者才受投资者尊重"。我们公开宣称,对投资者来访等沟通要求"有求必应",而且不论是机构投资者还是个人投资者都一视同仁。我本人每年通过路演、接待投资者来访、参加证券公司等机构组织的策略会、年会等与投资者交流的会议少说也都在百场以上。

有一年公司召开股东大会,会议结束送走客人后刚回到办公室,我们董秘局的一位同事就给我打电话,说有一位三四十岁的男子,行动不便,背着编织袋,自己打开袋子让我们同事看了,里边是一件暗器。他说是从一个偏远的小城市坐了一天多的火车来的北京,中间还转了一次车,来北京是准备参加公司的股东大会,但出了西客站打了一辆出租车,把他拉到了另一家名称相似的公司,当他再打车来到公司时,股东大会已经结束了。他说他一定要见到公司领导,至少是董秘,董秘局的同事问我怎么办。我说你先把他请到一个小会议室,先喝茶,我马上就来。我放下电话,就立即来到这个会议室,请他慢慢说来。

原来这位仁兄行动不便,没有固定工作,年龄老大了才结婚,炒股多年,有所收获,觉得自己已经比较专业了,也因此获得妻子和岳母一家人的认可。他仔细看了中国铁建几乎所有的信息披露文件,经过认真研究对比,认定买中国铁建的股票绝对没问题,于是他把自己所有的钱、妻子的钱、岳母的钱和妻子姐妹的钱都买了公司的股票,但是自买入公司股票后,股价就下跌,越亏越多。他这次来,是想实地看看公司究竟怎么样,如果解套无望,他就无颜回去了,就在公司门前自我了断,这就是他带着工具来的原因。

他所说的情况让我既感动又同情。我首先对他坚定看好本公司表示由衷的感谢,向他具体介绍了公司的基本面情况,谈了我对行业趋势和宏观经济环境的看法,回答了他的一些具体问题。我说:"股价的事我说不好,这方面您是专家。我可以向您保证的是,我介绍的情况一定是真实的,我对行业和宏观情况的看法也是我真实的想法。我也可以保证,公司的信息披露不管是过去还是今后,一定是真实、准确、完整的,我刚才介绍的公司的情况,您都可以从公司信息披露文件中找到。当然,您今后有什么问题,可以随时给我或我的同事打电话、发邮件,我保证及时回答。"他一再对公司的热情接待和认真解答表示感谢,说他过去也去过别的一些公司,还是我们对投资者最重视,这次来北京尽管误了股东大会,但一点也不遗憾,来得很值。经过交流,又亲自接触了公司的管理层,他现在对公司的信心更加坚定了,他一定会坚定持股,等到赚钱的那一天。我说,具体的投资决策我不好给您什么建议,但我还是想提醒您,今后无论哪一只股票再好,也不要把所有的钱都买了一只股票,更不要借钱炒股票,或者把家人、亲戚、朋友的钱都拿来买一只股票。他说这个他懂,只是这次太看好中国铁建了,一时冲动,就忘了这些"纪律"了。因为已到了午饭时间,我让董秘局的同事陪他到我们员工食堂吃了饭,然后找了个车送他去火车站。

事后,我把这事向我们董事长做了简要汇报。后来股价回升,我们董事长还说,那位仁兄要是持股到现在,那就赚大钱了。

积极澄清"假发票"问题

上市公司或多或少都可能会遇到一些所谓"负面舆情"的问题,这给很多董秘造成了困扰。有些人可能会选择"躲",因为这时候应对不当会"火上浇油"或"越描越黑",而且"枪打出头鸟",谁出头谁就可能会成为众矢之的,"引火烧身",也确实有一些董秘、新闻发言人同行因回应时的一些小失误而被免职。然而，我个人认为，最好的办法还是积极主动地应对，逃避是不负责任、不敢担当的表现。

我任董秘期间，也发生过几次"负面舆情"。我们总的态度是实事求是、积极应对，最终的效果都还不错。

有一年审计署对铁路建设项目进行审计，查出我公司下属企业的"假发票"问题，金额似乎上了千万。审计署公布了审计结果后，中央电视台《焦点访谈》栏目就此做了一期节目，主持人义正词严地质问，这么多钱去了哪里？进了谁的腰包？当晚，就有媒体打电话来问。我向公司审计局了解了具体情况后，第二天一上班就主动联系几家主要媒体，说明情况。首先，我们的工作确实有做得不好、不到位的问题，我们正在认真整改，而且举一反三，进行全面自查。其次，一些媒体对"假发票"问题有误解。实际情况是，铁路施工需要大量的砂石料，这些砂石料一般都要就地采购，卖方提供了要素齐全、看不出有什么问题的发票（那时候还没实行"营改增"）。我们的工作人员也拿着这些发票到当地税务部门，请他们鉴定这些发票有没有问题，但当地税务部门说他们没有这个义务。此次审计，审计署工作人员拿着审计署的证件和审计署的介绍信去税务部门核对，发现有部分发票不是从税务部门购买的或不是税务部门监制的，因而确定这些发票为"假发票"。这种"假发票"的危害，是一些砂石料供应者少交了税，但不存在钱去了谁的腰包的问题。铁路一条线，动辄几百上千公里，砂石料都要就地采购，供应者众多，施工单位要鉴定发票真假的手段非常有限。

而且，相对于几百亿元的合同额来说，所谓"假发票"的比例非常小。我说明情况后，有些媒体把真相一说，立刻就没有人再炒作了。

应对香港法院庭审拍照舆情事件

2018年5月24日上午，我正在出差途中，中国铁建国际集团香港公司总经理打电话给我，说有急事汇报：就在刚才，香港有报纸报道，香港高等法院今日正在审理"占领旺角"的相关案件。今天上午，法官在审理案件期间，有人投诉一位年轻女士在庭内拍照，法官要求这位拍照的女士到证人台解释。她自称名叫唐琳，是中国铁建投资部副总经理。报道说她特别强调虽然她持有香港身份证，但自己是内地户口，并非香港永久居民。在与法官的对话中，她全程只讲英语，还一度闹出大笑话，将法官叫翻译员"speak up（大声点）"，听成了"法官叫你stand up（站起来）"。法官要求她交出手机，并告知她可外出请律师辩护，但如果不按时应讯便会发出拘捕令，唐琳称一定会现身，还当庭问大律师是否可帮她辩护，但遭到拒绝。法官表示已经报警，提醒唐琳或被控藐视法庭，案件将于25日再开庭审理。

事件被该报报道之后，立刻有多家其他媒体跟进报道，此事俨然成为香港社会的一个热门话题。中联办也问我们香港公司，这个人是不是我们的人。在我接听国际集团香港公司总经理电话时，公司在香港的联席公司秘书也打来电话说这件事，公司在香港的财经公关顾问也差不多同时打来电话。

我立刻打电话给公司人力资源部，他们说没有印象有这么个员工。我知道中国铁建没有投资部这么个部门，就又找了与投资业务最接近的资本运营部和下属公司中国铁建投资集团，资本运营部当时就回答说没有这个人，也没有听说过哪个部门或下属公司有这么个人；投资集团查了以后也回复说没有这个人。我当即打电话给香港公司总经理，请他立即回复中联办的问询。我把回复意见用文字通过微信发过去："中国铁建没有这样一个员工，中国铁建也没有投资部这么个部门，中国铁建的部门也不设副总经理这么个职位。中国铁建的子公司中国铁建投资集团有限公司也没有这样的部门和这样一个人。"并吩咐，中联办如还有什么意见请及时告知。随后，我打电话给公司在香港的财经公关顾问，并把这段话通过微信发给他们，请他们立即向香港媒体澄清，可以把这段文字原封不动地发给媒体。财经公关顾问有顾虑，一是建议我们是不是再等等看，被媒体盯上了很麻烦；二是即使回应也不要给文字的东西，被记者抓住了证据很麻烦。我说，你们听我的，立即回应，越快越好；如有问题我负全部责任，没有你们的责任。

中午，中国铁建的回应就在香港各家媒体上发出来了。

紧接着，香港又有媒体曝出唐琳名片的照片，但电话号码、电邮地址是打了马赛克的。名片上写的是中国铁建国际集团投资部副总经理。我又请国际集团核查，确认也无此员工。我又通知香港的财经公关顾问立即向媒体澄清："中国铁建国际集团也没有这个人。"

到了晚上，又曝出此女真名叫唐琳玲，我又请国际集团查，结果是也没有唐琳玲这个员工。我随即通知香港的财经公关顾问，再次向媒体澄清。

稍晚一些，又曝出此女未打马赛克的名片。报社记者说他们查了，此女名片上的以 crccintl.com 为域名的电子邮箱是"有效的"。我再请国际集团核查。国际集团回复，国际集团邮箱域名都是 crcc.cn，从未使用过 crccintl.com 域名的邮箱。可以肯定地说，这不是国际集团的公司邮箱。同样，我随即通知香港的财经公关顾问，就此信息立即向媒体澄清。

很快，就有记者查到，"crccintl.com 于 2017 年 4 月注册，联络人为 Lin Ling Tang，相信为唐琳玲本人，联络地区则为 beijingshi"。报道说："中铁建称 crccintl.com 并不属其所有，亦从未使用相关网域。目前，crccintl.com 无法访问；本报早前尝试电邮卡片之联络电邮，没有错误弹回讯息。另外，唐女卡片中，中铁建公司名称中出现 limted 字眼，相信为窜错 limited。""中铁建早前称，无论是唐琳玲还是唐琳均非其员工，公司既无投资部，各部门亦不设副总经理职务。"至此，再无媒体说此人是中国铁建员工。

第二天，记者又问我们的财经公关顾问，中国铁建是否会对这位女士采取法律行动或者其他措施？我当即打电话给总部几个相关部门，请他们尽快研究个意见。研究的结果是"公司保留追究其法律责任的权利"。之后，我请我们的香港财经公关顾问尽快回复："公司正在对此事的相关情形及给公司造成的影响进行调查了解,待调查了解清楚后,再看是否需要采取进一步的行动。"这样讲,一方面给公司留下较大的回旋余地;另一方面,我当时已基本认定,这就是一个"傻孩子",事情说清楚了也就行了。就已经了解的情况看,她本人对公司并无恶意,也没给公司造成什么实际损失,且其本人和家里情况都不好,"得饶人处且饶人",至于她犯的错,香港法庭会管。后来,香港法庭审理时,因其讲了她曾与耶稣交谈等一些匪夷所思的话,以及一系列不正常的行为,法官一度怀疑其精神不正常,被她否认。法庭判其"藐视法庭罪"成立,囚禁7天,并缴纳惩罚性讼费19.7万港元。唐女说自己没钱,远在老家的老父亲也表示家里没钱,请求法官轻判。最终,讼费未交,因其签注在扣押期间已届满,完成服刑后即被押解到罗湖口岸移交内地。

那么,公司不回应此事,或者不及时回应、不明确回应行不行? 肯定不行。看看这些新闻报道的题目和内容就知道了:《中铁建女高层视香港法律为无物公然在法庭拍照说"高兴就拍"》《高院再曝偷拍 中铁建女高层涉庭内影像 "我喜欢拍便拍" 官称已报警 或控藐视法庭》《庭内拍照内地女身份曝光 任职央企中铁建》《内地人在骚乱占旺案拍照3个月内第4宗至今无人被捕》。还有记者写道:"有港人网络留言指,香港人都会将唐琳大闹法庭当笑话看,因为香港人尊重法制,法庭一向都是庄严的。但接二连三地有内地过来的人在法庭内拍照,用以冲击香港法治,是闹剧手法,目的是想贬低香港法治精神。"

资本运作创造多个"第一"

我做董秘期间,公司进行过一系列资本运作,创造了多个"第一"。

2015年完成的子公司中国铁建高新装备股份有限公司分拆在香港上市,募资27.9亿港元。这是第一例国内A+H股上市公司分拆二级子公司在境外上市。

2016年1月发行的5亿美元H股可转债,是2015年9月国务院简政放权由审批制改为备案制后的第一单境外可转债,是8年来A+H上市公司成功发行的第一单可转债,其零票息、零收益率、37.5%转股溢价的发行条款是2004年以来亚太地区可转债发行的最好条款。

2016年12月发行的34.5亿元人民币计价美元结算的H股可转债,是A+H股上市公司以人民币计价的海外可转债第一单,也是中国证监会审批的储架式发行可转债的第一单。

2016年6月至2018年5月分4次储架式发行150亿元可续期公司债,是交易所债券市场第三单、央企第一单可续期公司债,创造了发行规模最大、发行利率最低两项纪录。

此外,公司还做过A股定向增发、资产收购等多项资本运作,效果都很好。

之所以说资本运作要抢抓机遇,一是市场情况变化多端,必须抓住最好的时机;二是政策也在不断变化,可能过了这个村就没有这个店；三是运作时间越长，信息保密就越难；四是运作时间越短，成本就越低。因此，在资本运作上，未来需要做什么，可能做什么，平时都要在脑子里想着；对各种相关信息，时时关注着；某件事怎么做，"蓝图"要在脑子里事先画好并不断完善。一旦机遇来临或时机成熟，整套方案迅速拿出，一气呵成。

胡之奎

　　胡之奎，男，1965年5月生，高级经济师，中共党员。1992年开始从事资本市场相关业务，属于中国内地第一批董秘，先后在上海真空电子器件股份有限公司（股票代码600602）与上海华鑫股份有限公司（股票代码600621）担任董事会秘书。参与或主持了上市公司增发新股、公司债、可转债发行、配股、重大资产重组、股权分置改革、内控制度建设等多项运作。

胡之奎：有幸成为中国内地第一批董秘中的一员

　　我觉得董秘这个角色，以后会越来越难做，我是这样看的：事情没有发生之前，你要换位思考，从监管层的角度来看具体问题，为公司把好合规关，给领导提建议。你对公司需尽自己最大的努力和能力，该提的意见就要提出来。只要你工作勤奋，替公司严格把好关，尽心尽职，任劳任怨，把自己的作用实实在在地发挥起来，待遇和地位等自然而然就会得到提升。

国企改制为股份制企业：开创国企改革先河

　　我有幸成为中国内地第一批董秘中的一员，1996年5月初在上海石油化工股份有限公司青浦日月岛度假村培训，为期一周，市场上称"黄埔一期"。

　　谈到董秘，和资本市场自然是分不开的。我原来是大学老师，因为做学生分配工作，把学生分配到上海真空电子器件股份有限公司，后来自己也去了，真空电子是国有大型企业第一家发行 A 股，也是中国内地第一家发行 B 股的公司。我幸运地成为第一代董秘中的一员，而且，真空电子也是"老八股"，即首批沪市上市的八家公司之一。

为了适应我国彩电工业发展的需要，1986 年，电子工业部和国家计委批准上海建设一个年产 100 万只 18 英寸彩色显像管项目，这一项目至少需要 5 亿多元投资，根据中外合资法的规定，注册资本不得低于总投资的三分之一，且真空电子公司在合资企业的股权比重为 75%，因此公司自筹资金必须达到 12 500 万元。当时真空电子公司下属工厂没有一家有能力单独搞这么大的项目。经上海市政府有关部门与公司共同探讨研究，决定以其中五个工厂为基础，折合成国有资本大概 1.5 亿元，组成资产经营一体化的经济实体，同时 1987 年 1 月开始向社会公开发行股票（A 股），募集项目所需的部分资金计 5 000 多万元人民币，这样就凑成了 2 亿元的注册资本，真空电子改制成了一家股份制公司，1990 年 12 月 19 日公司 A 股股票在上海证券交易所挂牌交易，股票名称"真空电子"，股票代码"600602"。

B 股发行第一家：载入金融改革开放史册

到了 20 世纪 90 年代末，公司要做大屏幕的彩色显像管，25 英寸以上的，当时只有日本掌握这方面比较先进的技术，买设备要外汇，政府给不了这么多外汇。由此，真空电子于 1991 年 11 月向政府打申请并获批发行一亿元人民币的 B 股，折合成

6 700 多万美元，至此公司总股本增至 3 亿元，其中国家股 14 891 万元，占 49.64%，A 股 5 109 万元，占 17.03%，B 股人民币 10 000 万元，占 33.3%。1991 年 11 月 30 日，公司经上海市人民政府外经贸沪字〔1991〕283 号文批准，转制为中外合资的股份有限公司。1992 年 2 月 21 日，公司 B 股股票在上海证券交易所挂牌交易，股票名称"真空 B 股"，股票代码"900901"。

24、230 这两个数字单独拿出来时很多人都不会知道究竟是什么意思，如果在它们的前面加上一个时间——1992 年 2 月 21 日，一些资深投资者就知道了。正是这天，中国的资本市场开始向国际资本市场敞开大门，而这扇门就是由有着来自全世界 24 个国家和地区 230 名"股东老板"的真空 B 股所开启的，这也谱写了中国金融市场的新历史。

1992 年 2 月 21 日上午 9 点 30 分，上海证券交易所交易大厅，"真空 B 股"以 72 美元开盘，成为中国历史上第一单成交的 B 股。B 股的发行和上市交易使得上海与国际市场更接近了，也使得更多的外国人对中国的改革开放有了进一步的了解和信心。"1992 年 2 月 21 日上午 9 点 30 分"这一时刻记入了中国金融改革开放的史册。

从引进外资的角度来看，发行 B 股是在当年企业急需外汇时，除中外合资、中外合作等形式外，探索出的筹措海外资金的一种新形式。"真空电子"通过发行 B 股募集的资金成功地引进了技术和设备，解决了彩管配套的玻壳生产问题。通过 B 股的发行，不但解决了资金问题，也迈出了中国资本市场国际化的重要一步。

"真空电子"完成股份制转制，发行 A 股和 B 股后，完成了对电视机关键核心部件显像管的两次产业升级。

此外，当时的 B 股发行对公司法人治理结构也有很大的促进作用。1987 年公司刚改制为股份公司的时候，下属各厂厂长为公司董事，党委书记是监事。公司在发行 B 股之后及时完善了法人治理结构，根据招股说明书的承诺，引进了独立董事，形成了由国有股权代表、外资股权代表、社会经济学家和职工代表共同组成的董事会。这比 2001 年 8 月证监会颁布的《关于在上市公司建立独立董事制度的指导意见》中规定所有上市公司在 2002 年 6 月 30 日前，董事会成员中应当至少包括两名独立董事的要求，早了整整 10 年时间。

董秘在公司中的地位

当时不少董秘在公司的地位并不高，我记得有位大公司董秘说，曾在公司的首发庆功宴上，公司领导将董秘与驾驶员安排在同一桌，当时董秘的地位从中可窥一斑。尽管证监会、交易所对董秘非常重视，强调董秘是公司的高管，但到企业就是另外一回事了。当时的董秘中，大部分不是从公司副总级过来的，不少是由办公室主任兼任的，其本身在公司中的地位就是一个部门经理级别，硬要将其一步提到高管的地位，确实一下子较难被企业接受。

1994 年 7 月颁布的公司法对董秘只字未提,后来随着市场的发展,董秘这一职位逐渐受到重视。1997 年年底证监会颁布的《上市公司章程指引》中第五章第三节首次提到了"董秘"这个字眼,并明确了董秘的职责与高管人员的地位,这对董秘来说是非常受鼓舞的。1999 年 4 月 8 日,证监会出台了《境外上市公司董事会秘书工作指引》,第一次对董事会秘书的地位、主要任务、职权范围、法律责任、任职资格等做了详细的阐述,从制度上进一步明确了董秘作为公司高管的地位与权责。1992 年以前只有上海老八股、深圳老五股,1994 年以后上市公司如雨后春笋般涌现,董秘这一职业也越来越受到重视。

我觉得,大部分董秘,包括我自己在内,当时并不过于在乎是否属于高管,只是埋头干活,二十多年来我在公司增资配股、股改、发债及数次重大重组时通宵达旦加班是常有的事。以前尽管证监会、交易所把董秘定为高管人员,要对公司、监管部门、投资者承担高管的责任,但当年还是有一些公司的现状并非如此。开始几年可以默默无闻地工作,但随着监管力度不断加大,董秘作为高管的责任也越来越重,所以董秘的高管地位如还未到位,自然会影响到董秘工作的积极性。我的体会是,只要你工作勤奋,替公司严格把好关,尽心尽职,任劳任怨,把自己的作用实实在在地发挥出来,待遇和地位等自然而然就会得到提升。其实这些年来,我一直对自己强调的是职业操守,这是真正能做好董秘工作的前提。

就如何把董秘工作做到位的问题,我觉得除了职业操守外,还要对自己提出更高的要求,把自己负责的每一项工作都向专业看齐。我曾对助手说过,干活不要叫苦,这是练基本功。我们的基本功标准就是,你在行业方面及财务方面的知识能胜任证券公司或基金行业研究员的工作;你在证券法规方面的知识能胜任律师事务所相关的工作,以这样的标准去要求自己,才能做好工作。我记得我曾多次参加由十多家境外基金经理组成的上市公司专题调研活动,这些经理都是各个行业的专家,每个人向你提出的问题,如行业、销售、财务、关税及税收等各方面都非常专业,如果董秘平时只是泛泛地涉及,没有相应的专业积累,就很难应付这种场面甚至可能影响公司的形象。所以,倘若董秘能在这种场合中真正地做好公司发言人的角色,回答提问到位,维护公司在投资者及中介机构中的形象,同时能从董秘角度向公司管理层提出好的建议,为公司重大担保、关联交易等相关事情把好关,对股东、监管部门负责,大家自然而然地就会尊重你,而你能长期坚持必然收获颇丰。我带过的助手中有一位目前是拟上市公司的常务副总、董秘,还分管财务;还有一位做过上市公司财务总监,现在是一家大型国企集团的财务经理,他们都很努力,我也很欣慰。

我感觉到做董秘的压力很大,当年几乎每月都要接受海外机构调研。他们有时候找个办公楼,每个 B 股公司给一个小时,问财务、行业、公司运营情况等,就问董秘一个人。我们公司当时产品还比较多,这个时候就觉得知识储备不够了。就像我之前讲的,要把这个工作做好,董秘要学习,这样才有能力对

公司办公地址：上海市福州路 666 号华鑫海欣大厦

外。面对投资者，尤其是海外投资者，他们是根据模型、市场占有率、税收等内容来提问的，很专业，所以自己就养成了这个习惯。所以说，这个时代逼着自己，这个位子也逼着自己。现在也是感觉时间不够用，我原来做电子制造业，后来到房地产，现在到了金融领域，越发觉得自己的知识不够用，只有与时俱进不断学习，才能做好本职工作。

就做好上市公司而言，我多年来的体会是：对内，第一就是要有一个好的战略；第二，有配得上好战略的一个优秀的团队；第三，有给这个优秀的团队好的激励机制；第四，企业要重视品牌；第五，企业要讲究企业文化。对外，就是我们能做好 4R 管理，即做好投资者关系、中介机构、媒体、监管机构的有关沟通工作。我个人感觉，董秘就是一个上市公司的合规总监，因为新的政策层出不穷，这些都是需要我们迅速地去学习的。

真空电子第一次产业升级发的是 A 股,第二次想做大屏幕,发行了 B 股,是向海外发行的。第三次公司想做更高级的产品,后来还投资做液晶面板。这样的话,投资量就大。当时公司想把产业升级,一下子用的钱数量又大,为什么不配股呢?因为 A、B 股审计标准是不一样的,B 股用的是 IAS 境外审计标准,一家公司 A、B 股的审计差异较大。如果要配股的话,按净资产孰低原则,不少 A＋B 股的公司就不达标。那怎么办呢?公司 1999 年就搞新股增发,当时采用了一个新模式,即老股东 10 配 4,再引进战略投资者。当时市场对增发行为还不太认同,一下子要在短时间内去找那么多的战略投资者很难,这时靠的就是平时的一些朋友,当时我陪董事长一家一家跑,如江南重工、申能投资、上海汽车、上海实业等公司,平时我们之间就有比较多的交流,他们也比较了解公司各方面的情况,所以都愿意成为公司的战略投资者。这从一个侧面也显示出投资者关系管理的重要性。

我个人感觉,董秘自身的职业素养、业务知识,这块要求特别高。你对公司需尽自己最大的努力和能力,该提的意见就要提出来。我觉得董秘这个角色,以后会越来越难做,我是这样看的:事情没有发生之前,你要换位思考,从监管层的角度来看具体问题,为公司把好合规关,给领导提建议。2003 年,56 号文出台,里面有很有意思的一条,上市公司不得为参股公司担保。那这些公司如果要钱的话谁来担保呢? 我们当时的实际情况是有大量的合资企业,基本上都是参股。如果我们不担保,流动资金就没了。之后，如果监管机构找你，说你这个担保违规，这个时候你就应该站在企业的角度，实事求是地向监管局讲情况，解释企业的实际情况。到了 2005 年，出了 120 号文，把这个完善了，企业利益共享，风险共担。

为了提升职业素养，我经常和同行董秘探讨牛角尖的业务问题，上海同行中戴勇斌先生就十分专业与好学，他尊重我，叫我胡老师，其实不少地方我要向他学习。这个地方有问题哟，这个案例怎么回事，我觉得这个好，有时候需要"头脑风暴"一下。因为大家对这个法规的理解不一致，因为我们是具体干活的，要走什么样的程序，怎么走程序，我们要给公司一个明确的建议。信息披露重要的是要不要披露，怎么披露，这才是第一条，因为规则里面有些内容到了实际操作的时候，需要我们自己去理解。比如说重大合同，比如我们去买房子和卖房子，你的销售收入有没有到去年的 50％？你带来的利润有没有到去年的 50％？然后销售收入与去年的营业成本或营业收入比，那就有个问题了，到底是与营业成本比还是与营业收入比呢？如果与营业成本比，可能我十几年前买的房子成本低，那就过50％了。这个时候，就要自己做专业判断了。

2012 年，我到华鑫股份工作，创新性地做了一件事情。因为当时 3 000 多家上市公司里面房产公司有 150 家，其中 120 家做住宅，另外 30 家一半做商业地产，一半做园区地产。我想我一定要了解这个行业的情况，就亲力亲为。就园区地产公司，每一家，每半年，都做它的分析报告，定向分析。每半年都要写分析报告,把这些数据对比分析。然后再看它的年报,形成自己的判断。因为你看外面的分析只对一家企业,并没有综合起来。因为我们当时排在15家园区地产公司的第二梯队的末尾,第三梯队的老大,这个工作做了之后,确实对行业有了较深入的了解。后来我发现一个问题,有一年,某房产公司卖房子的收入是另一家房产公司租房子的收入,后面一家就很厉害,我连续跟踪。后来发觉两三年以来,150家房产公司,有三分之一转型到9个行业,彩票、旅游、医疗都有。我就考虑一个问题,它们为什么要转型,转型之后情况如何?后来我发现有一家公司,它转做旅游文化地产,转型后新的业态收入占公司10%,但是带来的利润是整个公司利润的28%,我就感觉这个转型很成功。后来我写报告,这些行业数据在我脑海里如数家珍,也让我看清我们公司在行业中的定位以及如果要转型的发展方向。

董秘的工作,首先,信息披露合规是我们的本职工作;其次,对公司的领域要深入了解。比如说我们证券公司,全国券商超过100家,其中上市的有50家。我就多做功课,给同行打电话,虚心向他们请教,头部券商以及与我们一样子公司是券商的同行,近一两年的主要信披都看过。

我的感悟是,活到老,学到老。我要求自己的团队每星期都要学两篇东西:最新的案例、法规或财务政策。市场上有一批董秘一直在一线勤勤恳恳地工作,我尊敬他们,他们一直是我学习的榜样。

龚敏

    龚敏，现任中国汽车工业协会上市公司分会创始秘书长，正高级会计师，美国西海岸大学工商管理博士，清华大学 MBA 校友导师，上海财经大学会计硕士（MPACC）专业学位职业导师。曾任北汽福田副总、董秘，是北汽福田管理团队创始人之一。创新性开展了"低成本扩张模式"，并购重组25家企业，用时18个月实现福田汽车在上海证券交易所上市。

    此外，他于2008年组建了中国汽车工业协会上市公司分会，在中国首创了《汽车行业月度产销披露者指引》，并发布了《汽车行业投融资并购信息指标体系》团体标准，出版了《企业金融制胜》《全球十大汽车巨头权杖探秘》等著作。

龚敏：首创向媒体开放年度董事会

随着时代的发展，公司发展阶段不一样了，过去和现在的公司治理也不一样了。我建议，第一要把职业经理人制度（包括董秘）建立起来；第二，把董秘的岗位作用切实发挥起来，因为董秘是一个公司实践治理的枢纽、灵魂。公司治理的最高标准是公开、公平、公正、透明，这个导向化应该向国际靠拢。

我担任福田汽车董秘至今已 22 年，多年业务经历，使我有了一些对公司治理的感悟，发表了《20 年老董秘呼吁：董事会秘书应定位为董事会秘书长》《董秘应该坚持"独立、中立、权威"的管治理念》《职业经理人是世界级企业的制度保障》等文章。荣幸的是，我及我所在的公司凭借优秀的公司治理水平和实践经验，多次获得《董事会》杂志评选的"金圆桌奖"奖项。我同时兼任中国汽车工业协会上市公司委员会的秘书长、北京上市公司协会副秘书长以及北京上市公司协会董秘委员会主任，不断借助平台的力量推动中国公司治理的完善。

倡议"董事会秘书长"之称

我在履任董事会秘书这个职务期间，对中国的公司治理有很深的感受。中国的公司治理初期来源于清朝学的日本治理，所以，我们的公司治理首先有监事会，因为日本是学的德国公司监事会的监督体系。改革开放以后，我们又渐渐学英美治理体系，学的是英美的独立董事制度，这是我们国内公司治理的一个由来。为什么叫董事会秘书？也是借鉴英美法系的公司秘书这一职务，我们叫"董事会秘书"，改良了一下。但是实际上，公司秘书是一种职业，和律师一样。而在中国的公司治理里面，董事会秘书是高管，因为公司在中国诞生的时间并不是很长，公司化并不是很发达、成熟，所以设了董事会秘书。

我所理解的公司治理，董秘的职责实际上属于董事会秘书长的职责，需要建章立制，而不是简单地组织开会。所以，十几年来我一直呼吁，董秘可以称为"董事会秘书长"，这个是比较恰如其分的称呼，因为这一职位是高管，对监事会、股东大会、董事会负责，同时要对全体股民负责，还要对公司的员工、监管单位负责、对媒体负责，所以这个岗位非常重要，叫"董事会秘书长"有利于角色定位和工作开展。

给予董秘与职责对等的权利

那么,董秘到底有什么权利呢? 从中国证券法的实践来看,一个重要方面是董秘在董事会里能不能有提案权。

有些公司就有,比如福田汽车公司,董秘有相关公司治理类议案(如制定或修改相关信披制度、董监事津贴、董事会架构改革方案、董监事遴选的前期主导和推动等)的提案权。只有董秘,才更精通对董事监事的管理,对公司治理应该做如何的适时调整,才更适合公司的发展阶段以及行业、国家的发展阶段,更能做到心中有数。比如说,福田汽车公司前期把 17 个董事,按照行业标准(通过调研汽车行业、北京地区、北京市国资委下属上市公司等)变成 11 个,这个提案也是我作为董秘提出来的。另外,独立董事从哪选取,哪些专业领域的人士对公司发展有利并符合监管规则,其实董秘最清楚。相应地,提名人是谁,推荐人是谁,我认为可以给董秘相应的授权。

几乎所有的三会层面的规章制度都是董秘根据公司发展需求与当时的治理要求,结合治理实践提出来的。所以,董秘这个岗位非常重要。你不能逃避任何方面的责任,包括环保。如果公司有个环保信息应披露,而你没收集监控到,也没披露,那就会导致公司信息披露违规,给公司造成不良影响。还有员工、税法等,所有的你都要关心,都要知道,而且要看是否符合披露标准。

非公开发行股票发审会视频会议现场

开展世界级企业治理研究

2008 年，我牵头组建了中国汽车工业协会上市公司委员会，为汽车行业上市公司发展及公司治理搭建交流学习的平台。在我的主导下，2009 年，为满足上市公司投资者及行业研究员的需求，发布了国内上市公司首个月度自愿性披露准则《汽车行业上市公司产销信息发布指引》；2013 年，为了提高董事会秘书（长）的工作效能和工作地位，充分发挥董事会秘书（长）在董事会中的作用，推出了《中国汽车行业上市公司董事会秘书（长）工作行为指引》。我在担任北京上市公司协会副秘书长兼董秘委员会主任的五年任期里，也列出了与董秘及董事会治理相关的九大课题。我们正在研究探讨,上下征求意见。在这期间,我做了调研,制定了监事会办公室治理指数并做了发布。

下一步,我将会推进董秘治理。这个我也和很多同仁探讨过,由于董秘目前的尴尬境地,为了强化董秘的权威和给予其应有的待遇,有人说董秘应该叫副总兼董秘。但一个不可忽视的现状是,有相当部分的央企、国企上市公司的副总可能需要组织部门任命。这种模式下,很多职业董秘很可能就干不了。所以,考虑到企业属性、规模与实践的可操作性,我还是呼吁这种治理模式,即把董事会秘书称呼为"董事会秘书长"。至于董秘的职权,我所在的北京上市公司协会,会在合适时机推出董秘及董办的职责分工指引。目前,我正在努力推进北京辖区董事会秘书长和信息披露官(证代)的称谓工作,制定《董办/董秘办工作指引》《证代(信息披露官)工作细则》,搭建重组资源共享平台、优秀中介机构资源共享平台、北京辖区上市公司董秘及证代人才市场,建立董秘大讲堂、设置公司治理信息分享专栏、探讨建立北京辖区优秀董秘、证代等评价体系等工作,我的美好目标是推动董事会秘书长和信息披露官(证代)的落地,为推动公司治理的美好未来尽绵薄之力。我们愿意为中国的上市公司实践治理抛砖引玉。

我出版了《全球十大汽车巨头权杖探秘》一书,对世界级企业的公司治理做了研究。我发现,世界级的公司治理都是职业经理人在当高管,当决策委员会的成员。股东只是财务投资

北交所上市与新三板改革专题讲座

者,因为他们不专业。即使制度是一样的,实质也是不一样的。在此,我呼吁,中国要多培养职业经理人和职业董秘。很多董秘,连续干了三届,董秘已然是一种职业。那么,公司治理应该在这个范畴里完善,形成专家治理模式,而不是股东派来的外行去治理。当然,这需要一个过程。

首度向媒体开放年度董事会

我担当董秘期间,有很多体会,酸甜苦辣都有。我们试图把所有事情办好,但现实不会尽如人意,很多事情不是你想做就能做到的。所以,董秘实际上是如履薄冰、战战兢兢地工作的,是一个高危职业。你稍有疏忽,就会成为证券市场的典型。

董秘的生存条件、环境是很复杂的,因此要求董秘具备非常高的适应能力。尽管如此,我们还是愿意创新,为中国的公司治理添砖加瓦,在资本市场开创了诸多第一,与《董事会》杂志的不解之缘也正因此而结下。

说到邀请《董事会》杂志参加福田汽车年度董事会,首次尝试向媒体开放董事会决策现场这件事,现今看来好像没有什么稀奇,但如果考虑到福田汽车公司的特殊股权制衡与治理模式,并结合本世纪初证券市场的发展情况,就会有一个深刻的感受。

早在 20 世纪 90 年代,福田汽车公司就是一家典型的混合所有制企业。公司初始是经理层为盘活社会资源,以国有资产跨省划拨的方式,从山东并入北京市属国资企业旗下,作为其山东分公司存在的。公司业务原有的一班经理层人员成建制地一举并入,继续运营管理该分公司。1996 年大股东以该分公司为主体,联合该分公司的上下游经销商、供应商 99 家,共同发起设立福田汽车公司,并于 1998 年实现整体上市。正是这种特殊的"自带嫁妆进京城"的重组模式、"百家法人造福田"的设立模式以及上市公司现代治理模式的引入,使得福田汽车公司在公司治理上天然存在着四方力量的相互制衡:大股东(北京市国资)、中小股东(供应商与经销商,如常柴、义和、莱动、曙光等,均进入董事会、监事会)、职业经理层,后来又增加了独立董事。这四方力量在决策公司重大事项时,自然代表各自的一方利益,因此少不了各自阐述、互相说服、充分研讨,甚至有时候用唇枪舌剑、剑拔弩张来形容也不为过。但各方制衡的结果，不是使公司混乱受损，而是借助现代化的治理决策机制，充分探讨、民主决策，杜绝了"一言堂"和"不作为"，使得公司更快、更健康地发展成了业界黑马、中国商用车领导者。

第四届中国上市公司董事会"金圆桌奖"颁奖

正是为福田汽车公司这种有效制衡的治理架构所吸引，《董事会》杂志也开创先河，提出要全程参与福田汽车董事会，亲身感受民主决策氛围的请求。福田汽车公司历来秉承开放交流与学习的理念，因此就有了2006年《董事会》杂志莅临福田汽车公司年度董事会现场并实况记录与转播、通过案例解剖分析中国上市公司治理的系列故事，这应该是中国证券市场上市公司董事会向媒体开放的试点与先例。我们敢把董事会几方力量制衡决策这个事情公开，让媒体报道，实际上，就是我们追求透明、公正的一个工作实例。我们把董事会指标的制定过程,每个人想什么、有什么不同意见都公开了。实际上,的确有很多不同意见。我认为,有不同意见不要紧,可以协商解决,这个就是发挥公司治理的作用,从各个角度来决策这个事情,这样会更科学。所以,我们不怕有不同的意见,有不同的意见才能更好地发展。"一言堂",一股独大,不是先进的公司治理标杆。

百花齐放治理局面日趋形成

随着时代的发展,公司发展阶段不一样了,过去和现在的公司治理也不一样了。我建议:第一,要把职业经理人制度(包括董秘)建立起来;第二,把董秘的岗位作用切实发挥起来,因为董秘是一个公司实践治理的枢纽、灵魂。公司治理的最高标准是公开、公平、公正、透明,这个导向化应该向国际靠拢。我们应该多让监事们出声发言,多让网红董秘、网红独立董事讲讲自己的体会,这样,中国的公司治理才不会寂寞,才会百花齐放,才会不断有新的发展。而《董事会》杂志正以其高度的专业性、少见的犀利性、日增的影响力提供这个平台,希望能在这个平台看到更多的董秘们、治理耕耘者们的真知灼见,共同提升中国上市公司的公司治理水平。

高军

　　高军，男，出生于1970年，籍贯黑龙江，复旦大学运筹学学士、中欧国际工商学院 MBA、上海交通大学上海高级金融学院 EMBA 暨国际实验班、高级经济师，先后任职于哈尔滨飞机制造公司（600038）、东方集团股份有限公司（600811），现任上海紫江企业集团股份有限公司（600210）董秘、副总经理，上海上市公司协会董秘委员会常务副主任，上海市运筹学会理事，具有30余年上市公司从业及25年董秘岗位经历，参与了全国首批四家试点企业之一的股权分置改革工作，累计参与资本市场融资逾30亿元，中国上市公司协会"30年20人董秘履职勋章"获得者。

高军：亲历全国首批股权分置改革试点

　　运动不仅让人年轻，还锻炼人的意志。一场马拉松你都能坚持下来，没有什么事情是好轻易放弃的。在运动中的坚持，让工作上的事情也没什么解决不了的。当身体告诉你不能时，意志却告诉你要坚持，就靠意志进行奔跑。

　　我从 29 岁做董秘一直到现在，董秘在任 21 年，目前我还算是最年轻的"20 年董秘"。我们这一代董秘，在资本市场上为上市公司的发展和规范都做出了一定的贡献，在行业中做了很多引领，也做了不少探索，董秘这一岗位才得到监管部门和所在公司的认可。例如，最早关于董秘应是上市公司高管的呼吁，终于得到了回应，写进了公司的章程指引。当时，上海有个组织叫上海上市公司董秘协会，不停地呼吁，这个确实为后来对董秘的定位起到了一定的促进作用。董秘若连公司知情权、建议权也没有的话，信息披露也就没法落地。监管部门制定的规章制度都是好的，但是如果董秘在公司中人微言轻，其工作那就真的很难做到规范了。

第一家股改试点成功的含外资股企业

2005 年"五一"假期的时候，我正在武汉休假，准备第二天去神农架游玩。半夜里，我突然接到公司领导电话，说公司要股改。第二天一早，我提前结束假期赶到北京，开始参与股改方案的落实。紫江企业之所以能成为全国四家股改试点企业之一的原因，首先是公司运作规范，其次是让监管部门觉得这个公司愿意做一些探索或者改革。这个前提下，只有大部分机构投资者同意了，我们才可以推进股改落地。当时我们熟悉的知名机构投资者，有一些在海外休假。我后来打电话跟他们交流，公司在做股改试点，并把设计的初步方案和他们进行沟通。总之"五一"期间我们约了很多机构投资者交流，做了大量的工作，大家都很支持。毕竟，参与股改试点，不仅是市场投资者对公司的支持，也是对资本市场改革的支持。同时，也要让监管部门觉得方案是成熟的，不要推出来就被否决掉了。在这样的背景条件下，我们推进了股改试点工作。

方案设计如何才能达到最佳？我们的底线是不能因为提出一个太离谱的方案而夭折或不能达成共识，监管部门也是希望可以找到达成共赢的平衡点。机构投资者都很讲道理，认识到只有最终形成各方共赢的方案，才能形成典范效应，这也是我们最初方案设计的出发点。当然，每一家机构由于情况不一样,加上我们也要对机构投资者负责,故而会一家一家谈,根据具体情况采取不同的办法。我们做董秘的,和机构投资者保持良好的沟通真的很重要,这也是我多年积累、形成很好人脉关系而促成的,当然也是不容易的。

原来说的上市公司的目标是股东利益最大化,很多时候是句空话。股改确实做得很对,是一件具有划时代意义的大事。股权分置改革,就是让所有股东的利益最大化,否则发起人股东所持股份不能流通,股价的涨跌及社会流通股东的利益和他没啥关系。因为散户投资者是希望通过股票价差、当然也包括通过分红来获取收益。股改后变成流通股了,所有股东的利益趋同,大家才能把利益最大化、市值最大化,其中市值最大化股东们实际是最受益的。现在大股东的股份质押、抛售都有着落了,这就形成良性循环了。从上市公司的角度来讲,对股票市场价格波动更加关注了,这才有后面的市值管理。

整个股改我们大概花了两三个月时间,当中有段时间是停牌的,很多股东电话不断,我们当时压力也很大,因为我们涉及外资,需要商务部批准。但不管怎么样,这件事我们最终还是做成了,同时也是开创性的,是全国(含外资股)股改第一家试点成功的企业。我觉得对其他含外资法人股东的上市公司股改是很有借鉴意义的。

在制定方案的过程中,我也遇到了一些不同的意见或问题。在当时,紫江企业还是上证50指数股公司。大的机构投资者比较理解和支持,但中小投资者会有些看法。要取得流通股

股权分置改革路演

东的支持与认可，和投资者有良好的沟通，这就需要股改方案靠谱，需要董秘去沟通。由于我们是第一次做这件事，有很多沟通工作是必须要做的。后来的股权分置改革，大家都在拉票，其实这也是一种投资者关系管理。

公司上市二十多年来，没有一年亏损，每年都现金分红，累计分红三十几亿元，远远超过募集资金，传统行业一般是不容易做到的。就是在疫情防控的那几年，我们也还是盈利的，这就是公司的社会责任和尊重投资者的公司文化。

力拔头筹，成为第一家公告分拆上市的民企

紫江企业是一家以包装为主业的上市公司，同时有一些多

元化产品,其中上海紫江新材料科技股份有限公司生产锂电池的封装材料铝塑膜。围绕新能源汽车产业链的上市公司是很多的,无论是锂电池还是其他,这个是科技含量特别高的行业,而且是我们国家走在世界前列的行业。现在这个材料 80% 要依赖进口,紫江新材料基本在 3C 电子产品铝塑膜方面实现国产化,在国内处于领先地位,客户对我们很认可,替代进口有很大的市场空间,尤其是新能源汽车用的软包电池所需的铝塑膜市场空间巨大。对此,我们是有想法的。我们认为只有分拆上市,让它独立走向资本市场,才能让企业更加壮大,更有生命力,更能激发技术、管理团队的创业激情。过去,分拆上市政策一直不明朗,尽管没有什么法律障碍,但也基本上很难,成功案例非常少。

2019 年年末,分拆上市被许可。其实,两年前我们就已经对所属公司进行了改制,也做了很多的准备工作。机会确实是留给有准备的人。分拆政策出来后,紫江企业成为业内第一家公布分拆上市的民营上市公司,能够第一家公布预案,这个一定是做了很多准备工作的。疫情防控期间,我们用一个月的时间,引进了四家战略投资者,都是行业内有影响力的产业投资机构。引进投资者,首先说明人家对于这个企业是认可的,而战略投资者肯定更专业。战略投资者不仅仅要成为企业上市的投资者,也希望可以成为事业合伙人。他们期待一起帮助我们把这个业务做强做大,而不是单纯地融资。

运作这样的大事,就需要董秘有想法,有资源。不管分不分拆,董秘都需要积极准备和沟通,知道什么样的投资机构是匹配的。政策风口来了,就要第一时间起飞,这就是民营上市公司的工作效率。有些不需要见面,电话沟通即可;有的基于对企业本身、高管团队的信赖,很快就能做出投资决策。目前至少第一步完成了,未来再一步步走。

用意志奔跑：去年跑了 3 300 多公里

我是一个比较坚强的人,很多事情能做的我一定会做到,而不是有个其他想法我就放弃——没有很激动、受委屈或者觉得自己很牛的那种冲动。我觉得,跑步这件事自己还挺厉害的,曾经拿过 2019 首届中国·董秘马拉松赛冠军。

沃顿商学院游学

2024 年 10 月,我去参加"玄奘之路商学院戈壁挑战赛",代表上海高级金融学院去参赛，我们 10 个人一组组成团队。去年，我参加过戈壁 B 队，条件很艰苦，吃饭都没有地方可以坐，都是飞沙走石，而参与者都是企业家。在这条玄奘取经之路跑步，有着特别的文化精神内涵在里面。我们有各种选拔，包括训练计划，现在基本上一个月跑 400 公里，就是隔天跑的话，平均一天要跑二十几公里。教练会有训练计划，也会现场指导我们。去戈壁比赛要跑 120 公里，分 4 天完成，需要考虑路况、风沙、团队，还有要和其他商学院队伍竞争。这个过程不是报名就可以，需要通过选拔，符合要求和达到一定的成绩才能成行，并且为了这个选拔，我要做很多准备工作。这期间，我还要去两次戈壁，进行选拔、探路，还要去云南进行高原拉练。今年春节，我就在昆明参加拉练，的确付出了太多。我算了一下，我去年一共跑了 3 300 多公里，比从上海跑到哈尔滨还要远。一年时间就做到了，简直不可想像。不过，我觉得自己还是很坚强的，这么远的路，都是我一步步跑出来的。这个过程中，疲惫时常会有的，也受过伤，就当是业余生活需要一点调味品吧。

除了工作以外，我就是通过运动来充实生活。这种健康的生活方式是能带来一些愉悦的，我会为自己的坚持感动，也影响激励他人，这些都是正面的。我今年 50 岁了，还能和年轻人在一起比，不过大多数年轻人比不过我。无论是马拉松还是其他，能赶超他们，我也感觉自己很年轻。运动不仅让人年轻，还锻炼人的意志。一场马拉松你都能坚持下来，没有什么事情是好轻易放弃的。在运动中的坚持，让工作上的事情也没什么解

商学院戈壁挑战赛

决不了的。当身体告诉你不能时，意志却告诉你要坚持，就靠意志进行奔跑。这也影响到了我的家人，我女儿也可以一次跑18公里了，她觉得她的爸爸特厉害。

有情怀的董秘要融入市场做好自己

我有丰富的公司上市经验，也得过很多荣誉，是第一批连续5年《新财富》金牌董秘并首批入选董秘"名人堂"成员。我认为在一个企业工作，就要融合到企业中，公司的决策层信任你，你就要认真用心做。

判断公司好与不好，有人做过量化回归分析，特别是董秘的稳定性分析，包括管理层和股价之间的走势是怎样的，等等，基本上是正相关。一般来说，企业好，董秘是比较稳定的。董秘最了解企业,包括是否违规、经营好坏等,如果企业一年内两个董秘都跑了,那这个企业肯定是不好的。连续二十几年不亏损,而且年年有分红,这就是好公司。

董秘这个行业,大家有很多经验可以共享。市场的情况是多变的,董秘要融入资本市场,做好自己,好企业哪怕不上市也会是好企业。

我本科毕业于复旦大学,在国企工作半年,1993 年正好赶上东方集团上市,于是马上跳槽到东方集团。1997 年我就读中欧国际工商学院 MBA,毕业后来到紫江企业参与上市工作,一干就是 20 多年。回想起来,我这么多年的坚持也是不容易的。尽管中途也有诱惑,但我认为每个人的追求是不一样的。有的董秘追求职业化的发展,可能会有金钱待遇方面的原因;也有董秘追求个人成就感,以及对董秘工作的情怀,这种情怀可以在企业中与企业文化相契合,那就要一直走下去,要坚守下去。我是属于有情怀的董秘,努力做好自己。而媒体是一面镜子,沟通好是"平面镜",沟通不好或不重视有时会成"哈哈镜"。所以我们要规范运作,要及时沟通,真实地反映公司状况,这也是资本市场所要求的。

李璐

　　李璐，女，汉族，1976年5月生，山东济南人，2000—
2023年一直从事上市公司事务及资本运作工作，2013—
2023年任鲁商发展（SH600223，现更名为福瑞达）董秘，
先后参与鲁商集团三家上市公司"银座股份""鲁商发展"
的重组上市及"鲁商服务"的IPO工作。担任证监会"中
证中小投资者服务中心调解员"、山东省国资委"省属企业
中长期激励评审专家"。

李璐：做好战略参与者与战术执行者

——记我的鲁商发展董秘岁月十二载

    自 2011 年至 2023 年，我担任鲁商发展董秘有十几个春秋。十余年间，历经公司重组上市后日益规范的管理与稳步发展，尤其是 2018 年以来的战略转型升级，我深刻体会到"董秘"二字的分量。董秘既是公司治理的践行者，又是公司合规运作的"守护人"，更是公司转型发展的"助推器"。在此，我将通过阐述公司运用资本思维进行战略转型以及激发机制活力的过程，与各位同仁分享董秘在资本运作——战略转型——机制活力间的桥梁作用，以及在企业发展中拥有战略思维和创新思维的重要性。

资本运作推动战略转型

    自 2018 年开始，公司启动战略转型，并采取了一系列动作，先后收购山东福瑞达医药集团和焦点生物，布局玻尿酸产业链，逐步向大健康产业转型。在这一过程中，公司坚持用资本运作思维推动战略转型，用战略转型提升资本市场信心，实现了从第一曲线向第二曲线的成功跨越。

2018年，公司收购山东福瑞达医药集团有限公司100％股权，迈出了战略转型的第一步。在收购意向明确后，我们迅速制定了周密的方案，从方案筹备到三会准备，再到股东大会决议通过，亲眼看到收购完成给公司带来的积极变化，全过程亲身参与，记忆深刻。这一收购动作的完成，帮助公司在原有生态健康城、颐养中心以及嵌入式小微社区养老服务等健康管理项目的基础上，进一步完善了医药康养产业链条。2019年，公司进一步推进健康产业转型，在并购山东福瑞达医药集团有限公司基础上，于2019年7月完成公司名称变更，股票简称由"鲁商置业"变更为"鲁商发展"，公司对外树立起了"健康业"新形象。同年年底，公司收购山东焦点生物科技股份有限公司60.11％股权，此次收购完善了公司健康产业上下游链条，为公司打造以透明质酸为核心的产品体系、进一步加快健康产业发展增添了力量。

时至2021年，公司作为山东省国有企业第一家健康产业上市公司，不仅完成了健康产业的系统布局，还形成了健康产业链集群优势。可以说，经过一系列收并购动作及战略转型调整，公司健康产业的集群优势和品牌联动优势正在被进一步激发出来。

2021年6月，鲁商发展又启动了新一轮资本运作，分拆物业板块赴港上市，并于2022年7月成功实现上市。鲁商服务的分拆上市，扩宽了公司的融资渠道，重塑了上市公司估值体系，

业绩说明会

为国有资产保值增值和公司发展做出积极贡献，同时它也成为山东省物业上市第一股。

2022年年底，公司发布关于筹划重大资产出售暨关联交易的提示性公告称，将持有的地产业务相关资产及负债转让至控股股东山东省商业集团或其所属公司。此消息一发布，鲁商发展股票开盘一字涨停，也标志着公司加速推进转型，剥离房地产开发业务，全力聚焦医药健康产业，做大做强医药和功效型化妆品两大主业，奋力实现高质量发展的新跨越。

其中，作为公司更名、收并购、分拆上市、剥离地产彻底转型等一系列动作的参与者，我进一步体会到"董秘"在其中的作用，那就是除建立和完善现代企业制度以及规范上市公司运作之外，还要结合公司资源和发展目标，从战略角度进行中长期规划，积极参与到公司经营中来。

机制创新激发内生动力

在助推企业战略转型的同时，公司于 2018 年 9 月推出了股票期权激励计划，该计划覆盖鲁商发展的中高层管理人员和核心骨干员工，我们借此构建起了股东、公司和经营者三方利益结合在一起的综合方案，形成"上下同欲、力出一孔"的氛围。2020 年 9 月，公司举办股权激励行权大会，向符合行权资格的首批员工授予了 700 余万股公司股票，让员工在取得资本性收益的同时，真正实现了"员工变股东""工作变事业""为企业干变为自己干"。

如果说 2020 年股权激励行权是树上结出的"果实"，那果树的播种则是从 2016 年开始的。自 2016 年以来，我们就积极研究股权激励的相关法规，反复探讨股权激励方案的可行性，直到 2018 年得到了省国资委和集团的批准并正式推出股权激励计划。

这样的例子在我的工作中不算少数，相信很多同行都会有这样类似的经历：一个事项的成功要历时 3 年、5 年甚至 7 年、8 年，过程中加班加点但往往并不为人所知，直到公司披露的事件成为媒体争相报道的热点、市场关注的焦点，事情才公之于世，呈现结果。其中的坚持，个中人方能体会，它靠的是宁静与踏实、专注和毅力,以及对事项成功的无比的自信。

实施股权激励,不仅为山东其他省管国企顺利推进股权激励提供了可借鉴的样板,也极大提高了广大投资者对企业价值和战略方向的认可度,提振了资本市场对公司的发展信心,提升了企业估值,实现了国有资产保值增值。

股权激励在激发内生动力方面的作用更为明显。随着股权激励的实施,员工与公司之间不再仅仅是雇佣关系了,员工变成股东,成为公司的合伙人,在公司日常管理中充分发扬主人翁精神,主动参与公司管理,员工在业务会议上均从公司利益出发,积极为企业建言献策,公司管理的规范化、标准化、精细化都有了较大提升,决策效率大大提高。自股权激励计划实施以来,员工离职率同比下降一半,特别是 2019 年下半年以后,参与股权激励的核心员工无一人主动离职,真正建立了公司的长效激励机制。

扮好角色助企业稳健发展

伴随着在大健康产业布局的不断深入,企业内生动力的充分激发,公司销售规模从 2015 年的 53.98 亿元快速增至 2020 年的 175.98 亿元,复合增长率达 26.7%。2023 年,公司完全剥离房地产业务,主营化妆品、医药和原料,公司净利润 3.03 亿元,同比增长 567.44%。其中,化妆品板块营业收入 24.16 亿元,毛利率 62.13%;医药板块营业收入 5.20 亿元,毛利率

53.39％;原料及衍生产品、添加剂板块营业收入 3.51 亿元,毛利率 32.31％。

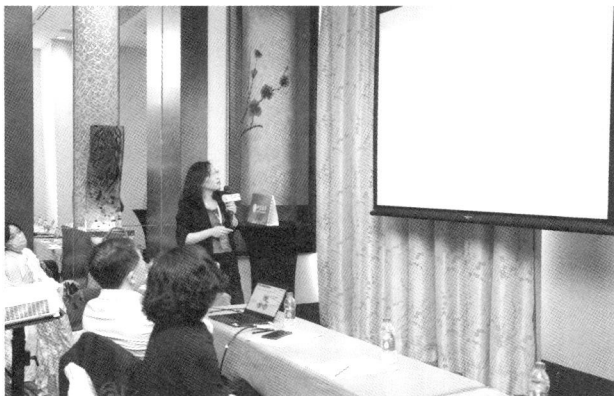

工作介绍

目前公司证券简称已由"鲁商发展"变更为"福瑞达",其全新战略是基于鲁商集团整体战略规划,顺应世界健康产业潮流,响应"健康中国"国家战略而作出的有远见的抉择。未来将致力于打造国内一流、有持续创新和发展能力的科技型健康产业集团,让鲁商福瑞达成为鲁商集团增量发展和利润增长点。鲁商福瑞达将积极培养全球视野,对接国家战略,实施"1234"高质量创新发展战略,即:夯实一个优势,聚焦两大主业,推进三化发展,实施四大工程,致力于成为社会信赖、国际知名的医药健康领军企业。在未来发展方面,福瑞达将医药板块的核心任务定为做特做大,致力于成为医药行业细分领域专精特新的科技领先企业;化妆品板块的核心任务是做强做优,致力于成为美妆行业的顶级企业。

伴随着企业的成长,我作为公司董秘,深切感受到规范运作、融资转型、并购升级、激励创新为公司带来的活力与动力,也深切感受到公司跨越式发展为每一个个体带来的继续前进的信心。同时,我也深切感受到董秘的工作内涵在不断扩展,从最初的信息披露、投资者关系管理等常规工作,到 2007 年后市值管理职能凸显,再到今天资本运作工作被提升到重要位置,董秘正扮演着越来越重要的角色,堪称"多面人":信息披露直接责任人、规范运作把关人、内外部关系协调人、公司资本经营助推人。

不论工作内涵如何延伸,资本市场与企业成长是董秘始终面对的命题,追求企业稳健发展、良性循环是董秘的初心所在。在这一过程中,我越发感到,董秘既要做战术执行者,又要做战略参与者。

从 2001 年踏入这个行业至 2023 年离开,20 多年企业工作中,从事董秘工作有 10 多年,今天虽然离开了这个岗位,但我依然热爱这份事业,依然铭记那段累并快乐着的时光。董秘这一资本市场中尤为关键的角色,所有那些理性辛苦的背后又岂止是业务和技能,还有我们的心血和热情。我衷心为董秘同行们在资本市场中的非凡风华与满腔热忱点赞,向你们致敬,你们是公司运营不可或缺的"幕后英雄"。

张财广

张财广，男，1962年7月生，籍贯江苏高邮。现任北京城建（芜湖）股权投资管理有限公司董事长，曾任城建发展董事、董事会秘书、副总经理；曾兼任锦州银行、南微医学、国信证券等公司董事及监事；拥有26年上市公司经营管理经验，在投融资、资本运作及信息披露等领域拥有丰富的实操经验；曾参与城建发展的组建、上市筹备；组织实施了城建发展与城建集团的重大资产置换，实现城建发展由建筑施工到房地产的产业升级；组织实施了多次定向增发、公司债发行与地产基金的设立募集，累计融资266亿元。

张财广：为公司融资 100 亿元

两次再融资的成功，无论是我本人还是我的团队，都认识到有担当、有激情，坚守初心，学会用创新思维去开展工作，是非常重要的。当然，拥有相同工作理念的中介机构是我们成功的最大助力。

"城建发展"原简称"北京城建"，1998 年由北京城建集团独家发起，以募集方式设立，1999 年 2 月 3 日在上海证券交易所上市。我从北京城建上市筹备组开始，到之后在公司投资证券部任职，正式进入证券领域，并自 2006 年 7 月起任公司董事会秘书。公司自成立至今，先后完成了三次股权融资（含首发上市）及两次债权融资，融资总额达 126 亿元，其中三次股权融资规模 59 亿元，债权融资规模 67 亿元，不断优化公司资本结构。在资本市场取得的融资成功，为公司做大做强国企，跻身优秀房地产上市公司前列创造了有利条件。我本人有幸参与筹备公司股票的首次公开发行，组织实施了两次非公开发行和一次

参加上海证券交易所科创板首批公司上市仪式

债权融资，融资金额达 117 亿元。

上市八年后首次再融资获成功

我担任公司董事会秘书，同时负责公司的信息披露、投资者关系管理和投融资工作。上任之初，确实感觉身上的担子很重，公司上市八年未成功完成过资本市场再融资，虽说公司2001 年实施了主动性资产重组，由建筑施工类企业成为房地产类上市公司，但公司一直未能进入行业研究员和机构投资者的视线，甚至许多人一直认为公司主业仍是建筑施工，这给投资者关系管理工作带来了很大难度，公司一直未得到市场认可。

对工作的激情和责任担当，让我下决心充分利用资本市场的融资平台为公司的发展提供有力的资金支持。在组织业务部门认真研究再融资政策,并与证券监管部门、公司领导、各中介机构充分沟通后,我们选定当时刚推出不久的非公开发行作为 2006 年度再融资方式,拟向不超过 10 名特定对象发行两亿股,募集资金不超过 12 亿元。此次融资属私募形式,10 名特定投资者的选择是本次发行的难点工作之一(平均每家认购额 1.2 亿元),而发行价格和公司经营业绩是投资者极为关注的,也是此次发行能否成功的关键。当时公司股票价格波动较大,给确定合理的发行价格带来了难度。基于对市场和公司实际情况的判断,经与证监会、上交所充分沟通后,我采取果断措施,2006 年 7 月 21 日迅速向监管部门提交了申请报告,并实施了紧急停牌,确定 7 月 25 日召开董事会,将发行价格锁定为 5.83 元/股。此次提交申请报告和实施紧急停牌,前后不到半天时间,为公司定向增发取得成功创造了条件。

由于当时房地产宏观调控加剧,资金放贷收紧,此次再融资对于解决公司项目储备和开发资金需求具有重要意义。我作为主要组织人,深感责任的重大和压力,严格把握融资工作的每一个细节,与保荐机构、业务部门一起加班加点,曾连续三个多月未休息过一天,在七个多月的工作过程中,带队辗转北京、上海、广州、深圳、南京、浙江等地推介,拜访机构家数 60 余家、120 余次,接待机构调研 60 余家、100 余次。至今我仍很清楚地记得在路演过程中,在某机构的会议室,当参会人员听说是一家名为"北京城建"的名不见经传的上市公司后,竟陆陆续续都离开了，最后就剩下一名研究员听到了最后，当时场面十分尴尬。通过这次路演，我更深刻地理解了与投资者进行有效沟通的重要性。正是通过真诚的沟通，使投资者对北京城建有了全新的认识，公司股票从刚开始的屡遭白眼、非议和不屑发展到最后竟被抢购，公司股价也由刚开始的跌破发行价格涨到最后溢价 100％ 以上。

经过七个多月的奋战，公司再融资工作取得了历史性突破。更为可喜的是，通过几个月的努力推介沟通，公司由原边缘化公司进入主流公司，前 10 名机构持股由原 150 万股上升至 3 600 万股，公司股票市值由原 30 多亿元上升至 70 多亿元，发行价格由原 5.83 元上升至 8.5 元，提价幅度 45.8％，原定发行股份 2 亿股，实际发行 1.41 亿股，减少了公司因股本扩大所带来的业绩增长压力。经中国证监会核准，公司于 2007 年 1 月向集团公司等 10 名特定对象非公开发行人民币普通股 1.41 亿股。每股面值 1 元，每股发行价为 8.50 元，实际募集资金净额为 11.69 亿元。

此次成功再融资是公司上市八年后的首次，当发审会结束后，发审委工作处领导宣布公司非公开发行获全票通过时，焦急等候审核结果的公司领导个个都饱含热泪，八年等待，我们成功了！实现了资本市场再融资的突破，为公司未来发展提供了强有力的资金支持，助推公司主业发展迅速进入快车道。

房企融资开闸后第一批获批企业

房地产行业的特殊性在于，其历史发展过程会不断经历宏观调控。在时隔近四年的融资停滞期后，2012年下半年市场开始释放出房企融资即将开闸的信息。为抓住此次难得的融资契机，公司果断做出决策，于2013年7月中旬正式启动公司2013年度融资工作，由此成为房企融资开闸后率先公布融资方案的第一批房企之一。

当年房企再融资面临的主要难题是增加了国土部土地核查工作。为了精心做好本次融资申请材料，尤其是工作量异常繁重的土地核查报审资料，作为组织者和责任人，我与业务部门、中介机构一起，经过近两个月的加班加点日夜奋战，于2013年9月9日向证监会正式上报了融资申请材料。9月16日便收到证监会的行政许可申请受理通知书，成为了此次房企融资开闸之后证监会受理的第一家企业。2013年12月10日，公司通过了国土部土地专项核查，是第一批通过国土部土地核查的唯一一家股权融资房企。通过国土部土地核查之后，公司融资申请顺利进入证监会后续审核阶段，其间需要完成反馈意见回复、初审会、发审会等审核程序。根据证监会的审核要求，需在反馈意见回复阶段对申请材料按照最新一期定期报告进行更新。为此，我们提早准备更新资料，即便临近春节才收到证监会的反馈意见，也因准备及时、充分，春节后仅用五天时间就迅速完成了反馈意见回复及三季报更新工作，及时向证监会报送了更新材料。2014 年 3 月 24 日公司融资申请获发审会无条件通过，4 月 16 日公司正式收到证监会核准非公开发行股票的批文，成为本次房企开闸后第一批获批企业之一。

进入 5 月份后，我带领业务部门、保荐机构成员历经三周时间，先后辗转北京、上海、深圳等地，积极与老股东、私募基金、公募基金、财务投资者及有实力的机构投资者做一对一、一对多的推介及沟通，接触沟通投资者数百家，完成了第一轮路演推介活动。然而，在国内资本市场整体低迷，沪深两市仍处于持续调整期的大背景下，加之其间房地产市场"拐点论"、"崩盘论"盛行，双重打击下的市场对房地产板块较为谨慎，大多数机构纷纷减持房地产股，基本不予考虑行业配置，行业估值低谷期导致公司股票市价长期低位震荡，投资价值被严重低估，甚至曾一度跌破公司每股净资产及 7.15 元发行底价，致使公司股价与净资产倒挂。随着 6 个月的核准发行有效期日益临近，公司发行工作面临严峻挑战。基于对中国资本市场长远发展的乐观判断以及对公司未来持续稳定发展的信心，控股股东北京城建集团先后两次实施了增持公司股票计划，公司股票市价应声而起。随后，资本市场也迎来了年内股指最好的上升时期，公司及时把握时机，于 8 月初启动发行工作，在发行价格较股票市价折价率仅为 10％左右的情况下，向包括北京城建集团在内的 8 名投资者非公开发行 A 股股票 5 亿股，发行价格 7.8 元/股，融资总额为 39 亿元，相当于公司同期净资产规模的一半，是公司设立之初规模的三倍，成功实施后净资产规模逾百亿元，真正通过资本市场实现了跨越式发展。

参加"北京三号"发射成功合影

诸多"第一"源于信念和担当

总结两次再融资成功的经验，无论是我本人还是我的团队，都认识到有担当、有激情，坚守初心，学会用创新思维去开展工作，是非常重要的。尤其 2013 年再融资时，面对融资政策、市场环境的多重困难，我和我的团队努力做到勤勉尽职、周密计划、细致安排、过程跟踪，通过上下有效沟通，充分调动公司各层面力量，把控每一个关键节点，在再融资工作中取得了多项"第一"。当然，拥有相同工作理念的中介机构也是我们成功的最大助力。

　　我一直觉得，一名资深优秀的董秘，不仅在于其开阔的视野及专业的综合实力，还在于能够站在投资者的角度进行换位思考，秉承担当、务实、谨慎的态度，在纷繁复杂的资本市场，成功与投资者建立起长期的信任关系。董秘工作是把双刃剑，做好了，职业生涯将在资本市场绽放光彩；做不好，既伤了公司、投资者，也会伤到自己。我担任董秘至今已经近 14 个年头，"担当、激情、创新、诚信、感恩"是我董秘生涯的深刻感悟。我想对年轻的同行们说："长风破浪会有时，直挂云帆济沧海。"只要有坚定的信念和担当，中国的资本市场必定因为你们而精彩。

熊长水

　　熊长水，男，汉族，1967年3月生，江西安义人，江西财经大学研究生毕业，正高级经济师，金牌董秘"名人堂"成员。1998年3月至2019年11月先后任赣粤高速董事会秘书、副总级董秘、董事，历任恒邦财产保险股份有限公司董事、中国上市公司协会第二届董秘委员会常务委员、江西省上市公司协会理事、中国公路协会投融资分会理事，现任江西省交通投资集团南昌西管理中心副总经理、新财富金牌董秘评选专家委员会委员。长期在交通行业从事国企改制、企业上市、再融资和经营管理工作，直接参与赣粤高速股份制改制、发行上市、配股、股权分置改革，重大资产重组等一系列资本运作。

熊长水：沟通创造价值，携手共创共赢

　　我国的资本市场跨越了海外成熟市场很多历史阶段，市场开市之初就让上市公司面对全国的广大投资者，发行人没有选择股东的权利。作为上市公司，要利用好资本市场的优势，就必须加强投资者关系管理，敬畏市场，尊重规则，重视投资者，像维护客户关系一样维护投资者关系，这一点我深有体会。本文就是结合我自身的实践经验，就投资者关系的重要性、加强股东沟通交流，维护投资者关系，实现公司与股东共赢谈一点浅薄的认识。

　　我原在的赣粤高速，是一家主要从事高速公路投资建设、经营管理、成品油销售和交通基础辅助行业投资的公众公司。作为自公司 1998 年 3 月初创期起就任董事会秘书的公司高管，以从事董事会秘书工作 22 年的工作经历来说，我对投资者关系管理有着自己独特而深刻的认识和理解，也深深体会到与投资者沟通可以创造价值，从而实现公司与投资者共赢，实现公司可持续发展。

早在 2004 年，赣粤高速就将投资者关系管理作为公司参与资本市场的一项重要工作纳入公司的发展战略中，为此，公司经常主动举办投资者见面会、业绩推介会、网上交流会、现场路演和标杆公司调研活动，参与券商年度投资策略会，登门拜访重仓持股基金公司和机构投资者，就公司的发展愿景、行业地位、经营情况、财务状况以及内在投资价值与业内同行、机构投资者进行面对面的坦诚交流和充分沟通，为公司股票获得合理的市场估值、优化主流投资者结构、提升在资本市场的形象和强化赣粤高速的品牌号召力奠定了坚实的基础。公司发展战略清晰，实际控制人、控股股东大力支持，上下协调沟通顺畅，管理层决策明确，突出主业，稳健经营，再加上卓有成效的投资者关系管理工作，使名不见经传的赣粤高速成为交运行业的杰出代表和标杆企业，公司股票成为基金公司、证券机构、机构投资者的标配标的，行业研究员和分析师谈及交运行业优秀公司，必首推赣粤高速公司，同时，公司股票也先后入选沪深 300 指数、上证 180 指数、上证 50 指数和上证治理指数样本股。

实现控股股东、流通股股东、公司的"三共赢"

在股权分置改革时期，赣粤高速被江西省政府和上海证券交易所确定为股改重点企业。基于控股股东股份支付对价空间不大的实际情况，为做好公司股权分置改革准备工作，2005年 10 月 10 日至 19 日，公司从控股股东、独立董事、公司高管中选派代表组成股改调研小组，兵分两路：一路拜访同行业 11 家上市公司；一路拜访以 21 家基金公司为代表的流通股股东，向同行取经，与股东交流沟通，向投资者征集股改方案的意见和建议。各基金公司均认为独立董事进行股改前期调研工作，向流通股东征集方案，形式新颖，尚属首次。同时他们认同公司抓住股权分置改革的契机，把它作为做强做大公司主业，实现公司发展战略的一个重大步骤，为公司长远发展奠定良好基础的做法。调研回来后，省交通厅、控股股东在公司和保荐机构的协助下，在反复讨论的基础上拟定了"资产收购与送股相结合进行股改"的创新方案，并很快得到了省政府及省国资委的认可和支持。

2006 年 3 月 1 日，公司董事会审议通过了"优质资产折价注入＋每 10 股送 1.1 股"的股改方案，该对价方案远远低于当时市场普遍盛行的每 10 股送 3 至 3.5 股的水平，与投资者的预期相差甚远，一时市场上反对声音不少。方案公布后，为保证公司股权分置改革工作顺利推进，省国资委、控股股东选派精兵强将，与公司高管和保荐人代表组成股改方案沟通小组，一行 10 人自 3 月 5 日起先后赴流通股股东相对集中的广州、深圳、上海、北京 4 地走访了 33 家机构投资者，其所持流通股份覆盖公司总流通股股份的 75％；同时，公司委派高管人员和保荐人代表赴中国证监会沟通相关重大资产收购事宜。

在股权分置改革进程中，控股股东和公司管理层各司其职，国资代表、控股股东和公司管理层自始至终本着诚恳、务实、共赢的想法来推动股权分置改革。一是坚持诚信为本的原则，与社会公众股股东进行了多轮广泛而深入的交流，整个过程充分尊重投资者，充分考虑了投资者的利益；二是坚持多方共赢的原则，在充分尊重股东意见和保证公司可持续发展的前提下，提出了直接送股与折价转让优质资产相结合的股改方案，使社会公众股股东利益和国有股股东利益都得到充分保障。从走访沟通情况看，机构投资者高度评价了控股股东多年来对上市公司的持续支持，并对公司近几年来完善内部管理、防范投资风险、控制经营成本以及加强投资者关系管理建设等方面的成绩给予了充分肯定，90％以上的受访机构对控股股东因维持国有绝对控股地位而采取组合式对价方案表示理解和支持，同时提出了提高对价水平、降低资产对价的折股比例、明确收购价款支付方式、建立激励机制和加强经营成本尤其是养护成本控制等具体要求。在综合考虑了大股东的送股能力、综合对价水平以及流通股股东的建议等因素的基础上，根据投资者的意见和建议对方案进行了修改和完善，经江西省国资委、省交通厅核准，公司于 2006 年 4 月 28 日公布了"优质资产折价注入＋每 10 股送 1.9 股＋若干补充承诺"的股改调整方案。

2006 年 5 月 30 日，公司召开股权分置改革相关股东会议，最终公司采用资产收购与送股相结合的创新方式推出的股改对价方案，在股东大会上获得高票通过，股东赞成率达到99.75％，这在当时已完成股改的江西省内和国内同行业上市公司中是最高的，在全国已完成股改的 800 多家上市公司中也位于最前列。这个方案实施后，流通股股东分享到了公司因收购控股股东优质资产而带来的增值收益，控股股东因盘活存量资产获得了所需的"十一五"高速公路建设资金，公司获得了因优质资产注入带来的更好的发展潜力，有效地达到流通股股东、控股股东和公司三方共赢的目标。江西省委、省政府对赣粤高速的股改工作非常满意，给予了充分肯定。为庆祝赣粤高速股权分置改革成功，江西省领导出席公司收购九景、温厚高速资产成建制交接仪式，中国证监会江西监管局以及江西省政府办公厅、省发改委、省国资委、省财政厅、省地税局、省交通厅等部门的负责同志到会表示祝贺。

评选专家闭门会议审定第十六届"金牌董秘"评选规则

赣粤高速股权分置改革实践，生动地说明了善待投资人、关注投资者的利益、加强投资者关系管理的重要性。公司与控股股东、流通股股东之间应建立良好的沟通渠道和协调机制，以理性的态度友好协商,实现利益的平衡。我认为,只有真正实现控股股东、流通股股东、公司的"三赢",才能保证公司的持续稳定发展。

加强和改善投资者关系管理的"四法宝"

在日常工作中,如何加强和改善投资者关系管理呢?我想,应把投资者关系管理工作作为评价上市公司治理水平的重要标准,并左四方面加强引导。

一是真正树立"了解投资者、尊重投资者、保护投资者、回报投资者"的理念,将尊重和保护投资者利益作为投资者关系管理工作的基础,增强主动做好投资者关系管理的内在动力。不比"老八股"时代,如今的投资者进入资本市场好比进入了大型超市,单是股票投资就有主板、创业板、科创板、新三板之分,面对种类繁多、色彩缤纷的证券商品,即使再有客户黏性,也不可能指望投资者即使长期亏损、贴钱也只购买并持有一种性价比不高的证券。

二是建立系统、持续、制度化的投资者关系管理机制和互动沟通机制,变单向的强制信息披露为双向的、互动的沟通机制,使投资者与公司随时保持沟通,形成投资者参与公司治理的有效沟通渠道。如:经常安排公司高级管理人员与证券分析师及基金经理会见,参加具有广泛影响力的投资界研讨会,适时安排公司管理层与投资者的电话会议,等等。

向首届"董秘好助手"获得者颁发奖牌

　　三是诚实守信、规范运作，给投资者一个真实的上市公司。在以信用为基础的资本市场中，诚信是根本，是证券市场的内在要求。投资者购买并持有一家上市公司的股票，只是取得了这只股票未来的受益权，其价值依赖于证券发行人的诚实守信，公司应稳定投资者的预期，及时足额兑现现金分红、债券利息及其他各种权益，切实给予投资者合理回报。如果信用普遍缺失，证券市场就将有场无市，不会存续多久。目前，中国的资本市场已进入了以市场化为主导的时代，更加强调诚信建设和信息披露的重要性，如果发生内幕交易、利益输送、操纵市场等欺诈行为，或者信息披露不及时、不全面，虚假披露等行为，上市公司就很难获得市场的认同。

　　四是正确处理强制信息披露和投资者关系管理的关系，增强信息披露的主动性，强化信息披露的核心作用，合理引导投资者预期。只有通过加强投资者关系管理，及时公平的信息披露，积极主动的沟通交流，才能把公司发展战略、经营管理、产业发展、转型升级的历史使命与广大投资者的利益诉求有机统一起来，平衡市场参与方利益，使之成为公司紧紧依托资本市场，扩大经营范围、拓展投融资渠道、重视投资者回报，完善制度建设，规范公司运作，提升治理能力和管治水平，助推公司创造价值，成功实现公司高质量跨越式发展的战略目标。

资本市场是国家金融基础设施的重要组成部分，打造一个规范、透明、开放、有活力、有韧性的资本市场，既是完善社会主义市场经济体制、推进国家治理体系和治理能力现代化的重要内容，也是保障资本有序流动、安全运行，通过有效配置资源以服务实体经济及防范金融风险等方面的重要举措。作为新时代的董事会秘书，应深化认识新时代资本市场的特殊使命，坚持初心使命，强化责任担当，在服务国家治理体系和治理能力现代化过程中争做新时代的引领者，具有丰富的时代内涵和现实意义。

徐林

徐林，男，1964年生，江苏南京人。1999年3月至2021年2月任南京钢铁股份有限公司董秘。

南京钢铁股份有限公司2000年上市，至2021年2月，公司通过资本市场累计实现直接融资合计212.24亿元。其中股权融资172.24亿元，占比约81％；债权融资40亿元，占比约19％。

徐林：率先实施中国资本市场
首例要约收购

　　2020 年,恰逢南钢股份上市 20 周年。从 1999 年公司改制设立起,我在董秘这个岗位上坚守至今。一家公司、一份职业,20 年初心不改,正所谓努力到无能为力、尽心到感动自己！我感激我骨子里的那份信念与执念、情怀与情结,我的职业生涯与南钢股份的发展壮大紧密相连,我陪伴并见证南钢股份的成长。

　　20 年来,南钢股份坚持合规为本,搭建起公司治理体系,制定完善了与之配套的制度和规则,对推进上市公司的规范运作发挥了重要作用。我们严格按照上市公司规范运作指引开展各项工作,获得了不少的荣誉和好评,算是对我这份坚守的肯定。

　　20 年来,南钢股份利用资本市场创造性地工作来实现价值。多元化的资本运作持续进行,先后完成了 IPO、要约收购、公开增发、非公开增发、整体上市、公司债、员工持股、股权激励、子公司分拆新三板挂牌、资产证券化等。

　　回顾 20 年董秘职业生涯,有这么几件事值得我回忆留念。

实施中国资本市场首例要约收购

2003 年 3 月，南钢集团公司引入复星集团公司作为战略投资者，进行混合所有制企业改革，共同设立南京钢铁联合有限公司。在履行了必要的行政审批手续之后，南钢集团公司拟将其持有的全部南钢股份之股份，增资到南钢联合。南钢股份控股股东和实际控制人都将发生变化，实质为上市公司收购行为，依法已触发要约收购义务。南钢联合需要按照证券法和《上市公司收购管理办法》的规定，履行要约收购义务，向南钢股份除南钢集团公司以外的所有股东发出全面收购要约。

《上市公司收购管理办法》2002 年首次颁布，彼时，相应的操作实施细则尚未配套，很多问题都尚未厘清，可想而知推进

的难度有多大。我们制订了详尽的工作计划：一是及时发布各阶段提示性公告，保持持续充分的信息披露并及时申请停牌；二是组织协调当事方和中介机构，商定要约条件、履约保证金、上市公司上市地位保持方案等重点事项；三是与交易所、证监会密切沟通，寻求指导。2003年6月12日，《南钢股份要约收购报告书》披露，7月12日要约收购期满，结果以没有投资者接受要约的"零预受""零撤回"情形完成。

中国资本市场首例要约收购，完全市场化运作，影响很大：

首先是要约收购揭开了面纱，取代以往透明度不高的协议重组，提高了规范化程度和资源的配置效率，对激活控制权转让市场有积极意义，也有利于主动性要约市场的培育。继南钢之后，成商集团、江淮动力也进行了要约收购的实践，市场渐渐熟悉这样的一种收购模式；

其次是提升了上市公司收购兼并的信息披露水平。从周期来看，严格的披露，自要约收购报告书摘要公告起至收购行为结束持续存在。从内容来看，信息披露的主体揭示到实际控制人和一致行动人，收购目的、要约条件、支付方式以及为保持上市公司上市地位的解决方案等系列内容都必须披露，体现了市场的"三公"原则，也为中小投资者判别收购动机提供了更多的依据；

最后是要约收购后，南钢股份实现了体制转变，国有企业的基因嫁接民营企业的机制，效率效能提升，推动了公司的快速发展。

创新实施整体上市方案获交易所表彰

2000 年实施完成的整体上市，是南钢股份发展史上的一件大事，原因有三点：

一是公司 IPO 是在额度制的政策条件下进行的，公司虽然拥有相对完整的钢铁产品生产体系，但是股东方还保留了部分钢铁主业资产以及为之提供配套服务的相关资产。部分改制上市导致巨额的关联交易量，比例居高不下。2009 年，购买商品及接受劳务的关联交易占营业成本的 36.94%，销售商品及提供劳务的关联交易占营业收入的 20.59%，由此带来的独立性问题一直是公司规范运作的痛点。

二是南钢股份在 2005 年公开增发股票时曾承诺，2010 年前依照法定程序收购隶属南钢联合的炼铁新厂核心资产，这成为南钢股份实施股权融资的主要法律障碍。

三是南钢股份铁、钢、材产能规模不大，面对钢铁行业激烈的市场竞争，需要增强业务实力和市场地位，进而提高抗风险能力、竞争能力和盈利能力。自 2006 年 5 月起，我们就一直在研究和探索解决上述问题的路径。2009 年 4 月，南钢股份开始停牌筹划重大资产重组事宜。

2009 年 5 月 19 日，财政部公布《关于企业重组业务企业所得税处理若干问题的通知》（财税〔2009〕59 号，简称"59 号文"），对企业重组的纳税事项进行了重新规定。我们组织中介机构积极应对这一变化,经反复研究及讨论,最终创造性地采用了满足特殊税务处理条件的"增资——分立——定向发行"三步走方式,即将收购资产及负债分立至新的公司主体南钢发展,再以收购南钢发展股权的方式完成整体上市。一方面,该方案实现了控股股东相关资产、负债进入上市公司的目标,而且在上市公司发行股份购买资产之前将相关的资产、负债进行梳理和整合,使得申请文件的格式更简便,也大大降低了收购完成后上市公司进行资产过户的交易成本,缩短了时间,有利于上市公司尽快实现资产的重组效益;另一方面,方案的分立及发行股份购买资产的步骤均满足财税 59 号文关于特殊税务处理的条件,避免了资产出售方需要支付大额税款的情形。

南钢股份于 2010 年 10 月收购完成控股股东钢铁主业资产,实现钢铁主业资产的整体上市。重组完成后,南钢股份还承继了南钢联合在装备与技术、高端客户群体、经营管理等方面的优势,综合竞争实力大幅度增强。同时,关联交易大幅减少。2010 年,购买商品及接受劳务的关联交易占营业成本的比例下降到 3.64%,销售商品及提供劳务的关联交易占营业收入的比例下降到 3.31%。南钢股份铁、钢、材产能规模由之前的400 万吨、220 万吨、480 万吨分别提高到 600 万吨、650 万吨、650 万吨,形成板、线、棒、带、型材五大类产品体系,行业地位大幅提升,盈利能力大幅提高。

南钢股份整体上市方案是一次成功的创新:一方面有效减

中国钢铁产业期货大会交流

轻了资产出售方的负担，有利于增强大股东实现整体上市的动力；另一方面上市公司在方案申报以及收购完成后过户环节的操作更便利，有利于降低上市公司的交易成本。

南钢股份通过"增资—分立—定向发行"的一系列步骤实现整体上市，为资本市场并购及企业集团整体上市提供了积极有益的经验借鉴，该重组方案获上海证券交易所2011年度公司治理"典型并购重组案例奖"。

南钢股份通过本次并购重组实现产业竞争力提升，走上了产融结合高速发展的快车道。2010年重大资产重组完成后，我们紧接着就发行了40亿元公司债券，2017年又实施了17.88亿元的非公开发行股票再融资，有力地支持了钢铁产业发展壮大。2018年，南钢股份实现归母净利润40.08亿元，进入钢铁行业上市公司前10。

实施钢铁行业首例员工持股和激励计划

　　成熟的激励制度与公司的企业文化、员工整体能力、积极性及忠诚度高度相关。南钢股份虽然是一家民营控股的混合所有制企业,但脱胎于国有企业,因此激励不仅要考虑效率,更要兼顾员工的诉求,而员工持股计划正好是一种全员性的长期绩效奖励计划。根据证监会《关于上市公司实施员工持股计划试点的指导意见》,公司于2014年年底率先在钢铁行业实施员工持股计划。经过两轮不厌其烦的宣传发动,全部董监高及3 700余名员工参与其中。

　　有效的激励结构应该是短、中、长期结合的全面激励体系。为了进一步建立健全公司长效激励机制,吸引和留住优秀人才,充分调动公司董事、中高层管理人员、核心技术(业务)骨干的积极性,有效地将股东利益、公司利益和核心团队及个人的利益结合在一起,南钢股份于2017—2019年滚动实施了三期股票期权激励计划,是当时钢铁行业唯一一家连续实施三期股票期权激励计划的上市公司。公司三期股权激励计划(属于长期激励范畴)涵盖在公司任职的董事、中高层管理人员、核心技术(业务)骨干等181人,合计9 411万股。整个股票期权激励方案的核心在于如何选择合适的"四定两来源",即定人、定量、定价、定时及股权来源、资金来源。此外,更为重要的是实施时点的把握,选择经营业绩上升时期且股价相对低位,这个时期推行有其特有的优势，即可以伴随着业绩增长获得更好的激励效果。公司第一期股权激励计划，创新地采用了"二次董事会会议＋一次股东会会议"审议的方式，其中第一次董事会会议锁价，第二次董事会会议提交方案，提前锁定了授予价格，同时为选定激励对象留出时间。行权方式的选择上，我们是上海市场第四家采用自主行权方式的公司，激励对象行权更灵活，行权成本、税收相对可控。

公司先后实施的员工持股计划与滚动三期股票期权激励计划，是上市公司建立科学的激励体系的有益尝试和探索：首先是为我国上市公司实施股权性激励计划提供了案例借鉴，包括方案的选择、时点的把握，对其推广和运用起到了促进作用；其次是两者相互补充和完善，重叠进行，使企业在不同发展阶段均有相应激励措施，有效激发了公司全员主动参与企业经营，形成了群策群力、共同经营、共同创业、共担风险、共负盈亏的共创共享经营局面，推动公司业绩和个人收益的共同增长，提升了企业治理水平和竞争力，促进了南钢股份高质量、长期可持续发展。

董秘要把自己定位于四个方面

历经 20 年，回看董秘工作，我认为，董秘是一门职业，随着改革开放的推进和资本市场的建设才出现在中国，算是全新的职业。

我所理解的董秘职责主要有两个方面：一是规范公司治理，二是利用资本市场。这两个方面的工作涉及千头万绪的事项、千奇百怪的问题以及千丝万缕的关系，需要董秘"十八般武艺样样精通"，具备足够的专业储备并且保持更新迭代，"自知无知、才能求知"，永远保持一颗不断学习的心。

董秘要把自己定位于四个方面：一是信念坚定的追梦人。沉住气、静下心，坚持做对的事、做难的事、做需要时间积累的事；要有底线意识，敬畏规则；要有诚信意识，"季布无二诺，侯赢重一言"。二是战略引领的探路人。纲举才能目张，要多做公司发展战略层面的思考，用未来思考今天，坚信长期的力量。三是变革创新的开拓人。打破路径依赖，不因循守旧，主动走出舒适区；以结果为导向，在不触碰底线的前提下善用灰度；四是协同共赢的带头人。揽过不邀功，珍惜平台的价值和发挥团队的力量，责任到位共同成长。

刘勇

　　刘勇，男，汉族，1965年2月生，中共党员，大学文化，原籍河北省阜城县。1999年12月至2013年11月任公司董事会秘书。2013年11月20日起任公司党委委员、董事、董事会秘书，2022年2月兼任曲阜孔府家酒业有限公司董事长，现已退休。先后参与并主导完成了公司 IPO、定向增发、重大资产重组工作，累计融资26.71亿元。

刘勇：参与创造河北第一，河北唯一

改制成河北省唯一白酒上市公司

我担任老白干酒董秘 20 年了。我原来在衡水老白干集团企管处负责企业管理工作，1998 年的一天，公司领导找到我，跟我讲：衡水市委市政府开会，咱们公司被衡水市列为股票上市首选单位，市领导把这个任务交给了我，我把这个任务交给你，先改制，后上市，由你牵头成立改制办公室，负责这方面的工作。

接到这项重要的任务后，我心理压力很大，知道上市是一项非常艰巨的任务，但怎么改怎么上还没有头绪，抽时间先去新华书店转了一圈。衡水当地的新华书店居然没有上市类的书籍，只在角落里有一本《证券法》、一本《公司法》。后来利用有次出差的机会，我在石家庄的书店才买到了两本。随着河北证券项目组的到来，我把他们都当作专家，认真学习，梳理上市的路径，积极与市体改办、省证券办联络沟通，学习请教。那时候手机还不普及，没有微信，没有高铁、高速，联络也不像现在这么方便，我经常天不亮就起床，叫上司机在上班之前就赶到石家庄，听到专家与领导的一句提醒，如获至宝。

参加活动照片

业务流程熟悉之后，改制与上市的历程远没有想像的顺利。衡水老白干是白酒生产企业，属于限制发展类企业，项目一申报就被卡住了。有限制就有鼓励，鼓励支持哪些企业上市呢？高科技的、农业、畜牧养殖业的。衡水市安平县京安集团是衡水市最大的生猪养殖企业，年出栏生猪 10 万多头，我们就过去找他们的董事长魏总谈，看有没有上市的想法。把前期的学习和对上市的了解，我向魏总一介绍，魏总十分感兴趣，当时就表态可以考虑。几天后，魏总经内部沟通统一意见后，又过来找我们，双方一拍即合，老白干与京安集团重组联合其他企业发起上市，其中：老白干集团以所属的河北衡水老白干酒厂和河北兴亚饲料厂的全部经营性资产投入，京安集团以其所属的安平县京安规模养猪场的全部经营性资产投入，其他发起人以货币资金投入。公司于1999年12月30日正式成立，作为上市的负责人、协调人、发言人、参与人、监督人，我与券商、会计师、律师在工作中是合作伙伴，遇到问题他们就是专家老师，工作之余就是哥们弟兄。大家团结合作，通宵达旦、夜以继日地工作。2001年6月，正当我们准备报材料的时候，国有股减持方案出台，"市场价减持国有股"遭遇市场猛烈的抛压，上证综指从阶段高点2245点开始一路下泄。其间，证监会完全停止了新股发行和增发。10月22日，国有股减持被叫停，11月2日IPO才开始重启。重启后，我们又开始申报材料，于2002年10月顺利通过证监会的核准，并于当月在上海证券交易所顺利上市。衡水市终于结束了没有上市公司的历史，并且我们作为上市公司，在衡水"一枝独秀"了16年，直到2018年，衡水市才有了第二家上市公司。老白干酒也是目前河北省唯一一家白酒上市公司。

股权分置改革 98.78% 赞成

2005年，为积极贯彻国务院《关于推进资本市场改革开放和稳定发展的若干意见》，中国证监会、国务院国资委、财政部、中国人民银行、商务部联合发布《关于上市公司股权分置改革的指导意见》，中国证监会出台《上市公司股权分置改革管理办法》等相关文件，我作为主要负责人，积极推动公司的股权分置改革工作。

当时股权分置改革是新生事物，衡水只有我们一家上市公司，很多领导、股东对此了解不多。时任中国证监会主席就用了"开弓没有回头箭"来表示本次股权分置改革的决心和信心。我主动跟相关领导多次请示、汇报、解释、说明，传达上级的文件精神，介绍资本市场情况和实施股权分置改革的意义，得到了各级领导的同意后，我与其他非流通股股东充分讨论、沟通后，再征求流通股股东的意愿。当时我们公司流通股股本4 000万股，机构投资者较少，散户众多，而且特别分散，我与同事们组团，分别南下上海、广州、深圳，北上北京、天津等地，约见了众多的投资者，了解投资者的想法，换位思考，遵循"公平、公正、公开"的原则，平衡流通股股东、非流通股股东的利益。通过大量卓有成效的沟通、交流、研讨、请示和汇报，我们提出了向流通股股东每10股支付3股股份对价的股权分置改革方案，方案获得省国资委批准。

2006年8月14日，公司召开股权分置改革相关股东会议，审议通过了《公司股权分置改革方案》，参加本次股东大会表决的股东及股东授权代表共计1 056人，代表股份97 919 652股，占总股本的69.94％。经过表决，最终公司股权分置改革方案以 98.78％的赞成率高票通过,这在当时已完成股改的省内甚至国内同行业上市公司中都是比较高的。方案实施过程中,现有流通股股东没有现金支出,公司总股本不发生变化;非流通股股东与流通股股东实现了双赢,符合全体股东长远利益。股权分置改革后,随着流通股股本的增加,公司也逐渐得到了机构投资者的关注,在不断健全完善法人治理结构水平的同时,公司业绩逐年稳步提高,开启了新篇章。

河北首家实施员工持股计划的上市公司

2012 年以后,受国内经济增长趋缓、中央纠"四风"行动、落实中央八项规定精神、严控"三公经费""禁酒令"等影响,白酒行业的市场竞争更加激烈,高端餐饮和高端白酒的销售出现了明显下滑,白酒全行业市场持续低迷。受前些年在一些大项目投资的影响,公司资产负债率高达 70％以上,远高于白酒同行业上市公司约 30％的平均水平。面对白酒激烈的市场竞争环境及公司负债率较高的状况,公司领导班子多次召开会议,我提出的利用上市公司融资做大做强企业的想法也被提上议事日程。

我通过学习十八届三中全会《中共中央关于全面深化改革若干重大问题的决定》《关于 2014 年深化经济体制改革重点任务的意见》、2014 年《国务院关于进一步促进资本市场健康发展的若干意见》等对混合所有制改革和企业员工持股的相关规定,结合当时中国石化、中葡股份等国有上市公司启动的混合所有制改革方案和苏交科、浙江龙盛、银轮股份等上市公司的员工持股计划,发现上市公司进行混合所有制改革和实施员工持股计划符合我国相关政策的指导精神。实施员工持股计划,有利于建立和完善职工与股东的利益共享机制,提高职工凝聚力和公司竞争力,使员工利益与公司长远发展紧密结合,且实施员工持股计划比较受市场投资者欢迎。向董事长报告后,我们几个班子成员碰头商议,达成了一致意见。董事长要求:合法合规,立足规范,严格保密,严格遵守上市公司信息披露的相关规定。当时开完会已经是2014年10月17日(星期五)的下午6点多了,很多同事都已经下班了,为保证信息公平披露,维护投资者利益,避免造成股价异常波动,我让证代又跑到公司来,向交易所申请紧急停牌。

停牌后,公司立即成立了定向增发领导办公室,由我任办公室主任。如何让2 500多名在册的全体员工在不泄密的情况下领会透彻员工持股精神,了解参与意愿,成了大难题。通过与同事们通宵达旦的商讨、筹划,我们制作了《员工持股说明书》《定向增发认购股票意向调查表》,一是保证发到每位员工的手中,并要求严格保密;二是让每位在册员工领会透彻,公布咨询电话及咨询人员名单,全天候接受咨询;三是员工入股坚持自愿原则;四是充分揭示风险。对于人员比较多的部门,派出专人负责讲解。经过大量细致摸底和调查工作,有830名员工有意参与员工持股计划。根据员工的意向及拟入股金额,我们按10%的比例收取保证金并签订了认购协议,这样员工入股的情况基本就定下来了。在同年11月11日,我们召开了职工代表大会,向广大职工代表介绍公司员工持股计划的基本情况,全票审议并通过了《员工持股计划(草案)》。由于前期工作做得细致扎实,我们的定增方案顺利得到了市政府、省国资委、证监会的审核通过。

2015年12月,公司向战略投资者、经销商、公司员工非公开发行股票3 500万股,募集资金总额8.25亿元,用于偿还银行贷款及补充流动资金。基于公司多年来形成的良好的投资者管理关系,在对白酒不利的市场环境下,公司的定向增发工作得到了广大投资者的大力支持,公司定增方案以98.83%的赞成率高票通过。通过非公开发行股票,引入外部投资者与优秀经销商,公司资本实力和市场竞争力大大提升,主营业务收入也在对白酒不利的销售环境下,实现了稳定、快速的增长。

通过实施员工持股计划,建立和完善职工与股东的利益共享机制,企业改善了治理水平,提高了职工凝聚力和竞争力,使员工利益与公司长远发展紧密结合,充分调动了员工的工作积极性和创造力。实施员工持股计划后,2016年至2018年,公司分别实现净利润1.1亿元、1.63亿元、3.5亿元,三年的净利润增长率分别为47.71%、47.53%、114.26%,促进了公司健康、快速发展。公司也是全国白酒上市公司、河北上市公司中第一家实施员工持股计划的企业,开启了中国白酒企业改革的新篇章。

第一家实施重大资产重组的中国白酒上市公司

　　近年来，受限制"三公消费"及经济增速放缓等多种因素的影响，我国白酒行业进入深度调整期，行业整合加速推进，区域市场竞争加剧。优势白酒企业紧抓行业机遇，利用资本、技术、品牌等优势纷纷通过并购区域性名酒企业来扩大区域市场影响力，快速提升业绩，如：五粮液收购邯郸永不分梨、信阳五谷春、山东古贝春，古井贡酒收购湖北黄鹤楼，洋河收购宁乡汨罗春、贵州贵酒，白酒行业并购的马太效应愈加明显，兼并重组是大势所趋。

　　河北白酒市场竞争激烈，企业惯于单兵作战，省内白酒业整体竞争力不强、内耗严重，无法有效应对省外白酒品牌的冲击，亦无法形成"冀酒"板块整体崛起。衡水老白干酒虽在河北省内保持绝对龙头地位，但在冀北、冀中仍面临承德乾隆醉、承德山庄老酒的激烈竞争，为进一步提升公司实力，促进公司快速发展，振兴冀酒，公司先后与河北省内的丛台、山庄等酒厂进行过接触，但均未取得实质性突破。

　　丰联酒业作为联想控股的白酒经营与管理平台，在2011年至2012年斥资21.89亿元先后并购了乾隆醉、武陵酒、曲阜孔府家、安徽文王等四家酒厂。经过五年努力，由于缺乏对白酒行业的深度理解，丰联酒业的业绩都未能达到联想控股的预期水平，联想控股于是有意与白酒龙头企业进行战略合作。

　　根据公司的发展战略，为进一步提升衡水老白干酒的综合竞争力，增加利润增长点，实现公司跨越式发展，我们领导班子经与有关各方论证和协商，启动了重大资产收购工作。由公司董事长"挂帅"任重大资产收购领导小组组长，总经理任副组长，下设重大资产收购领导小组办公室，我任主任，负责具体收购工作。前期，我和财务总监及另外几名同事，通过招标，择优选定了财务顾问、评估及审计机构，经公司领导批准后迅速展开工作。我们选派了生产技术、销售、财务、法律等四个尽职调查小组，对丰联酒业进行尽职调查。经过初步尽职调查，我们获悉丰联酒业为香港上市的联想控股的子公司，数据真实，运营管理效率较高、生产秩序良好，主要资产权属清晰，公司并购丰联酒业无实质性法律障碍或潜在重大风险。通过近几年丰联酒业向并购企业持续输入人才、管理理念和企业文化，调整优化白酒产品结构及销售渠道，建立了科学的治理结构和有效的激励体系，下属四家白酒企业产品结构及管理效率

有所提升，已初步成为具备品牌优势、产品优势、市场优势、管理优势的区域白酒企业，具有整体优势，是合适的并购整合对象。

参加活动镜头

经过我和同事们与丰联股东们的多轮谈判，丰联酒业100%股权收购价格由22亿元逐步降低至20亿、17亿、16亿、15.3亿、14.5亿元到最终的13.99亿元。谈判的过程异常曲折，由于联想收购四家白酒企业时正值白酒的黄金期，收购价格较高，对方一开始是不同意降低转让价格的。基于对衡水老白干的信心和并购后的协同效应，及对并购后的发展信心，最终对方签署了并购协议。同时我们也要求丰联酒业原有股东对丰联酒业2017年至2019年三年净利润做出业绩承诺及相关补偿安排，并设置分期解除股票锁定安排以及分期支付股权转让款等方式，增强业绩补偿安排的可操作性；且保证未来三年内丰联酒业原主要管理人员、核心业务人员和一般员工保持稳定。

停牌时公司股票收盘价为 22.69 元/股、市盈率为 89.57 倍，显著高于同行业上市公司估值水平（以 2016 年前三季度测算），公司较高的估值水平使公司发行股份购买丰联酒业对现有股东股权稀释影响较小。并购后，丰联酒业将成为全资子公司，公司通过输出管理及销售模式、技术及研发团队，在企业文化和经营理念、品牌、销售渠道、组织和团队、财务管理等方面整合承德乾隆醉、安徽文王、曲阜孔府家和湖南武陵，采取品牌差异化和运作专业化可实现 1＋1＞2 的效果。方案公告后，立即得到了广大投资者的积极响应，股票开盘后公司股价连续六个涨停。

公司重大资产重组方案也以 99％以上的赞同率获得股东大会审议通过；并经中国证监会并购重组委审核获得无条件通过。公司由此成为了中国白酒上市公司第一家实施重大资产重组的上市公司。

并购时，2017 年丰联酒业承诺实现净利润 6 676.60 万元，实际实现 13 606.37 万元；2018 年除承德乾隆醉外丰联酒业承诺实现净利润 4 687.12 万元，实际实现 7 792.05 万元。通过并购丰联酒业，2018 年公司实现总收入 35.83 亿元，同比增长 41.34％，实现净利润 3.50 亿元，同比增长 114.26％，快速提升了收入、利润规模。

并购进一步推动了冀酒板块的整合发展，巩固了公司在河北市场的龙头地位,实现了老白干香型、浓香型、酱香型的"一树三香"和衡水老白干、文王贡酒、板城烧锅酒、武陵酒、孔府家酒五个品牌"五花齐放"的局面,开创了中国白酒上市公司中多香型、多品牌、多渠道的先河。

朱正义

　　朱正义，男，1951年9月生，江苏江阴市人。2000年8月入职江苏长电科技股份有限公司，历任董事会秘书兼副总经理、董事、高级副总裁。在长电科技任职董秘近20年，融资金额超过95.03亿元。亲历并见证了公司营业规模从5亿元到300亿元的发展历程。任内全程参与了公司的改制、设立、上市，先后组织多次再融资。实施了一系列重大资产重组和有效整合，帮助公司跃升为全球半导体封测行业第三，实现了中国半导体封测企业率先进入全球第一梯队的国家集成电路战略目标。

朱正义：主导长电科技三次资本运作

我今年 75 岁。2000 年 8 月，正好 50 岁的我到长电科技开始做董秘，一直干到 2019 年 5 月。近 20 年的董秘生涯，从长电科技成立股份公司，到 IPO，于 2003 年 6 月成功上市；从三次重大资本运作到长电科技成为全球芯片封测行业第三的龙头企业，我都悉数参与。这个过程极其艰难，企业若没有一定的经济实力，做高端芯片封测是很不容易的。围绕并购后的重大资产重组项目，我曾一天发了 30 多个公告，或许是绝无仅有的。这些背后映射出来的是，企业发展已经融入到国家新兴战略产业的愿景之中，关系到民族先进制造业的进步。在此发展过程中，我在董秘这个岗位上持中守正即端正态度，守住规矩做了该做的事，也把该做的事做好了。

IPO＋非典疫情　难上加难

长电科技 IPO 难度很大。因为长电科技前身是长江电子实业公司,规模小,底子薄,在其IPO过程中就遇到了两大难题:一是它的历史沿革比较复杂,档案记录不全,名字也不规范。预审员看不明白。其实,企业前身是地方国有企业,上市前由国有控股改制成了民营控股的股份制企业。当时,我们只好拿回申报材料,加班加点重新编写。

公司大门

二是财务问题。那个时候公司为了搞技改,在没有项目贷款的情况下,技改扩能购买设备大部分占用的是流动资金,形成短债长用,增加了偿债风险。公司负债比率高达70%多。流动比、速动比低,一般正常情况下应该大于1,而我们只有0.5—0.6。为了让预审员看懂我们的行业和它的特殊性,我把公司产品做成了三本厚厚的样本,把公司生产线拍成录像、刻成光盘给预审员看,反复与之沟通,让他们了解到中国集成电路封装行业还处在起步阶段,这个行业的特点就是投资大,设备昂贵,几乎全部靠进口,技术更新快,而封装加工费每年还要降价。

企业要满足客户的需求,就要每年持续研发投入和技改扩能,
否则客户的新订单就不会给你。

公司上市前做的主要是插入式分立器件,下游组装厂靠农
民工手工插件。而当时国际上开始有了贴片器件,芯片很小,
只有芝麻那么大,我们的产品却有黄豆那么大。片式化器件可
以用机器贴片,于是我们的募集资金项目就是做新型的片式化
元器件,IPO 我们募集了 3.25 亿元。2003 年 6 月这个资金到
位,但却遇到"非典"疫情爆发,整个电子行业都受到影响,客户
来不了,销售员也出不去。6 月 3 日长电科技股票上市,发行价
为7.19元,很快涨到 14 元多,但中报公告后,却一路下滑,又跌
到 8 元。股民质疑我们招股书信息披露有问题,打电话骂我。
当时确实是产品订单大幅度下滑,业绩下滑,而募集资金投资
的项目还在进行中,不可能马上见效。媒体到公司采访我和董
事长,要我们说明业绩变脸的原因,作为董秘我必须站出来进
行危机公关,于是通过央视平台和投资者见面会,把公司遇到
的暂时困难和未来前景向投资者讲清楚,取得了投资者谅解。
2005 年,广东遇到民工荒,很多地方经济发展起来后,工资低的
手工活农民工不愿意干了,自动贴片应运而生,长电科技的片
式化器件成了市场抢手货。董事长王新潮说,靠大规模、低成
本竞争的路子走不通了,必须要科技创新。公司经营策略调整
为"规模加技术领先",当时这个策略非常重要,也是长电转型
的开始。

公司大手笔引进人才,开发超小型分立器件和自主知识产

权 FBP 集成电路,长电还因此获得了国家发明专利金奖。2006
年我们又募集了资金 6.33 亿元,投资新产品,公司业绩连续两
年以 30％的速度增长。

2008 年 10 月,金融危机爆发,公司营收出现断崖式下跌,
最惨的一个月订单下降了七成,公司高管工资七折发放,产线
员工带薪放假,损失很大。

新技术带来新增长　好上加好

2003 年,工信部领导来公司视察,介绍了新加坡 APS 公司
的芯片凸块技术。芯片不用传统的打线封装,而是在晶圆上长
凸块,倒装在封装载板上,或直接做裸芯片封装,这意味着同样
大小的设备空间里可以集成更多的芯片,增加更多的功能。王
新潮董事长一周内亲赴新加坡实地考察。很快,我们就和 APS
公司达成合作意向:APS 公司技术入股,我们出现金,成立了江
阴长电先进封装有限公司。2008 年金融危机时,长电先进刚好
可以开始大量接订单。新的技术给长电科技带来了新的增长
点,支撑了公司业绩。

2008 年,中国 4 万亿元投资拉动内需,电子行业很快复苏。
国家鼓励家电下乡,以旧换新,家用电器需求量大幅度增加,销
售火爆。长电科技产品供不应求,2010 年公司公开增发配股,
募集资金 6.14 亿元,满足技改扩能的需求。

2011 年,智能手机时代开始,小型片式化集成电路和分立

器件需求量大增,长电科技的超小型分立器件和晶圆级封装产品订单暴涨。

公司产能已不能满足市场需求。但江阴地处长三角区域,劳动力成本三年内翻了一番,市场竞争力受到影响。企业必须走出去,布局梯次成本生产基地。公司先后在安徽滁州和江苏宿迁考察,并规划确认了这两个地方。接着,我们用三年时间把江阴的传统产品线全部搬到滁州、宿迁基地,江阴工厂定位做中高端的集成电路。事实证明,这个产业战略布局的调整是非常成功的。

7.8 亿美元收购星科金朋　以蛇吞象

2014 年,花旗银行人员来公司交流,他们说新加坡淡马锡想把控股 83％的星科金朋公司卖掉。星科金朋当时是全球第四大封装厂,90％是欧美客户,拥有国际先进技术,研发能力强,产品定位中高端,但是经营业绩不好。新加坡当时也是战略性退出,制造业竞争优势每况愈下,成了烫手山芋。我听对方介绍后,觉得这是个机会。我当时算了一下,国内封装厂投资一个亿,新增加工营收一般只有六七千万元。星科金朋营收有 14 亿美元,市值只有 5 亿美元;如果我们以小博大收购52％,只需2.6亿美元就可以控股。我就把这个想法向董事长做了汇报,他听了觉得这是一个机会,可以继续和对方谈。那个时候,花旗银行把消息释放出去了,星科金朋的股价快速上涨,市值最高涨到 10 亿美元。

2013 年 9 月 5 日，我受董事长委托参加马凯副总理在杭州召开的座谈会，知道了中国将以举国之力推进集成电路产业发展，因为：一是我国每年向国外采购集成电路要花费 2 500 亿—3 000 亿美元，超过石油进口额，国内市场巨大；第二，国内芯片产业虽然技术和国外差距大，但已有一定基础，只要加大力度扶持，有能力逐步实现进口替代；第三，芯片关系到国家信息安全，斯诺登事件已经给我们敲响了警钟。会议提出要做三件大事：第一，成立国家集成电路领导小组；第二，出台支持集成电路产业发展的政策（2014 年 6 月出台了《国家集成电路产业发展纲要》）；第三，组建集成电路产业基金（后来简称"大基金"）。2014 年年底，大基金成立，募集了 138 亿元。这是当时的"天时"，我们收购星科金朋恰逢其时，符合长电科技的战略需要。2014 年，长电科技已经位列全球封装行业第六名，再要往上走已碰到"天花板"，一是国际高端客户少，二是人才缺乏，研发能力不强。收购星科金朋公司恰恰能解决这两个问题。我们到新加坡跟淡马锡谈了几轮，最后收购价谈到 7.8 亿美元，基本上就是星科金朋在新交所的市值。淡马锡这个时候又唆使另外两家中国公司参与竞争抬价。我们亮出了国家发展改革委备案给的"路条"，告诉卖方我们才是唯一有资格的买家，达成了排他性收购意向。

接下来就是钱从哪里来？当时，长电科技正在定向增发募集资金投 FC 倒装项目，而星科金朋大部分都是倒装生产线。

这种技术是芯片与基板不用连线，点对点对接，速率高，散热好，电阻小，是国际先进封装技术。公司决定变更募投项目，拿出一半资金即 2.6 亿美元用于收购，但还远远不够。当时已和长电科技有合作项目的中芯国际愿意出 1 亿美元参与收购，但还不够。这个时候，我们就向大基金求助。这是大基金挂牌后的第一个项目，领导当即表示大力支持。为了保证长电科技控股，我们设计了两层架构，大基金出了 3 亿美元，一部分为股权投资，一部分为可转债，但不做大股东，保证了收购主体长电科技的主导地位。2014 年最后一天，我们通过几天几夜的艰苦谈判，向淡马锡发出了"有条件要约"。淡马锡卖星科金朋，也有两大难题：一是大陆资金不能控股台湾子公司；二是星科金朋负债比例过高，不符合银行过桥贷款的授信条件。这两大难题只能由卖方解决。后来淡马锡设法剥离了台湾公司并归还了星科金朋 1.27 亿美元的股东借款，但要求我们对台湾公司做出最低采购承诺，条件非常苛刻；对于另一个难题，淡马锡设计了权益类资产——2 亿美元 4⅝ 年息的永续债，淡马锡认购，三年后归还本息，这意味着 7.8 亿美元收购款中有 2 亿美元可三年后支付。这风险确实是很大，后来成了拖累长电业绩的主因，差不多 4 年多才消化完。2015 年 8 月 5 日，我们在新加坡完成无条件要约收购。

2015 年，我们在国内同时还做了一次大的资本运作。新潮集团把新加坡 APS 持有长电先进 25％的股权注入长电科技，同时配套出资 3.3 亿元人民币，持股比例从 14.11％提高到18.37％，提高了大股东的权重,为后续重大资产重组打好了基础。

并购整合历尽艰辛　行走钢丝

　　星科金朋私有化,成了长电科技控股的子公司,同时也带给我们四大难题:第一,下属两工厂搬迁,损失巨大。韩国利川厂房租赁到期,已规划在仁川造新厂房并搬迁出来,同时上海厂因当地政府商业规划,计划搬迁到江阴来。两个厂搬迁,停产损失、搬迁费用、客户转单等一系列问题对我们是一次大考。某知名封测大厂的一位高管预言:长电科技将面临一场灾难。第二,资金问题。2016年星科金朋债务重组,先向银行借一笔过桥贷,然后将所有存量债务还清。企业更换大股东,银行对企业信用要重新评估。星科金朋从淡马锡手里变到中国大陆民营上市公司手中,加上经营亏损,信用等级被下调。为了保证资金链的安全,公司在新加坡发行了5年期4.25亿美元的债券,票面利息8.5%,加上发行费用,相当于年利率10.5%;长电科技收购完成后连续几年利息支出高达10亿元。第三,台湾厂最低采购承诺,风险接踵而至。2015年下半年,与星科金朋芯片凸块配套的台湾厂,受到客户订单不足和加工费降价双重挤压,严重亏损,尽管我们做了0.86亿美元的拨备,仍无法覆盖。往后几年订单情况仍不理想,每年要用真金白银去补,直到2019年才消化完。第四,文化融合。星科金朋是美国公司的基因,奉行西方文化,个人利益要保证,企业经营好坏与员工收入无关。公司针对四大难题制定了相应的对策,每周进行检查落实,使上述问题得以逐个解决。用我们董事长的话来说,破解每个难题都如同走钢丝。

当然,我们收购看中的是标的资产的潜在价值,发掘其核心价值并产生协同效应才是收购的目的。星科金朋的价值在于其研发能力和客户资源。当时其韩国厂已为全球最大智能手机客户开发出 SiP 系统集成模块封装;新加坡厂为全球芯片设计龙头高通开发了晶圆级封装(Fan-out EWLB),均已验证通过。但生产这两个产品需要大量投资,韩国厂要投 4 亿多美元,新加坡厂要投 3 亿多美元。公司咬牙自筹资本金设立长电韩国厂,又通过大基金的关联公司租赁贷款约 30 亿元人民币,在两地建成了生产线。2016 年上半年,两个厂全部建成,当年投产,当年见效,当年盈利。2016 年营业收入达到 191 亿元,同比增长了 77%。

但上述项目的实施也不是一帆风顺的。新加坡工厂单一客户风险很快就发酵了,开始时客户要求全包产能,不允许给其他客户试样,当量产之后,他们又与另一家封测厂合作,拉走了一半订单。这导致新加坡厂产能利用率不足 50%,连续严重亏损。

上海厂要搬迁到江阴来,高通是其最大客户,你要搬厂,它就先把订单撤了,说等你搬好了再来。搬厂要两边同时开工,老厂做存量订单,新厂做产品试样,两边开工,运行费用翻倍。为防止员工流失,还必须实施留才计划。尽管地方政府给了一

厂区面貌

些补贴,仍然入不敷出。四大难题都是收购可预见的,但未料到难度会这么高。个个都是致命的。2018 年还遇到了监管部门要求我们做商誉减值,年报一下子巨亏近 10 亿元,也算是黎明前的黑暗吧。并购整合犹如在隧道黑洞中前行,我和董办的同事如履薄冰地做好信息披露和投资者沟通工作,认真回答好监管部门的问询,取得了投资者、监管部门的理解和支持,使得公司始终保持着良好的市场形象。

为有利于对星科金朋实现全面整合,并履行共同投资协议,2016 年,我们启动了重大资产重组,非公开发行股份,购买共同投资方的股权,并配套募集资金 26.55 亿元。这次资产重组难度很大,监管部门一度认为我们是中概股回归,中止了审核,后来又发现重组导致第一大股东变更,疑似借壳。我和项目人员多次与监管部门沟通，申明公司收购的重大意义和难度，并拟文请求高层组织发声为我们背书，最后我们的项目获得无条件审核通过。

携手国内 5G 龙头　终成利器

2018 年，我们又做了一次资本运作，向大基金、中芯国际、无锡政府基金定向增发，共募集了 36 亿元，三年时间我们在减持新规和再融资新规的不利条件下融资 95 亿元人民币，可以说没有大基金和中芯国际的支持是不可能完成的。募集资金主要用于置换新加坡和国内投资的新项目，部分用于为 5G 配套的封装生产线建设，资金充裕了，公司就可以腾挪资金归还新加坡的高息债。2018 年 8 月，大基金成为长电科技第一大股东。我和董事长 2019 年 5 月任期到了都退了，我们都衷心希望长电科技在国家队的引领下行稳致远，继续冲刺实现成为全球数一数二的集成电路封测企业的愿景。2020 年一季度，尽管疫情非常严重，长电科技却迎来了爆发，订单都来不及做，出现了期待已久的盈利拐点，进入收获期。

回头看，收购星科金朋虽然付出很多，但还是非常值得的。2020 年一季度，星科金朋江阴厂效益同比有 40％的增长，后续订单充裕，接下来又是扩充产能的问题。2018 年公司董事长利用新加坡的技术人才，在国内组建研发团队，为国内 5G 龙头研发多款芯片封装的高端产品，组建从芯片凸块到芯片封装的

"一站式"服务链条,初步形成了从芯片到封装的国内配套供应链,为长电科技的发展奠定了坚实的基础。长电先进与国内龙头客户还有一个更大的合作,即用最先进的晶圆级封装技术实现了超高引脚的芯片封装,计划再建一个新厂,实现百亿级的增长。这是我退任之前参与的最后一件事情,相信新一届管理层会比我们做得更好。

蒋伟

　　蒋伟，男，1963年4月生，籍贯上海。1997年开始担任上市公司董事会秘书一职，其中在上海豫园旅游商城（集团）股份有限公司出任董事会秘书20年。现为上海上市公司协会董秘委员会主任，成功主导和参与了上市公司重组、配股、增发等各种资本运作。

蒋伟：短短半年，完成重大资产重组

我个人的职业经历，主要做了一个行当：职业董秘。我认为董秘是公司和股东、投资者（包括潜在投资者）、政府相关部门以及监管机构沟通的桥梁，是公司与资本市场各相关方的首席沟通官。从1993年开始，伴随着公司上市而从事资本市场工作，从证券市场提出专门设立董事会秘书岗位后的1997年开始，我担任上市公司董事会秘书一职，一直到2020年。

豫园股份是中国资本市场最早的上市公司，证券界俗称"老八股"之一，1988年成立之初，公司简称"豫园商场"，老股民习惯称之为"老庙"。

豫园有独特的地方特色，群众基础非常好，但这也造成董秘工作的一个难点。尤其是过去豫园召开股东大会，在上海地区也算是参会人员最多的，其中散户特别多，最高峰时需要借体育场开会，安全问题，对股东的维护，我们上海老董秘都有点不堪回首，参会者最多时有上千人。既要保证股东大会的程序完整、议案的审议通过，又要防范不测事端的突发。

　　这里有一个令人难忘的小故事,曾经有一个股东,姓名我暂且隐去,那时由于大势不好,他所买豫园的股票被深深地套住,心里不爽。那年股东大会,他没按照股东大会相关规定,要强行上台发言。保安和工作人员按照相关规定阻拦他自行上台发言,眼看一场冲突即将发生,会场秩序瞬间乱作一团,起哄的口号声充斥会场。为了及时平息事态,维持会场秩序,我首先让这位股东马上现场办理股东发言的手续,容许他上台发言,但同时告知他要遵守股东大会规则有序发言,并且和他说,如果发言后还有什么要求和想法,会后可以和我单独沟通。会后他跟着工作人员来到公司,要求和我继续沟通。到了会议室他就直扑窗台,说今天要在豫园商城跳楼。经过大家好一阵劝说,这位股东"哇哇"哭了出来,说他是上海本地人,看到豫园商城每天人山人海,公司业绩也好,瞒着家人买了豫园股票,由于连年的大势走熊,他也只能一路补仓。但他家境并不富裕,家人追问他资金下落,他也只能如实相告,为此造成家人矛盾。按照职业操守,我也只能用公司公开信息和他交流,把豫园的亮点一一跟他交流,同时邀请他带他的家人来豫园看看。隔了几周,他真的带着家人来了豫园,我也热情接待了他们,陪着参观介绍了豫园的新变化。随着大势的转牛,他的豫园股票也获利了结,虽然他抛了股票,但我们为此也成了朋友。

　　想想既要和政府机构监管部门交流,又要和各色投资者沟通,乃至要直面那些无理取闹的投资者,这对董秘的沟通能力都是考验。2017年,随着公司经营范围和规模的大幅提高,公司简称改为"豫园股份",同年豫园股份进行了一项重大资产重组。复星和黄浦区国资委将"蜂巢"涉房业务注入豫园,复星也从 20％多的股比增加到将近 69％(2002 年,复星就成为豫园第一大股东,占股 20％,现在看来也是中国最早的"混改")。这次重组是 2018 年成交金额最大的,且是涉房项目的资产重组。这次重组,充分运用"产业＋地产"的"蜂巢"模式,也就是把豫园现有的产业和相关的城市地标相结合。豫园股份原主要产业是黄金珠宝,旗下有"老庙黄金""亚一"两大品牌,年销售额近 200 亿元;另外还有"老饭店""绿波廊""南翔馒头店""苏州松鹤楼"等餐饮品牌;以及文旅纪念品和文创产品,如上海老城隍庙食品、五香豆、梨膏糖、梨膏露、上海南市乔家栅等多个老字号品牌。目前豫园在核心旅游区有 10 万平方米的商业建筑面积,是上海的一张名片。

豫园经过 20 多年的发展,所有产业已经非常成熟,形成了可以打包向外拓展的一个很好的条件,我们也设想要把豫园的品牌和产品向全国辐射,提高公司的销售额和利润,增加股东的回报,光靠自己向外界拓展,相对压力是比较大的,虽然黄金珠宝在全国有 2 400 家店,但大股东在全国主要核心城市均有商业地产,可以相互结合,相互赋能。有了这个设想,经过与股东之间反复商议,我们酝酿了这次重大资产重组。

回想这次重组,我和大家都印象深刻,所有团队人员包括券商、律师等中介,都觉得几乎是脱了一层皮。公司从 2016 年12 月 20 日开始停牌,筹划重大资产重组。虽然股票停牌,但工

作没停，我们几乎还是连轴转，将相关重组设想与交易所、证监
会等监管部门充分沟通。

　　由于停牌期间的充分沟通，在特定的窗口期，历经近一年
的停牌，按照重组规定，复牌前交易所出具问询函，经过我们和
交易所反复沟通，在短短的一周时间内回复问询，并和证券市
场万众瞩目的三六零等几家公司第一批在 2017 年 11 月复牌。
接着，我们紧锣密鼓地报送材料，但股东大会三分之二通过也
是一道坎。

　　由于黄浦区国资委和复星集团这两家国有和民营机构共
同参与重组，虽然大股东全力支持，但实际操作层面上，压力依

然空前巨大,两大股东必须回避。豫园股份天然的成因造成股东构成除两大股东外基本是中小散户,我们摸排了除大股东外的前几百位股东,凡是能联系得上的都做了沟通。董事长带领公司其他领导,大家分工,南下北上,东西打通,在和股东充分沟通并获得支持后,重组方案在 2017 年 12 月经股东大会审议,最终获得近 90% 赞成票通过,整个过程仅仅不到一个月。但在这一个月中,所有团队的工作量远远超过现在互联网企业时髦的"996",我们大家都戏称"007",白天拜访股东,晚上 10 点电话会议做股东情况分析销项表。从一开始的三类股东态度:赞成、反对、犹豫,一直到最后分成 A、B、C、D、E、F 等,随着股东态度的细分,做工作的角度和侧重点越来越有针对性。真所谓"一分耕耘,一分收获"。

2018 年 1 月 30 日,经中国证监会重组委 2018 年第七次会议审核,公司重大资产重组获得有条件通过。同年 5 月获得证监会批文,7 月 4 日完成资产交割,7 月 11 日在中登公司办理完毕全部股权登记手续,宣告豫园股份重大资产重组圆满成功。

当时,涉房监管审核环境严酷,地产业务和产业相结合的项目能通过的案例凤毛麟角。在短短的半年时间内,豫园股份完成了重大资产重组,整个重组金额高达 230 多亿元。在 2018 年所有完成的重组案例中,这次重组交易金额排名前 10 位。

纵观董秘工作,我认为除了要有财务、法律基础,更要职业化专业化,我的基本从业经历就是董秘这个岗位,至今我已做了近 27 年,也算是中国资本市场的亲历者和参与者,同时分享

剑桥大学留影

了中国资本市场发展带来的成果和人脉。鉴于在资本市场这么多年的努力，我也荣幸地被上市公司董秘朋友推举担任了上海上市公司协会董秘委员会主任委员。作为资深老董秘，我深刻体会到：天下董秘一家亲，天下董秘一家人。

金波

　　金波，男，1971年生，籍贯浙江，现任南京鼎华智能系统有限公司董事长、总经理，南京市2025年劳动模范。曾担任上海隧道工程股份有限公司董事、董秘，广汇汽车服务集团股份公司董秘、总裁助理，上海大众公用事业（集团）股份有限公司副总裁、董秘。曾经为上市公司完成了五次再融资、一次公司债发行，共募集38.58亿元资金，完成一家公司H股IPO，募集17.46亿元港币。

金波：艰难的八次融资

所谓传奇董秘的传奇色彩，一定是其所在公司的历史发展机遇所赋予的，在我从事的董秘工作中，比较传奇的或许是在资本市场融资的次数。

酸甜苦辣咸五味杂陈

我也算入行比较早的。1993 年 7 月大学毕业后我进入上海隧道工程股份有限公司工作，于 1996 年 10 月参加了上交所第四期董秘培训班并获得董秘资格证书，一直从事信披工作，并于 2000 年开始在隧道股份担任董秘，先后在隧道股份、广汇汽车和大众公用担任了 14 年左右董秘，其间有几年未担任董秘，主要在大众公用从事股权投资工作。从业以来酸甜苦辣、五味杂陈，赶上了中国证券市场发展最快的一段时间，置身于证券市场飞速发展的洪流中，企业和个人都获得了很大的收获，我最有价值的当属前前后后参与的八次国内和国际资本市场融资,其中完成了七次,累计募集了 53.95 亿元人民币,使得上市公司连续不断获得资金,做大做强成为了市场的强者。可以说,上市公司中一个人完整经历八次国内、国际资本市场融资的应该也算是比较少见的了。

1994 年 1 月 28 日,上海隧道工程股份有限公司作为国内第一家建筑企业在上海证券交易所挂牌交易,作为 1993 年 7 月加入的新员工,我赶上了职工股分配,持有 600 股原始股,亲历了隧道股份的上市。虽然没能参与隧道股份的 IPO,但其后自己参与了隧道股份的七次再融资,完成了六次,失败了一次,包括 1995、1997、1999、2001、2008、2009 年五次配股和一次公司债发行,共为隧道股份募集了 38.58 亿元人民币,解决了隧道股份高速发展的资金需求问题,使得公司股本不断扩大,净资产快速提高,抓住机遇不断壮大规模,隧道股份由此很快成为了地下施工行业的国内龙头企业。

随后在 2016 年下半年,我在上海大众公用事业(集团)股份有限公司参与了 H 股 IPO 工作,包括申报材料、全球路演推介、行使绿鞋机制扩大发行规模。H 股发行中,我们最大的压力来自如何向 H 股投资人推介自己,如何充分展示大众公用的投资价值,这就需要我们认真了解和理解国际市场投资者的价值观和投资理念,以及对公用事业类股票长期投资的关注点,并且在路演中积极响应。H 股发行和审核与 A 股有一个很大的区别,H 股采用的是全球主流市场普遍使用的注册制,H 股发行价格是完全靠一对一一家一家路演、一家一家报价,最后汇总出来的。在非交易路演和发行期间，短短的 1 个多月时间，我们团队在境内行走于北上广深，境外到我国香港，再到英国，一共拜访了上百家客户，不断反复去推介公司的基本面、亮点和未来发展趋势。最多的时候从早餐会开始，我们一天要见六七家投资人，那时同事之间自嘲，感觉我们就像祥林嫂一样整天啰啰嗦嗦、反复唠叨都快"疯"了，最终公司成功募集了 17.46 亿元港币，成为上海市首家 A＋H 的公用事业企业，登上了国际资本市场的舞台。

港股上市庆祝留影

大众公用登陆香港联交所两年多后，对比 A 股、H 股市场，我觉得 A 股的董事会秘书和 H 股的公司秘书的确是不一样的，我们董事会秘书责任重、地位高、压力大，是上市公司高管，而公司秘书并不是公司高管，只是一个信息披露的岗位，职业化的公司秘书可以同时兼职很多家上市公司。A股董秘是全能型选手,对法律、财务、公司业务、行业公告等无一不精通,任何突发事件和新情况,都需要董秘第一时间做出判断:是否需要公告、如何公告和走怎样的决策程序。H股公司秘书的工作则更多地依靠律师、审计师等的专业化服务,基本可以不用写公告,比如A股IPO,整个招股说明书都是以券商撰写为主,而在港股,招股说明书是律师撰写,讲究的是每一句话都必须符合法律要求,表达的内容是经过验证的。H股上市公司日常的公告,也是由律师把关或者撰写,公司秘书更多地起到审核与最终确认的作用。

眼泪没白流

当然,再融资也不是每次都能成功,我经历过失败的案例。那是2007年3月,隧道股份拟非公开发行股票6 568.1万股,发行对象为外国投资者,占公告时公司发行后总股本的10%。隧道股份拟用募集资金2亿元投资于国产盾构产业化项目,但最终由于我们是资本市场进行再融资的上市公司中第一家在年报中披露BOT(建设-经营-转让)项目采用财务处理方式的,审核中发审委委员们对于BOT财务处理方式应该定位于反映财务现金流实质的合理性还是反映长期稳定回报的合理性上,存在一定争议,结果定增被发审委否决了。当工作人员宣布结果说审核不予通过时,我的眼泪当场就忍不住涌了出来,一年左右的心血白费了，公司需要的资金搁浅了。教训是深刻的，这个案例也告诉我们，仅仅融资项目和方案完美是不够的，公司自身必须在日常的经营活动和财务处理上全面合规，面对新事物、新案例的财务处理方式，不能掉以轻心，要积极主动和监管部门做好预沟通，寻找最科学的处理方式，保证公司全方位合规。

当然，资本市场对有准备的企业，不但能提供高效的融资机会，还能提供良好的投资机会。作为董秘，我本人也亲历了一些让企业获益匪浅的投资并购事件。

2001 年 3 月，在隧道股份工作期间，我参与了上海市首个 BOT 项目——黄浦江大连路越江隧道的投标。当时，对于一个传统的施工企业，BOT 属于新生事物，公司认为这个投资是与资本市场相关的工作，交给董办来牵头落实制作投标书。经过学习和研究，公司各部门齐心协力，摸着石头过河，最终公司成功地以总投资 16.53 亿元人民币中标了这个项目，使得隧道股份从一个传统的勤奋的"打工仔"，化身为以自身积累的资金投资的"资本家"，开始分享资本市场带来的投资回报，充分尝到了资本市场的甜头。其后，隧道股份在 BOT 和 BT 道路上不断加码，在不断壮大的同时，又增加了一块持续的稳定的收益来源，使得给予股东的回报更加有保障了。

2018 年 5 月，在董事长杨国平先生的主导下，大众公用完成了公司历史上最大的股权收购，斥资16.05亿元人民币，收购了江阴天力燃气 37.22％的股权。2017 年江阴天力燃气净利润达 3.37 亿元,未来还将持续增长,该投资每年能给大众公用带来上亿元的利润。我有幸参与并促成此项目的谈判和交易设计,深感大众公用定位于主业,深耕城市燃气和污水处理等公用事业的战略非常具有前瞻性和经济可行性。作为长期位居全国百强县第二强的江苏省江阴市,其工业经济非常发达,在2019 年 8 月全国工商联公布的"中国民营企业 500 强"中,作为一个县级市的江阴市就有 13 家企业入围,2019 年江阴上市公司数量已有近 50 家,这些都有力地保障了江阴天力燃气公司的稳健发展和增长。这次收购使得大众公用如虎添翼,城市燃气板块得以进一步做大做强,而我能在这一过程中发挥积极的作用,参与完成这样的项目,倍感荣幸!

参加首届传奇董秘峰会

心甘情愿奉献

回顾职业生涯，我经历了从做 A 股董秘到做 PE 投资，再到 A＋H 股董秘的转变。A 股董秘工作让自己变得严谨务实，并且全面提升了财务、法律等各方面的能力；PE 工作让自己的视野更加开阔，从与股东、投资人、券商和中介机构、监管机构打交道，到与企业实际控制人、大股东、管理层以及企业供应商、客户打交道，我都能更全面地理解企业经营的商业模式、经营方式、财务管理等；H 股的发行和信息披露工作，使得我开拓了国际视野，从而更加理解国际资本市场重视企业经营管理的法治化，对财务指标和经营指标更关注有息负债

获评南京市 2025 年"劳动模范"

率、现金流、长期回报率、分红率等要素,对董秘的价值和投资者关系的理解也更具有国际化的视野。

2019年恰逢新中国成立70周年,新中国证券市场诞生以来不断壮大,国际化程度也越来越高,当年推出的科创板已经开始实行注册制了,上市公司家数也从1990年的"老八股"增加到了5 000余家。董秘在上市公司规范运作和健康发展的道路上任重道远,我愿意在董秘这个岗位上,为上市公司的健康成长、为切实保护股东的利益以及中国的资本市场发展贡献力量。

高艳

　　高艳，1972年生，陕西西安人，中共党员。从事上市公司证券行业工作已24年，自2005年起担任董事会秘书已19年。曾任曲江文旅党委委员、董事会秘书、工会主席，陕西上市公司协会董秘委主任委员。现任陕西上市公司协会常务副会长兼秘书长，中国上市公司协会董秘委委员、文旅委委员，新财富"名人堂"成员，中国上市公司"董秘好助手"评委会委员。

　　曾主持完成上市公司股权分置改革；实施上市公司反收购；牵头完成上市公司重大资产重组、借壳上市及上市公司非公开发行股票再融资等各项工作。

高艳：阻击恶意收购

我担任公司董事会秘书已有 19 个年头了，再回首，感慨万千，忘不了那些因工作紧急的通宵达旦，忘不了那些不眠之夜，经历过辛酸，也流下过泪水。

我在董秘的任期内经历过三次公司实际控制人变更，历经公司从国有到民营、再到国有控股，经历过由陕西的、福建的民营实控，变为现在的地方国有控股。我一直是这个上市公司的追随者，也是她忠实的守护者。

董秘工作对一个上市公司来说很重要，要达到"三高"：高标准、高要求、高品质。大部分董秘的日常工作都较为类似：三会运作、信息披露、投资者关系、舆情管理、市值管理等。董秘是上市公司和证券市场之间的重要桥梁。

19 年的董秘生涯让我经历了很多难忘的事，下面分享其中一件。2010 年 9 月的一天下午，我接到一个投资者热线电话，这个电话让原本平静的日常工作立刻变得不平静起来，而且持续了相当长的一段时间。听对方讲述情况后才明白，公司突然遭遇二级市场恶意举牌，其当天持股已经达到5%，而且对方已经准备好了简式权益变动报告书准备传真给我们用以披露，看来这是有计划的。重大事项！我赶紧报告，并按照规定办理公告。办理公告简单，但这个事件对公司的影响、对全体股东的影响、对证券市场的影响绝对是个"炸弹"。公司股票当时已"披星戴帽"，时任第一大股东于2009年11月刚刚接棒入主不到一年，入主后一直致力于清理整合公司现有资产，以准备在合适的时间注入盈利性资产以使公司扭亏为盈。在这时突然杀出个第三方，对方什么目的？下一步会怎么样？公司如何应对？如何保护公司及中小投资者利益？我们必须尽快拿出应对方案。

2023年，大唐芙蓉园，张家界金鑫总一行参观考察中亚峰会现场

公告一出来，公司股票第二天开盘涨停，接着连续三天涨停。各路媒体也纷纷热炒此事，投资者热线电话不断。公司接

下来的动作是：发布异动公告，同时申请停牌（2010年停牌规则与现行不同）；一边筹划重大事项，一边积极采取反收购措施；迅速召开董事会会议，对公司章程相关条款进行修改完善；接着及时申请延期停牌；10月份公司即召开股东大会审议通过修改公司章程的议案。与此同时，我们已找到一个非常适合公司的重组方案并正在紧锣密鼓地进行当中，工作不分白天黑夜地进行，11月初公司即高效地推出重大资产重组方案。此次方案对公司及中小投资者来说均是重大利好，公司拟将原有资产全部剥离，注入新的优质的盈利性资产。重大资产重组方案一公告，市场各方均看好，二级市场股票又是连续六个涨停。

　　事件已向着对公司、对投资者有利及公司预期的方向发展，但是举牌方仍有不甘，于2010年12月底继续增持公司股票至10%，持股比例逼近原第一大股东持股比例。在此情形下，公司原第一大股东不得不紧接着继续增持。两方竞相增持的公告披露出来后，又成为各路媒体的热门报道，引发又一轮热炒。

　　为了稳住大局，保护股东利益，我们一方面和举牌方沟通周旋，一方面全力推动重大资产重组，为了重组的顺利推进，尽快上报到会里，很多难以在短时间内完成的工作都必须提前完成。2011年1月，我们完成了2010年度报告的编制审议及披露；审议2010年度报告董事会会议召开的同一天下午，紧接着又召开了重大资产重组第二次董事会会议，审议进一步完善的重组预案。大家都知道，每年的年报董秘们及证券部都得加班加点甚至熬夜，有时甚至通宵工作，而上市公司重大资产重组像清成净壳再重新注入新资产，也真的很复杂，有大量的工作要做。1月份要同时完成这几件大事，现在回想不知当时是怎么过来的。2011年2月分别召开年度股东大会和重大资产重组临时股东大会；股东大会后即整理相关资料并于3月初上报证监会审核；经过补正、反馈后，2011年9月底重组终于获得了证监会审核通过。

2020年9月，西安，参加上市公司战略投资培训班

在公司重大资产重组紧锣密鼓地进行时，那边举牌方突然通知减持公司股票达到5％，需要披露。之后，公司很快收到法院冻结举牌方股票的通知，至此举牌方涉嫌非法募集资金，并以此举牌上市公司的情形终于公之于众，其非法吸收公众存款金额高达几十亿元，受害者1万多人。恶意举牌公司最终以失败告终。

我们很庆幸，也很欣慰，能够迅速有效地采取一系列反收购措施,成功阻止了举牌方的恶意收购,在其出事前稳住了大局,阻止其入主。同时,我们能够迅速有效地找到一个非常适合公司的重组方案,从而成功地保护了公司,保护了广大投资者的利益。这场陕股首例"被举牌"的收购案就此画上了句号。

2011年年底,公司获得了证监会批文;2012年5月交割完成,重组将上市公司原盈利性较差的资产全部置出,同时置入盈利性较强的优质资产,历时一年又八个月的重大资产重组终于完成;2012年8月公司实现"摘帽",9月完成更名。公司重整旗鼓以全新的面貌再一次出发!

几年后证券市场上又出现了其他针对上市公司的举牌事件,争夺上市公司控制权,为此,很多公司纷纷修改公司章程,从而引发了又一轮热议。

2024年12月,南京,参加第三届传奇董秘勋章颁授仪式

后记：2017 年，法院对当年查封冻结举牌方持有的那部分股份进行司法拍卖并完成了过户。

以上讲述的是我亲身经历、全程参与的一件事，有时候感觉董秘工作就像打仗，经历的事件就像战役，我们真的需要练就钢铁般的意志和过硬的本领，才能服务好上市公司，做好上市公司的守护人。

刘晓东

刘晓东，男，汉族，1972年生，硕士研究生学历、高级经济师，现任隆基绿能科技股份有限公司董事会秘书，兼任中国上市公司协会董秘委委员、投资者关系管理专业委员会委员、并购重组委员会委员、新能源与智能汽车委员会委员。曾任彩虹显示器件股份有限公司董事会秘书、彩虹集团电子股份有限公司（H股上市）财务总监助理、公司秘书、彩虹集团公司资本运营部总经理；湘财证券股份有限公司西安分公司总经理。累计完成再融资金额超260亿元，正在实施的公司债融资项目规模近百亿元。协助公司把硅片产能从3 GW提升至170 GW，电池产能从0.4 GW提升至80 GW，组件产能从0.2 GW提升至120 GW。

刘晓东：利用资本市场促进公司发展

董事会秘书，一个充满机遇与挑战的职业，不仅是企业发展和企业形象的积极推动者，也是企业与资本市场沟通的桥梁和纽带。从业 20 多年来，我见证了国企改革与转型发展的辉煌时刻，也亲历了民营企业从起步到壮大的波澜壮阔的过程。20 多年的董秘生涯让我深知，作为董秘要常怀敬畏之心，敬畏市场、敬畏规则，善待市场投资者，要秉持恪尽职守的信念，保持"如临深渊、如履薄冰"的谨慎与"月晕知风、础润知雨"的敏锐。作为董秘，唯有在实践中不断积淀，才能开拓创新，稳步前行。

守正创新，助力公司稳健前行

资本运作是助力公司战略落地、实现资源有效整合、支持企业可持续发展的有效手段。董事会秘书作为资本市场内最懂得上市公司、上市公司内最懂得资本市场的人，必须在企业与资本间"行走"，成为上市公司资本运作的谋划者、操盘手。

十多年前,我在一家央企下属 A 股上市公司担任董秘,当时正值集团公司业务发展的关键时期。为了实现公司内部资源整合、提高资产运营效率,抢占市场先机,公司果断启动集团及其下属 A 股上市公司、H 股上市公司三者之间的资产重组。作为本次资产重组的负责人,我亲自参与、协调公司内部财务、法务等有关部门与中介机构共同研究、探讨和制定重组方案。在监管审核期间,由于重组业务的特殊性及复杂性,监管部门对重组方案也提出了诸多疑问及多轮问询。为了减少监管审核疑虑,推动重组方案如期实施,我多次与监管部门现场沟通,将企业经营情况和行业发展背景向监管人员做了详细报告,便于他们理解和认可公司重组方案。在一次又一次坚持不懈的努力下,重组方案最终获得批复并成功实施。通过这次资产重组项目的实施,我体会到了资本对企业发展的推动作用,也体会到了董秘角色是企业发展不可替代的推动者,更感受到了董秘身上肩负的责任与使命。

2014 年我转行进入光伏行业,在隆基绿能担任董事会秘书。当时正值光伏技术突破之际,单晶替代多晶的理念正在行业发展中酝酿。一家小规模的民营上市公司想要实现快速发展,只能依靠资本市场的支持。为了抓住光伏行业发展的关键时机,快速提升公司产能规模,自 2014 年起,我多次筹划并实施了再融资项目(两次定向增发、一次公司债发行、三次可转债发行、一次配股发行),累计完成再融资金额超 260 亿元。一系列快节奏、高效率的资本市场融资不仅为公司新技术产业化和产

隆基绿能科技股份有限公司总部

能扩张提供了资金保障,也为公司中长期战略规划的顺利实施提供了重要支撑。2014 年至 2023 年,公司硅片产能从 3 GW 提升至 170 GW,电池产能从 0.4 GW 提升至 80 GW,组件产能从 0.2 GW 提升至 120 GW;营业收入从 2014 年的 36.8 亿元增至 2023 年的 1 294.98 亿元,年复合增长率 45.83%;归母净利润从 2014 年的 2.94 亿元增至 2023 年的 107.51 亿元,年复合增长率 49.17%。十余年间,公司迅速发展壮大为全球最大的光伏产品制造商,实现了产业扩张和市值增长的双轮驱动。

发挥优势,强化公司治理

规范运作是上市公司的立身之本、立业之基。只有规范运作、合规经营,上市公司才能在激荡的市场环境中稳健前行,才能赢得众多市场参与者的长久信赖。在担任董秘期间,我积极推动外部董事、监事利用三会及董事会专业委员会平台参与公司治理。为了让独立董事深入了解公司的生产经营,更好地发挥外部董事、监事的专业咨询作用,我定期组织召开战略委员会扩大会议,邀请全体董监高及公司战略部门参与未来三年战略规划讨论,同时也邀请外部董事、监事结合其专业领域和公司的经营情况开展主题分享,为公司发展建言献策。

为了确保独董充分发挥其专业特长,在确定独董候选人期间,我主动联系上市公司协会,寻求合适人选。与此同时,通过浏览多所国内知名院校网站中新能源相关专业教授的履历信息,逐一查找符合公司要求的独董候选人。在初步确定独董候选人后,我及时与对方取得联系,沟通其当选意向并向对方介绍公司经营情况、业务发展及行业发展相关情况。经过公司多次综合评判、审慎评估后,最终确定了合适的独董人选。

专业规范,保障信披高质量

"慎始敬终"看似简单,但如何做到实处,是对董秘专业素养与勤勉尽责的最好检验。一个个对外公告的修改与审核、一条条重要数据的校对与复核、一句句对外回复用语的推敲与斟酌,无不体现出董秘工作的"慎始敬终"。对法规与规则更要常怀敬畏之心。

对上市公司而言,信息披露是面向资本市场的第一窗口,也是对外传递信息的重要途径。近年来，公司业务持续发展壮大。为确保重大信息的畅通传递与合规披露，我在任职期间持续探索、优化信息披露流程，始终以更高的标准和要求来保证高质量的信息披露。正所谓"合抱之木，生于毫末"，在始终如一的"慎始敬终"下，2016年至今，公司连续7次获得上交所信息披露A级评价。一系列优异成绩的取得，都离不开一套行之有效的信披管理方法。

德勤2022年度峰会圆桌讨论

为适应业务发展和内部管理模式，我通过"制度建设＋畅通渠道＋专题培训＋流程控制"模式，建立起了完善的信息披露风险管控措施,实现了信息披露沟通机制健全、渠道畅通,信息披露内容高质高效。

在制度建设方面,我持续完善信息披露的相关管理制度,确保信息披露管理工作有章可循、有规可依,定期组织董监高及相关人员参加公司内部、交易所、证监局举办的合规培训,强化公司规范运作意识。

在畅通渠道方面,我积极组织董办与各关键业务部门建立了密切的沟通机制,使得重大信息内部报告有组织保障,责任到人。为提高公司员工的信息披露合规意识,我每年于年度报告披露后及时组织公司信息披露标准的更新发布,并与关键业务部门及人员点对点沟通,明确重大事项报告的类型、标准、时点,并组织解读培训会议,确保其清楚知悉并有效执行,通过事前、事中、事后的严格控制,确保公司重大事项的高效收集、传递和及时披露。

真诚沟通,传递公司价值

董事会秘书作为上市公司与资本市场沟通的桥梁,是上市公司的官方"发言人"。近年来,公司获得资本市场的持续高度关注,海外投资者、机构投资者持股集中度逐年攀升,股东类型也呈现出专业化、多元化、国际化特点,这也给公司投关管理工作提出了更高的要求和挑战。面对多元化的股东群体,我在投资者管理的具体实践中,坚持"请进来+走出去"以及"真诚沟通创造价值"理念,始终以投资者为中心,持续拓宽沟通渠道,丰富优化沟通形式。

面对多元化的投资者结构，公司基于不同投资者群体制定了针对性的沟通策略，并持续拓宽与各类投资者的沟通渠道，积极通过上证 e 互动、股东大会交流、组织中小投资者走进上市公司、现场调研、电话会议、参与券商策略会等方式与投资者保持有效沟通。

2023 年海口产业投资大会签约仪式致辞

在应对舆情方面，公司主动"出击"，及时回应市场关切。近年来光伏行业发展复杂多变，行业供需错配日渐凸显，产业链价格竞争不断加剧，行业发展与公司发展面临着新的挑战。为进一步增强投资者对公司未来技术创新和产品战略的深入了解，及时回应市场关切，正确引导外界舆论，我牵头组织并邀请了多家国内外知名投资机构人员、券商分析师等专业人士，就资本市场关注的核心问题与公司管理层、主要技术负责人进行深入探讨与交流。通过专题技术分享、现场互动交流等形式,公司管理层对投资人提出的问题逐一进行了耐心、诚恳的解答与交流,现场投资人对公司未来发展、产品技术等关键信息也有了更为全面的了解。在会议结束后,公司借助上证e互动、官方微信公众号、视频号、主流财经媒体等传播方式,全面、及时、主动对外传播交流核心内容,积极引导市场舆论,传递公司核心价值。

主动有为,为监管建言献策

专业、敬业是董秘工作的核心素养。专业不仅体现在为上市公司平稳运营保驾护航,更体现在为资本市场发展与改革建言献策。在参加证监会、交易所组织的股权激励和员工持股计划调研座谈会中,我结合公司激励实践,就丰富主板激励工具、放宽期权行权定价限制、简化回购注销程序等方面提出了针对性的政策建议。在上交所走访公司的调研座谈中,我就定期报告中光伏产品关键技术指标选取、再融资开具无重大违规证明等问题向交易所积极反馈了政策建议。此外,我积极参与上交所交流沙龙"走进沪市上市公司"活动,组织参与了上交所业绩说明会情况调研、ESG信息披露事项、关于股权激励实施情况的调研问卷,结合公司实际情况认真反馈相关工作建议,为支持市场规范建设持续贡献力量。

不积跬步,无以至千里;不积小流,无以成江海。多年的董秘工作经历，使我深刻体会到了董秘这份职业的酸甜苦辣，当看到通过自身努力为企业发展助力时我也倍感欣慰。我充分认识到，董秘这个岗位需要集多项才能、多重身份、多份责任于一身。作为董秘，既要有远大的眼光和深厚的谋略，又要有洞察先机、防范风险的预判能力。展望未来，我将继续坚持做好上市公司与资本市场的"桥梁"，不断完善公司治理体系、建立健全投资者关系管理制度，砥砺奋进，充分发挥上市公司优势，借力资本市场壮大公司实力，为公司的可持续发展做出更大的贡献。

董敬军

董敬军，男，1965年生，河南信阳人，复旦大学经济学硕士毕业，高级经济师。2007年至2021年，先后任海南天然橡胶产业集团股份有限公司董事会秘书、副总裁、董事；全程参与海南橡胶 IPO 上市和上市后的定增与并购重组项目，先后融资60多亿元人民币。曾担任省、市政协委员17年，并任六届省政协文史资料委员会副主任，海南上市公司协会董秘委主任。

董敬军：把传统农业企业打造成
现代上市公司

　　历史和命运的机缘，把我推向了上市公司董秘的岗位。海南橡胶于 2005 年 3 月成立，我当年 8 月入职，2007 年年底便开始担任海南橡胶董秘。在海南橡胶的十五年岁月中，我感受和见证了这个传统的农业企业成功蜕变为一家治理规范的现代上市公司的历程。回顾十几年董秘从业经历，我越发对这个充满挑战和激情的岗位满怀感恩、心存敬畏，并为能在这个心爱的岗位上，在中国资本市场改革发展的大背景下，与自己服务的企业共成长，感到欣慰和自豪。我的几个亲身经历，很好地诠释了这一点。

脱胎海南农垦　蜕变海南橡胶

　　海南橡胶脱胎于海南农垦。海南农垦是仅次于新疆生产建设兵团、黑龙江农垦的全国第三大农垦集团。新中国成立初期，为打破经济封锁，数万军人铸剑为犁，从无到有建成了中国最大的天然橡胶生产基地。几年前中央一台黄金时段播出的电视连续剧《天涯热土》，讲述和再现了海南农垦这段艰苦奋斗的历史。

农垦是在计划经济体制下形成的准政府形式的特殊企业，被形象比喻为"四不像"——"像企业还办社会，像政府还要纳税，像军队没有经费，像农民又有工会"。海南农垦也是如此。在 1988 年海南建省前，海南农垦也曾经是风光无限。它管理着海南岛 1/4 土地、1/8 人口，辖有 92 家团场，GDP 占全岛 33%，承担了百万人口的教育、卫生、能源、水利、交通、公安、民政等社会事业。随着时间的推移，此后的十多年，改革滞后的海南农垦，经济地位与政治地位逐渐下降，积累了大量的社会矛盾和问题，一度面临生存危机，改革似乎势在必行。海南橡胶便在此背景下，从海南农垦脱胎而出，而走进资本市场，也成为摆脱旧体制束缚的最好路径选择。我便是在这个时候，与海南橡胶结缘。

"五独立"倒逼 终究"涅槃"上市

海南橡胶成立之初便有上市的想法。按照上市要求，要实现资产、业务、人员、机构和财务"五独立"，可当时我们一个独立也做不到。"五独立"意味着海南橡胶成为独立于海南农垦总局行政体系外的企业，要对相关资产、人员、职能等进行剥离，由此遇到了很大阻力，甚至在某些局部地区还引发了风波。

经过几年的酝酿，2008 年 6 月 16 日，海南农垦总局正式宣布启动上市程序，推进海南橡胶上市也成为当时海南省政府的重要工作任务。可是要将一个计划经济体制下诞生的传统农业企业转变为现代上市公司，谈何容易？

致力于全产业链科技创新

造物之前，必先造人。我记得 2008 年，为提升人员素质和实现财务系统上线，公司组织基层单位的财务科长（当时还不叫财务部长，而是像政府那样叫科长）参加财务软件培训。在讲到"瞄准图表，双击鼠标，就可以打开"时，一位科长举手提问："老师，什么叫'双击'？"这件让培训老师感到惊讶的事听起来觉得好笑，可我的心情却非常沉重。他不是故意捣乱，而是真的不懂，这就是当时海南橡胶人力资源的真实写照，也预示着上市进程将要面临诸多挑战。

为组建专业化团队,除内部抽调高素质人才外,公司又从社会上公开招聘了一批优秀人才。公司组建了上市工作领导小组,我兼任小组办公室主任,具体负责上市推进工作。海南农垦总局宣布启动海南橡胶上市的当日,中介机构进驻海南橡胶。摊子大、历史久、遗留问题多、工作强度大,是当时不可回避的现实。负责海南橡胶上市项目的中介机构负责人曾苦笑称,这是他实操过的最复杂的一次 IPO。为了这个项目,他们曾先后轮换了三个项目组,第一批人干了两个月就撤回;第二批人也是不久就受不了了;第三个项目组做了一段时间也想打退堂鼓,当时公司做了大量沟通工作他们才得以留下。

好不容易稳定住了中介机构,接下来又碰到另一个大难题——办理林权证。海南橡胶的主要资产就是橡胶林,但要说橡胶林是我们的,何以为证?这就需要办理林权证,可 300 多万亩橡胶林一本林权证都没有。筹备小组立即向海南省打报告寻求支持,同时到分属的各个市、县去挨个办理。到了地方难度更大,因为很多市、县政府此前也没办过林权证,还要先协助其配上电脑、装好软件、培训人员、昼夜加班……我们硬是做到了在一年时间内,办完了 4 000 多本总面积为 300 多万亩的林权证。

为了让投资者放心,我们在短时间内启动并完成了橡胶林的风灾保险,此项保险不仅签下了当时中国最大的一张农业保单,也开创了"风灾指数保险"的先河。类似的困难环节还有很

海南橡胶林

多，但经过我们"倒逼式"的工作安排，还是按时在 2009 年 9 月
正式向中国证监会递交了上市申请。到这时，海南橡胶已逐步
完成了政企分开、财务核算体系的建立、业务整合、筹划募投项
目等一系列上市准备工作。2010 年 4 月 2 日，带着数十万农垦
人的殷殷期盼和嘱托，时任董事长和我在发审委会议室等待最
终结果，彼时海南省主要领导也在等着我们的好消息。然而上
市申请首发过会仍以微弱票差遭否，我们铩羽而归。这个结
果，使我们心情异常沉重。当时未获通过的原因之一是时机不
对，金融危机后，国际橡胶价格大幅跳水，海南橡胶虽未亏损，
可报告期内多项财务指标持续下降。另外的原因是当时集团
内部的政企分离仍不彻底，还存在瑕疵。

我们并没有灰心，在被否决的第一时间，就立刻制定出下

一步的完善路线图,即一切中心工作仍围绕着上市推进。

功夫不负有心人,海南橡胶的上市申请最终被中国证监会发审委通过。当时我们在现场的几个人,也是情难自禁地相拥而泣。2011 年 1 月 7 日,海南橡胶(601118.SH)正式登陆 A 股市场,发行价为 5.99 元,当日涨幅即达 83.81%,募集资金净额约 45 亿元。

陪同上海证券交易所 2014 年第四期上市公司董事会
秘书后续培训班学员参观考察海南橡胶

回想不凡的上市之路,让人感慨良多。上市公司是随时能经受住资本市场考验的公众公司,为了最大程度提升资本市场的质量和保护投资者权益,资本市场也只为优质企业敞开大门。海南橡胶在经受住了重重考验后,才得以“凤凰涅槃”“浴火重生”。

成功收购 R1　迈向国际化

海南橡胶上市后，并没有停止前进的步伐，在深耕国内市场、积极在云南布局橡胶业务的同时，又将视野投向国际市场，其中收购新加坡 R1 公司便是海南橡胶朝着国际化战略目标成功迈出的重要一步。

R1 公司作为国际橡胶市场上重要贸易商之一，在橡胶销售方面有很强的风险控制能力，在全球有成熟的销售网络和稳健的团队，若将其收入囊中，将有效提升公司的国际竞争力和影响力。因此，公司积极谋划和接洽 R1 公司收购事宜。收购前夕，公司时任总裁和我在外出差，一次吃早餐时，他跟我提及收购 R1 公司的相关方案，表示收购 R1 公司的竞争非常激烈，有国内的公司，也有日本的公司，其他收购方出价还比我们高，时间紧、任务重，我们必须快速拿下这个项目。在了解了 R1 公司当时的财务状况后，我意识到这个收购项目已构成重大资产重组，需要中国证监会审批，时间跨度会很长。若要防止商机旁落，并在短时间内完成收购，前期做的收购策略和路径就需要全部调整，在得到相关政府部门的支持与核准后，最终公司决定与控股股东共同完成对 R1 公司的收购，再由控股股东在时机成熟时将股权转让给海南橡胶。

R1 公司的法人代表是一位印度裔老先生，他给我留下的印象特别深刻。虽然年纪不轻，但他精神矍铄。他在橡胶贸易领域深耕数十年,经验丰富,资历深厚,为 R1 公司倾注了半生心血,所以在选择合作伙伴时非常慎重。我们通过不断地深入沟通和洽谈,使他进一步了解并愈发看重中国的国际地位和全球最大天然橡胶消费市场的前景,同时非常认可海南橡胶的发展潜力,认同公司的经营团队和企业文化,协议终于达成了。

海南橡胶和控股股东于 2012 年 4 月 30 日共同完成了对 R1 公司 75％股权的收购。2019 年 5 月,控股股东将其持有的 R1 公司股份全部转让给了海南橡胶,公司最终完成了对 R1 公司的收购。

上市公司是国家经济在各细分行业中的佼佼者,承担着产业发展的重要使命。在全球化发展趋势下,每个产业都面临走出国门、加快全球化布局的需要。上市公司拥有的独特优势就是影响力和公信力,在这次 R1 项目收购过程中,在海南橡胶的收购价格低于其他收购方价格的情况下,仍能达成收购协议,主要就是得益于那位老先生对我们国家和海南橡胶的信任。

扬帆新机遇　自贸港上再起航

2018 年 4 月 13 日,将铭刻于海南史册。习近平总书记 "4·13" 重要讲话,让海南站在了中国改革开放的崭新历史起点上,迎来前所未有的发展机遇。作为本土企业,海南橡胶的重大发展机遇已然来临。

海南橡胶是海南省最大的国有控股上市公司和国内橡胶

海南橡胶非洲种植加工基地

产业的龙头企业，拥有丰富的土地使用资源——341 万亩胶园、扎实的产业基础、优质的上市公司平台，借助海南建设自由贸易港和国际旅游消费中心的重大机遇，利用产业优势、区位优势和资源优势，结合主业，深耕天然橡胶全产业链，并有效整合资源、优化配套体系，积极探索、先行先试、大胆创新，布局文化、旅游、康养、体育产业，不断增强公司的盈利能力和市场竞争力。2019 年，公司橡胶收入保险和"三标三系三受益"绩效管理体系分别入选海南自贸港第一和第五批制度创新案例；同时，公司也受到了众多国内外投资者以及优质合作伙伴的密切关注，"朋友圈"不断扩大，五粮液集团、华侨城（海南）集团、双星集团、砺剑集团等重点知名企业与海南橡胶达成战略合作关系。自贸港背景下的海南橡胶，必将有新的更大作为。

作为一名董秘，我感触最深的是，资本市场的海洋和上市公司的平台，为公司搭建了融资通道、规范了公司治理、提供了发展机遇、提升了市场竞争力、夯实了龙头地位,但这些都是建立在海南橡胶"敬畏市场、敬畏法治、敬畏专业、敬畏投资者"的前提下,通过不断努力实现的。与此同时,这样的平台也是个人在不断的挑战中实现事业发展、创造人生价值的难得舞台,能够在这样的平台上与自己所服务的企业共同发展,怎能不心存敬畏、满怀感恩呢?

唐斌

唐斌，男，1957年生，福建福州人。厦门大学经济系计划统计专业本科，美国北弗吉尼亚大学工商管理专业硕士，高级统计师、高级经济师。历任福建省统计局贸易统计处副处长、对外经贸统计处副处长，福建省体改委综合规划处副处长、分配体制处处长。先后负责筹建兴业银行南京分行、杭州分行。2008年至2015年9月担任公司董事兼任董事会秘书。负责兴业银行引进战略投资者和公开发行上市，完成了配股、定增、发债等多轮再融资，推动兴业银行采纳赤道原则并成为国内首家赤道银行。现任国泰世华银行（中国）有限公司独立董事、广西北部湾银行独立董事、浙江数泰科技有限公司总裁。

唐斌：用理念整合共识

我在兴业银行工作了20年，其中有近15年担任董事会秘书(2000—2004年我是银行董事会秘书局负责人)一职，其间兴业银行从引资到"引智"，从能效融资到节能减排，从采纳赤道原则到倡导"寓义于利"，再到以点、线、面架构全方位履行商业银行社会责任，推动可持续发展，我承担了亲历者、推动者和见证者的角色。作为董秘(2009年后任执行董事兼董秘)，我负责协助董事会开展公司治理、资本管理、新资本工具创设和投融资等创新工作，但最难忘的是在银行工作时对绿色金融和社会责任的实践。

首先我介绍下兴业银行的情况。作为中国首家赤道银行和绿色金融先行者，兴业银行在绿色金融领域深耕十余载，硕果累累。业务规模方面，截至2019年年末，绿色金融融资余额达10 109亿元，绿色金融客户14 764家，累计为19 454家企业提供绿色融资22 232亿元。在体制机制方面，建立了健全的绿色金融业务组织架构和体制机制,形成了市场领先的专业能力、专业化的运营团队、品种丰富的集团化绿色金融产品与服务体系,打造了商业银行绿色金融体系建设实践的"样板",成为中国绿色金融发展的一面旗帜。在产品创新方面,落地全国首笔排污权抵押贷款、首笔碳资产质押贷款、首张以低碳为主题的信用卡、首笔绿色信贷资产支持证券、首支绿色金融债……创造了多项第一,成为国内绿色金融名副其实的探索者、引领者。在这些亮丽成绩的背后,是兴业不曾停歇的探索。

引资引智　首批投保董监高责任险

读者可能关心我们是如何通过引资实现"引智",以及在引资过程中又有哪些生动的故事。在这里我想跟大家分享一个小插曲。近年来证券法不断强化对上市公司信息披露的要求和违规惩处的力度,为此上市公司相继投保董监高责任险。2003 年,兴业银行在与三家境外投资者进行入股谈判的时候,就应外方要求约定了以全面投保为入股先决条件,其中就包括必须为全体董监高投保责任险。全面投保,体现了公司治理理念的进步。这个案例在新证券法出台的背景下更凸显其重要性,全面投保是国际金融公司(以下简称"IFC")在入股兴业银行时提出的要求。兴业银行的入股协议是 2003 年 11 月 17 日签署的,2003 年 12 月 17 日公开宣布,成功引进三家外资作为战略投资股东。可是外资到账的时间却拖到了 2004 年 4 月 7

日,间隔了 100 天,这期间发生了什么?这中间做了很多交涉,IFC 说,我们没有满足其付款的条件。条件是什么?就是接受 IFC 提出的全面投保,银行要对财产损失投财产险,对员工投忠诚险,对董监高投责任险,甚至对普通公众在银行场所遭受人身财产损害也要投保。IFC 将全面投保兑现作为其资金到位的前提条件。引资谈判时我们对全面投保的难度估计不足,那时国内保险市场还不发达,没有相关的险种,也没有保险机构开展这项业务。我们试图说服投资者,把全面投保先放一放,结果花了三个月也没谈成。投资者之所以要为董监高投责任险,是因为董监高在履行职责时,其所代表公司的言行和公众的利益难免发生冲突,如果遭遇诉讼索赔,可能是个人所无法承担的。比如银行项目融资就可能涉及环境责任、引发公众诉讼,这时候就需要有董监高责任险。又如员工忠诚险是指对于因员工不忠诚或违规行为而给公司造成损失的,由保险公司向公司进行赔付,这样就加强了保险公司代表公众对银行的监督,这对于商业银行现在一直强调加强合规建设、强化员工行为规范而言更是提供了一种保障和解决路径。为此,我向董事会报告说:"平时我们也讲公司治理,但说得多,做得少,如股东利益至上、兼顾利益相关者,在全面投保问题上 IFC 只用一个案例,就让银行知道什么叫兼顾,如何去兼顾。"这是公司治理理念对银行决策和行为的影响,兴业银行也成为首批投保董监高责任险的银行。

能效融资损失分担机制　共识共赢

　　现在看来，能效融资可能是兴业绿色金融创新的开山之作。作为世界银行集团属下的政府间国际组织，IFC 的宗旨是对发展中国家的混合经济和私营部门进行投资，并制定了完整的环境评估制度。IFC 在向私营公司提供贷款或股权投资的同时，将确保项目和企业生产经营适应环境保护与可持续发展的要求。对于全面促进环保可持续发展的目标，IFC 一直沿用募集善款直接捐赠或无息贷款的做法，其所发挥的作用十分有限，因为直接贷款带有经济援助性质，不能刺激借款方建立持续的"造血机制"，况且 IFC 可用作捐赠的资金规模有限。在这种情况下，兴业银行与 IFC 的能效融资损失分担机制应运而生。通过损失分担机制，充分发挥了商业银行信贷杠杆的作用，扩大了银行对能效项目的贷款。

　　但好事总多磨。2005 年，IFC 募到 2 500 万美元赠款，想通过兴业银行放款给湖南的新奥燃气公司。为什么只放给新奥燃气？是利益输送，还是其他？如果只给一家企业，还能称为能效融资吗？兴业与 IFC 开始谈判，从 2005 年 9 月谈到 2005 年年底，谈判陷入僵局。我向董事会报告了谈判进展，并受董事会委托重启谈判。我分析了僵局的原因，兴业建议将这笔赠款作为劣后，即损失分担的资金来源，运用银行信用放大赠款使用效果，凡是能效项目都可以申请和使用贷款。对于 IFC 坚持的适用普通法,兴业也实事求是,考虑到节能减排还款来源是未来节能减排的收益权,属于动产。当时中国法律对动产质押的约定不明确,而普通法以判例对动产质押有了明确约定,有利于更好保护债权人的权利,兴业接受了 IFC 的诉求,从而达成了共识,达到了共赢。

成功实践　从赤道原则到寓义于利

赤道原则是指由 IFC、汇丰银行等 10 个金融机构在 2002 年共同发起,旨在确立在项目融资过程中的环境保护共识,推动金融机构在向大型项目提供融资时,要求项目客户遵守环境保护的法律法规。后来在对外征求意见时,一些非政府组织提出,应该提倡无论发达国家还是发展中国家、南半球还是北半球的金融机构都遵守该原则,所以原本以谈判所在地命名的"格林威治原则",改名为倡议南北半球金融机构共同遵守的"赤道原则"。

凭借前面提到的能效融资项目的成功推广和良好经济社会效益,2007 年 6 月,兴业银行获得了英国《金融时报》颁发的"年度可持续发展交易银奖",成为首家获此殊荣的中国商业银行。我和兴业团队前往伦敦参加全球可持续金融论坛,并在会上代表银行领取了该奖项。按照会议既定的议程,限于时间,银奖获得者只能在领奖时讲一句话。那么,如何宣传兴业通过能效融资对社会责任的理解? 我是这么说的:"我理解银行的社会责任，是通过它的产品和服务来支持能效融资、开展节能减排、增进社会福利、推动可持续发展，只有这样的商业模式才是可以复制、可以推广的。"这就是兴业后来倡导的"寓义于利"的来由。也正是在这次会上，我们更多地了解了赤道银行在节能减排、绿色金融和社会责任方面的实践，从而开始了对赤道原则的学习研究，并在一年后宣布采纳该原则。

在福建金融学会演讲后，与张庆舫行长和业界同行交流讨论（2024 年）

2008 年 10 月，当 IFC 执行副总裁特内尔先生来到北京参加兴业银行采纳赤道原则新闻发布会时，了解到我们所提倡的"寓义于利"，就是主张把自己对环境保护的社会责任担当，以及对可持续发展的愿景诉求融入到商业行为中，这位著名的国际银行家对此非常赞赏，一再表示"寓义于利"的提法好。在他看来，IFC 一直提倡在公司治理中追求"3P 原则"，即 People、

Planet、Profit，寓意人民、地球和利润"三重利益"的平衡。"寓义于利"的提法更准确地表达了商业银行的追求，这里"义"就是企业的社会责任，"利"是指企业的经营活动，即银行在提供产品和服务的过程中实现社会责任，推动可持续发展。从赤道原则到"寓义于利"，我认为是兴业银行在公司治理和绿色金融探索方面的重大飞跃，是公司治理、赤道原则这些舶来品与中国本土化实践相结合的成功尝试。

点线面结合　全面落实银行社会责任

兴业银行的"寓义于利"理念不仅体现在绿色融资领域，而且逐步贯穿到公司治理、风险管理、产品创新、同业合作等多个方面，并形成"点、线、面"全方位的可持续金融创新体系。如果说赤道原则还仅仅停留在金融机构项目融资上，带有点的特征，那么"寓义于利"就已经是点线面的结合，深入到商业银行可持续发展战略中去了。

所谓点，指的是环境金融产品及服务，也就是从能效融资产品出发，进而到节能减排融资。从对一家企业的资助，到对某个行业的技改支持，兴业已经完成了许多探索性、开创性的工作，确立了行业领先地位。目前，兴业银行绿色金融业务无论是融资规模还是客户数量都处在行业领先地位，所支持项目的节能减排效果尤其显著，比如减少废气排放、节约水资源等数据都非常可观。目前，兴业银行的绿色金融已经覆盖了19 000多家企业，累计提供融资 2.2 万亿元,差不多一个企业一个多亿元。

所谓线,是指兴业银行通过搭建银银平台,帮助中小银行尤其是农村中小金融机构,一方面帮助其实现技术系统迭代,另一方面输出公司治理、风险管理经验,分享促进环境治理的做法,同时对平台上的合作同业提供安全稳定的产品和服务示范。事实上,银银合作拓宽了国内金融机构间的合作思路,开辟了商业银行的业务领域和业务模式,带动了中小银行共同迈向经营管理现代化之路,也成为了兴业银行承担企业社会责任的重要途径。

所谓面,是指赤道原则所关注的环境问题。采纳赤道原则对兴业银行经营理念的提升是全方位的,从项目融资的单一产品拓展到银行业务的全过程,从而在全行员工层面、业务层面树立起环境责任意识,进一步推动银行转变发展思路、创新业务模式,从战略、管理、产品、风控等多个方面建立起全面长效的可持续金融发展体系。

ESG 全面升华银行公司治理

我们知道,赤道原则讲的是项目融资中资金提供方的责任,环境、社会及治理(ESG)讲的是企业在公司治理、社会治理和环境责任方面的披露要求。作为自愿环境信息披露在赤道原则之外的延伸,近年来 ESG 成为国际资本市场的新兴话题。越来越多的公众、投资者开始关注企业财务表现与其 ESG 绩效之间的内在关联性,并在传统财务指标之外提出了责任投资概念,监管部门开始要求和鼓励上市公司披露 ESG 信息。国际指数公司 MSCI 根据上市公司在环境、社会与公司治理等方面的潜在风险与缓释风险能力,对上市公司进行 ESG 评估,以响应各利益相关者增加 ESG 投资的趋势和需求。兴业在深耕绿色金融和适用赤道原则的过程中,也进一步研究推进 ESG 框架运用,在企业社会责任和自愿性披露方面作了许多探索,得到了政府部门的肯定和国际社会的好评,根据 2024 年 MSCI 公布的 ESG 评级结果,兴业银行的评级已提升至 AAA 级。

在可持续发展理念指导下,兴业银行持续深化"寓义于利"的社会责任观,把履行社会责任融入企业日常经营和对外提供产品与服务的过程中,通过提供的产品和服务来满足社会需求、保护环境,充分沟通并协助客户履行环境与社会义务,并在此过程中寻找新的商业机会和利润来源,推动可持续发展。与此理念相适应,在环境风险管理方面,建立了全面环境和社会风险体系,制定了环境与社会风险管理政策,将环境与社会风险管理落实到各项规章制度、组织架构、业务流程、产品创新等具体内容上。在流程建设方面,以客户需求和员工诉求来考虑业务流程的设计,将环境保护、节能减排作为银行信贷管理、合规经营的重要内容。着眼于信贷和经营活动中的环境风险,通过流程分析、设计、再造和监测,落实银行的社会责任,体现了 ESG 的内在要求。在激励考核方面,将绿色金融业务纳入对分行的综合经营计划考评,每年安排绿色信贷风险资产或专项规模,组织专项财务资源用于激励绿色金融业务成果等。

2020 年 11 月，温州，中小银行深化改革座谈会演讲

在这方面，国内银行可以进一步对 ESG 框架加以研究，用以指导加强环境信息披露和环境风险管理，建立和完善统一的报告和评价体系，不断提升经营透明度。在决策重大投资和贷款时，应考虑环境和社会风险，把投融资集中到可为社会进步和环境做出较大贡献的企业和项目上，减少对高耗能、高污染项目的贷款。同时，要把握新兴的可持续发展领域中存在的金融产品创新机会，立足于促进社会进步和环境保护利益，为这些新领域的商业模式研发创新金融产品，提供创新的金融解决方案，进而开辟出新兴的广阔市场，提升市场影响力，为股东创造更大的价值。通过良好的经济效益和示范作用，鼓励企业在其生产经营活动中践行社会责任，从而使这种探索更具商业性、可复制性和可持续性。

我对中国的公司治理观察

我对中国的公司治理观察，主要讲两点：第一点，良好的股权结构是形成权责明晰、有效制衡的良性公司治理格局的基础，不同的股权结构决定了不同的企业组织架构。在这个过程中，股权结构的优化，可能需要从两个层面来考虑：一是从宏观层面来说，多元化的市场主体。所有制有国有的、民营的，现在欢迎民营的，但是又保持对特大型金融机构国有控股，这跟我们整个宏观层面毫不动摇是一致的，即毫不动摇支持民营经济的发展。从宏观层面来说，支持多元化的市场主体加入到市场组织架构中来。二是从微观层面来说，单个的银行有多元化的股东，真正独资的银行太少，国有银行准确地说是国有控股的上市银行，或者国有控股的公司，它是在海内外市场同时上市的公司。这么多商业银行，其实都是股份制，如城商行、农商行、村镇银行等，习惯性的归类方法，已经不能反映我们多元化的格局。要适当地多元化，不能过于集中，如果过于集中则会侵犯小股东利益，过于分散则没人管。自 2000 年起，兴业银行进行了几轮融资，相继引入了神华、宝钢、招商局等 8 家央企和 IFC 等 3 家外资，2007 年 2 月兴业银行成功上市，加之后续持续非公开发行股份，股权结构进一步优化，第一大股东福建省及地市财政的持股比例从逾 80％调整到不足 20％。董事会组成及作用更加健全规范，并在银行发展中发挥日益重大的作用。

　　第二点，公司治理理念对银行发展是极为重要的。如 2004 年兴业银行拟收购广东佛山商业银行。董事会开了一天会，讨论激烈，分歧很大，于是，会议搁置表决，董事长让我带着几位董事去广东实地考察并提出新的收购方案。当时，佛山商业银行有 24 个网点，主要设在佛山地区，是一家资不抵债的银行。我们了解到广东省和佛山市政府希望市场化处置，把出售股权、安置员工和不良资产处置结合起来。董事们关心的问题是：收购目的是什么？ 或有负债是否明确？ 转让主体跟谁签约？ 当时有的金融机构出价 8 亿元，有的出价 6 亿元，兴业出价 4 亿元。佛山方面说他们 8 亿元没卖、6 亿元没卖，凭什么 4 个亿就卖给你们？ 我向他们分析了以下几个问题：第一，4 个亿是股东的诉求，可以保证股东收回投资；第二，他们最关心的应该是 20 亿元不良资产处置，还有员工安置。兴业承诺妥善安置员工，给出 3 000 万元安置基金。那么，董事们关心的是什么？ 除了控制成本，最重要的是如何借助这次并购，促进银行零售业务转型，建议将佛山商业银行部分分支机构的名额，腾挪到珠三角去。新方案得到了董事会的批准，也得到了广东省政府、广东省银监局的支持。2004 年以来，兴业先后在珠海、东莞、中山、三水、顺德等地设立了分支机构，把"蛋糕"做大，并如期处置了不良资产，兑现了对当地政府的承诺。这个案例实际上是兴业银行在公司治理中充分尊重各利益主体诉求的集中体现，得到时任银监会领导的高度评价，也进一步推动了兴业银行零售业务的转型升级，得到了资本市场的肯定和认可。

谢纪龙

谢纪龙，男，1966年生，籍贯陕西蒲城，硕士学位，教授级高级经济师，现任中华联合保险集团股份有限公司执行董事、副总经理，英国公司治理及行政人员公会、香港公司治理公会资深会士，中国内地关注小组成员，香港公司治理董监事委员会主席，中国大连高级经理学院特聘教授。曾任中国北车股份有限公司、中国中车股份有限公司董事会秘书及联席公司秘书，上海证券交易所科创板上市委员会委员等职务，主持中国北车 A 股及 H 股上市，参与中国北车和中国南车合并重组。

谢纪龙：掌握定价权，阻击华尔街

　　20 世纪 90 年代，东北的工业企业里流行一句话叫作"上辈子做过孽，这辈子搞工业"，一语道破了那十多年里，工业人的辛酸与无奈。而我正是在 20 世纪 80 年代后期，以天之骄子的心态离开温婉的江南水乡，北上闯关东进入大型国营工厂，一待就是 18 年，亲历了从落实《企业法》到推广《全民所有制工业企业转换经营机制条例》一直到建立现代企业制度的全过程，我的工作岗位也由调研秘书转战到安全文明生产管理、财务管理、人事劳资以及教育卫生管理，一直走到了"一号岗位"。

　　其间，有好多机会我可以离开工厂。最难忘的一次是与董秘岗位结缘，那是 1996 年的冬日里的一天，偶然看到报纸夹缝中有一则招聘广告，某股份公司招聘一名副总经理、一名董事会秘书、一名综合管理部部长，我悄悄地报名应聘董事会秘书的岗位，自认为副总经理和综合管理部部长的职位太高，自己在工厂做了多年秘书工作，换个地方做秘书工作应该轻车熟路，当然最让我不解的是招聘信息公布的月度薪资：副总 2 800

元,董秘 2 500 元,部长 1 800 元。我以为写错了或是别的什么意思。过了三天公司通知我去面试,我记得两个面试官很年轻,约三十岁,问了我一个问题,大致是董事会会议应该怎么组织。我回答说,主要做好三个阶段的工作:一是要做好会前准备工作,二是要做好会中记录工作,三是要做好会后督办落实工作,然后针对每一条做了相应的补充说明。我当时完全是按照厂长办公会的套路回答的,面试官说回去等信儿吧,我略感意外,没想到十分钟面试就结束了,估计没戏,事实果真是没有戏。但是这件事勾起了我对董秘这个岗位的好奇心,因此,在我当时的朋友圈里,我是最早对董秘这个角色略知一二的人。十多年后的 2008 年,当我被聘为公司董事会秘书时,有好多兄弟工厂的朋友为我打抱不平,认为我作为子公司的正职,当过厂长,当过书记,没有功劳,也有苦劳,不至于调到集团总部只任一个秘书的岗位,当然只有极个别的同事向我表示祝贺,祝愿我路演时一展风采。其实我完全没有听懂路演是什么意思。

此后,我在董秘岗位一干就是十多年,其间经历过许多很有意思的故事,今天摘取几个与大家分享。

做梦才能做完的活儿

2008 年 7 月 29 日,我提着从书店买来的《董秘工作实务》之类的书赴京报到,走上董秘岗位。当天下午参加了办公会,讨论公司《章程》。第二天参加了上市工作组会议,万万没想到的是，约 60 人参加的会议争吵不断，最后不欢而散。我印象最深的是还有几个人小声抱怨，大尾巴会越开越长，就是不解决实际问题，连做饭接孩子的时间都耽误了。我本想热热身学习体会一下，不曾想会议结束时，我被推上了会议主持者的岗位！会后三个比较相熟的同事找我，劝我不要着急，不要上火，大致是说已经争吵了好几个月了，半年的活儿，要两个月之内完成，除非做梦能做完。言外之意就是我接手了一项谁来也不可能完成的任务。我这才知道当年 3 月 31 日作为审计基期，有效期半年，9 月底之前必须向证监会上报申请上市材料，否则将要补充审计。7 月 30 日到 9 月 30 日，这就是摆在眼前的现实。不急是假，那是真急！必须琢磨从何下手。

香港交易所展览馆留影

次日上午，我找了几个关键部门的领导个别谈话，捕捉主要问题和关键信息。大致了解情况之后，我发现问题的症结在于公司改制初创，部门处于运转磨合期，导致责任不清，主要靠部门的觉悟主动认领工作任务，这显然无法达成预定目标。当天下午下班前，我组织召开了半小时左右的工作组短会，对保荐人、审计师、律师等中介提出要求，要求每家提供一张清单，明确上市申报材料具体工作项目，建议由哪个部门负责，什么时间点完成，两天之内交给董办；同时对所有部门提出要求，要求每个部门提报一张清单，根据已知工作项目内容，认领本部门应该负责哪一件，什么时间完成，具体由谁负责。如果觉得本部门没有工作任务，由部门负责人签字确认，交上一张白卷，两天之内交给董办。之后，由董办上下左右对接，形成上市材料申报阶段工作网络图，明确任务责任和时间节点，再集中下发网络图，要求各部门像念经一样念这张网络图，每半天报一次进度，董办人员除了完成分内工作之外，负责督办落实，每天督办两次，将进展情况向办公会通报并列入考核。之后的 50 多天里，看到申报材料从无到有，从少到多，一天天增加，一种丰收一样的喜悦之情油然而生。9 月 29 日，我们拖着两个拉杆箱的材料，换回了一张接收函，做梦才能做完的活儿，两个月就变成了现实。

回想这两个月，我以单身的方便，下班后读书学习，上班时指导工作，真是边学习，边指导，边工作，边提高。不知有多少个夜晚在不知不觉中已是破晓。

当天傍晚，我请假匆匆赶回天津，已然有一个多月未曾回家了。那天晚上，公司领导宴请工作团队的主要成员，听说许多人酩酊大醉，抱头痛哭，有的甚至醉得不省人事。

不知深浅的火气

2008年9月，注定是让我终生难忘的一个月份，除了这个月底顺利报送了上市申报材料之外，还有一件更为难忘的事。

记得当年9月13—15日是中秋节休息日，我当时完全处于"5＋2"和"白加黑"的工作状态，于是便事先向公司主要领导请示，利用三天休息时间，组织全体领导和主要部门领导，集中讨论招股书，公司领导欣然应允，并积极组织。讨论会正式开始之前，我请求先发言，简要介绍招股书编写的情况，借机提出要求，希望各位领导讨论时发表明确意见，不要发表模棱两可的意见和建议。然而，在讨论过程中，正像我担心的那样，有两位领导相继发言，都发表了一些"这一段表述不够准确，那一段描述力度不够，请工作班子或秀才班再好好加加工"之类的意见。我十分着急，不知深浅的火苗直往脑门子上蹿，因为这些意见和建议，根本无法落实。

我在想，如果这样讨论下去，一是效率低，二是效果差，三是几乎于事无补，白白浪费了大家的节日时间。正在这时，中介机构的一位负责人发言，与上述两位领导的发言如出一辙，或许他是为了缓和气氛，或者是真的没有想好具体意见和建议，但这时的我再也按捺不住胸中的怒火，连珠炮似的发问道："你知道你是干什么的吗？你有什么资格现在说这种话？你早干什么去了？你以为你这是称职和负责吗？"会场顿时静无声

参加业绩说明会

息,我能感觉到一双双异样的眼光在盯着我。我缓了口气说道:"希望各位在发言时说具体的意见和建议,比如这一段应该怎么怎么写等,现在呈现的就是工作班子的水平了,如果没想好可以不说,会后想好了再反馈给工作组。"随后讨论效率提高,原定三天的讨论用了不到两天时间就结束了,没有耽误第二天晚间赏月团圆。

我深知,我所遇到的是胸怀宽广的领导、心底敦厚的长者,我经历过的合作者和同事们也是遇事不纠结的干才,这是我的幸运,但愿我们也能够宽容后来者这种不知深浅的火气。

过堂式的定价会

2014 年 5 月,经过近一年的准备,终于到了开花结果的时候，公司 H 股上市进入到国际路演结束的时刻，最后一个环节便是纽约、伦敦两地连线开会定价。我虽然已经是 A 股上市公司五年的董秘，但对于 H 股发行上市的艰险仍然严重估计不足。

纽约时间晚 7 点钟，已经是伦敦晚上 11 点，香港的早晨 7 点，正常的定价会议这时召开，但是有两个重要的全球协调人表明了难以置信的不同意见。牵头的全球协调人在我的房间汇报，刚开始我并没有意识到问题的严重性，平静地问，降两分行不行？不行！降五分行不行？不行！降一毛行不行？不行！本来心平气和的我瞬间心跳加速，要知道一分钱就是两千多万，五分钱就是一个多亿啊。我从座椅上跳起来问，那要怎么办？降到底！也就是降到公告的发行区间价格的最底端。我如被电击一般，又如困兽犹斗，在房间来回踱步，我这才尝到了国际资本市场的残酷无情和强取豪夺的滋味，一瞬间几个亿就烟消云散了。我能真切地感觉到，体内热血奔流上蹿，如果我有高血压，当时非撂倒在美利坚的土地上不可。

这时，带队领导电话催促，我定了定神，急忙过去汇报。万万没有想到的是，搅局方恶人先告状，将定价的分歧和会议不能按时召开的责任嫁祸到别人身上，我一时辩解无门。这时纽约时间已过晚上 8 点了，定好的庆祝宴在催问我们何时到场，这时的我更深地体会到了孤独的滋味。无奈，工作不能停止。我立即进行两地连线，汇报当前困境。好在公司领导信心坚定，

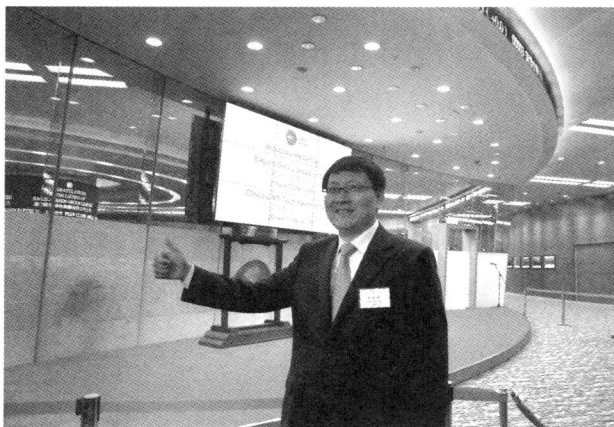

香港证券交易所上市仪式现场

宁可发行失败，也绝不妥协！我趁此提出定价会议过堂式召开的建议，也就是说，从反对询价结果的机构开始，一家一家过，由我唱黑脸，带队领导唱红脸，谁家不接受立即出局。这时已是纽约时间八点一刻，手机嘟嘟作响，《华尔街日报》已发布预测发行价的消息，大有逼我们就范的意味，一阵阵凉风从背后袭来，我的耳边似乎已经听到了香港 H 股开市的声音，真是分秒必争啊。

没想到的是，过堂式定价的方式起到了各个击破的效果，最坚决的反对者，也只用了五分钟的时间便在认可公司意见承诺书上签了字，其他几家被一并叫来开会时，只是宣布了一下结果，便鼓掌通过了。我们算是有惊无险，但不知有多少人栽倒在了黎明前的黑暗里，抑或被狠狠地宰了一刀。这时我已精疲力竭，只想好好睡一觉，无奈，为了团队还要强打精神去共饮一杯说不上是什么滋味的庆功酒。

十几年的董秘生涯可讲的故事何止百千，更多的是甘苦自知，不足为外人道也。但愿以上三则故事对同行有点价值，至少可为市场增添一些笑料吧。

杨耀兴

　　杨耀兴，男，1964年生，籍贯广东梅州，曾任广钢股份（现广日股份）办公室副主任、证券部经理、董事会工作部部长、董事会秘书等职，后在欧派家居担任上市办主任、证券事务部经理、总裁助理、行政副总经理和董事会秘书等职。

　　广钢股份融资总额5亿元，其中IPO融资1.5亿元，两次配股3.5亿元；欧派家居融资总额56亿元，其中IPO融资21亿元，两次可转债融资35亿元。

杨耀兴：从广钢到欧派

"有意义就是好好活，好好活就是做有意义的事。"我的前半生很像许三多，坚定初心，勇往直前，站好每班岗。一路走来，在牛市与熊市的交替变换中，我在资本市场度过了 20 余年的春秋岁月。16 年的董秘生涯也并非坦途，我在此过程中，愈发认识到企业发展不易，作为董秘我们要坚守初心，穷尽所学，未雨绸缪。

回想起来，我这位从北京毕业后怀揣梦想返乡的理工男，已经在资本市场摸爬滚打 20 余年了，大半生的职业生涯见证了中国资本市场的风雨激荡。作为一名战斗多年的"资本老兵"，我为大家讲述我在两个大型企业的董秘经历。

广钢行：IPO 首发上市到借壳重组

青春如同一壶清茶，茶入水时清澈见底。1987 年 7 月，我从中国农业大学毕业。正值青春懵懂的我,坐上了回乡的火车,开启了我的职业生涯。20 世纪 80 年代,是一个大学毕业工作包分配的时代,我和当时大部分同学一样,响应国家的号召与安排,满腔热血投身于祖国的工业建设。凭借学历高、专业对口、理工出身的优势,我有幸进入当时国内知名的大型钢铁集团——广州钢铁有限公司,并从计控处工程师这一岗位开始了我在广钢二十余年的青春长歌。

如果不是偶然的机会,我或许将在机器的轰鸣声中度过整个职业生涯。入职单位几年后,得益于自己的勤奋努力以及严谨的组织能力,我被调至党委办公室担任秘书职务,负责集团党务工作。从车间到办公室,排列的设备变成了成堆的文件,怕写文章的理工男只能啃起书本,背起文章。

在党委办公室的日子,我将"勤思考,爱学习,抓实干"作为工作名言,也是从这里我完成了从工业技术到行政管理职业路径的转变。其后,因工作调整,我转至集团证券事务部,从此开始了我和中国资本市场二十余年共同成长的故事。从那时起,我先后担任了广州钢铁证券事务部副经理、总经理办公室副主任、董事会工作部部长、董事会秘书等职。

在整个广州钢铁的证券事务管理生涯中,我主要经历了两个过程:一是作为主要成员参与了广钢 IPO 上市全过程,二是作为董事会秘书圆满完成董事会赋予我的各项职责。

我作为广州钢铁股票发行领导小组成员,参与公司股份制改革及 IPO 发行工作。1993 年 6 月,广州钢铁有限公司获批进

行股份制改革，并于 1994 年 1 月 1 日起按股份制运作，为公司
股票发行奠定基础。1996 年 2 月 15 日，广州钢铁收到证监会
关于同意采用"全额预缴股款、比例配售、余额即退"方式发行
股票的批复，当年 3 月 28 日，广州钢铁登陆上交所主板市场。

2003 年 6 月，我出任董事会秘书后，立足岗位特性，结合公
司实际情况，不断推进公司资本运作。2004 年，我组织完成了
与控股股东的资产收购；2005—2006 年，我带领团队多方拜访
投资者，持续路演沟通，稳妥地推进了广州钢铁的股权分置改
革工作；2010—2011 年公司重大资产重组顺利落地，广日股份
借壳上市。

广州钢铁股份有限公司 2004 年临时股东大会

作为公司的合规官，在担任广钢董秘及证券事务部主要负
责人期间，我以证券法、公司章程等法律法规为基础，主导建立
和完善了广钢上市公司治理体系的框架和结构，相关规则和制

度涉及"三会"运作、信息披露、投资者关系管理、重大信息报送、全面预算、募集资金管理等方面,对推进广钢完善公司治理发挥了重要作用。在我担任广钢董事会秘书期间,未出现因信息披露失误或公司治理不完善而被监管部门处罚的情况。

近期看到的一篇《23年,广钢地价翻了1188倍》的报道,让我想起了当年的土地风波。从2010年开始,广钢将迎来"实质性重组"的消息在当年传得沸沸扬扬,风口浪尖中广钢的走势亦独立于钢铁板块。一波未平,一波又起,广钢环保搬迁又成为市场热点。广钢原生产基地位于现广钢新城所在地,是广钢在1996年以接近35元/平方米的价格买下的。这块土地面积138万平方米,在当时是广州市区内仅剩的大型江边地皮。如果广钢搬迁后,此地块用于房地产开发,按照当时7 000—8 000元/平方米的拍卖价格,土地价值将达到100亿元以上。

这里的关键问题是,该块土地属于工业用地,不能简单地用周边商品房的价格去衡量,而且土地涉及金额重大,属于重大国有资产。如何解答市场疑惑,需要考虑众多因素,稍不慎重将惹起巨大麻烦。面对市场压力,我一方面保持与政府、重组方及中介机构的密切沟通,另一方面积极与投资者和媒体沟通,使股价保持在合理范围内波动,最大程度上维护国家和股东权益。

从2003年到2012年,是我董秘生涯的上半场。广钢承载了我25年的青春回忆,在这里我从青年步入不惑之年。广钢股份作为20世纪90年代的国企代表,企业上市多是政府支持国企发展的行为。准上市国企经过合理改制，理顺各层关系后基本都能上市。但企业上市之后能否继续良性发展，取决于诸多因素，更考验企业的真实竞争力。广钢股份属于周期性行业，加之原生产基地位于广州市中心，受环保政策以及"亚运会限产"等因素影响，2010—2011 年连续两年利润为负，广钢股票更是被戴帽为 * ST。作为广钢上市的主要参与人员，所在公司股份被 * ST 对我来说是相当难过的。为保障全体投资者权益，避免广钢退市，进行重大资产重组成为首选。经广钢股东大会批准，在政府的主导下，广钢股份顺利完成了与广日股份的重大资产重组。

我的广钢董事会秘书生涯涵盖了一个企业从 IPO 首发上市到重组的全过程，在资本市场也算是传奇经历了。

欧派行：首发上市成为当年华南区域最大 IPO 项目

2011 年，47 岁的我，即将进入古人所说的"知天命"年龄。广钢股份重大资产重组项目伴随着一份份进展公告的发出，不断在加速整合步伐。广日股份借壳上市后，我将面临职业生涯的十字路口，作为国有企业的高管，我可以像大部分国企干部一样再奋斗几年准备退休。但是此时我遇到一个改变我一生命运的贵人——广东欧派集团董事长姚良松先生。

初次见面，姚良松董事长的远见卓识以及他的细致入微，无不让我印象深刻。我通过朋友了解到，欧派"梧桐树"下群英荟萃,精髓的企业文化和领先行业的管理体系让公司发展朝气蓬勃。姚董事长多次邀请我到公司任职,2012 年 8 月 1 日,我下定决心携带着原单位的离职证明来到欧派入职,正式开启我从大型国企到知名民企的第二段董事会秘书生涯。在此期间,欧派将董事会秘书一职空置一年,直到我上任。

从筹备上市到登陆上交所主板的 1 700 个日夜,公司在 IPO 堰塞湖大军中缓慢行进。2017 年 3 月 3 日,证监会核发 10 家公司 IPO 批文,欧派家居名列其中。拿到批文的那一刻,我的欢喜溢于言表,近五年的等待时间也让我正式步入天命之年,欢喜之余更有失落,廉颇尚能战否?

2017 年 3 月 28 日,在广州、清远两地领导的见证下,欧派家居集团敲响了上市的锣声,家居行业第一股欧派家居(股票代码:603833)正式加入资本市场大家庭,欧派家居首发上市项目成为当年华南区域最大的 IPO 项目。

老骥伏枥,志在千里。在欧派的前五年是筹备上市,而之后的职业生涯则是借助资本市场助力企业冲刺前行。

2017 年被称为"定制家居的黄金发展年和上市元年",该年度行业上市公司收入增长率超过 30%,一年内共有 6 家企业成功上市。在从资本市场获取充沛的发展资金后,企业人才成为一个新的争夺点,部分企业以高薪、股权的形式来吸引人才入驻。

欧派作为行业龙头,虽具有优于同行的整体薪酬水平,但是如何留住人才也成为我们企业管理的重点方向。面对这一

接受采访

难题，我带领团队进行股权激励的前期探索，反复对比行业成功案例，最终选择限制性股票作为本次股权激励的主要形式。后面我们开展了家居行业内授予股份数量最多、涉及人数达835人的股权激励计划，在没有专门聘请中介及毫无经验汲取的前提下，顺利完成了对员工的股票授予和解锁工作。从最终的实施效果来看，本次股权激励对留住公司核心管理人员和技术人员取得了较好的作用；从员工收益来看，也优于部分同行。

2018年，我正式筹备公司可转换债券的发行工作，并于2019年顺利上市。在行业变革期，可转债的上市为公司成功募集了14.95亿元的专项资金，有力地支持了公司发展。此外，本人及团队对可转债发行时间的精准判断也为参与配售和认购的投资者带来了丰厚的收益，可转债上市第一天价格就一度突破 127 元/张。

在公司董事长及相关领导的大力支持下,欧派家居投资者关系管理成效提升迅速,我主导建立了专业的 IR 团队,经过全体员工的努力,公司市盈率水平显著高于行业平均水平。我们还在多个方面去做好投关管理工作,在定期报告编写过程中不断提升公司经营数据的透明度,最大程度上解释公司及行业的发展动态。针对市场关注的 2018 年 3 月 28 日首发限售股解禁问题,我提前做好工作,在与三名关键法人股东沟通后,花了大量时间向公司持股员工进行解释,有效避免了股价踩踏式下跌情况的出现。

2006 年,热播电视剧《士兵突击》中,许三多说:"有意义就是好好活,好好活就是做有意义的事。"我的前半生很像许三多,坚定初心,勇往直前,站好每班岗。一路走来,在牛市与熊市的交替变换中,我在资本市场度过了 20 余年的春秋岁月。16 年的董秘生涯也并非坦途,我在此过程中,愈发认识到企业发展不易,作为董秘我们要坚守初心,穷尽所学,未雨绸缪。属于我们的时代正在远去,资本市场董秘圈涌现出了更为年轻和更有活力的新生力量。未来,请大家再接再厉,共同推进我国资本市场走向繁荣。

徐骏民

徐骏民,男,1964年10月生,中共党员,籍贯浙江,历任上海航空股份有限公司证券事务代表、证券事务办公室主任、投资部总经理、董事会秘书,上海吉祥航空股份有限公司董事、副总裁,现任吉祥航空董事长助理、董事会秘书。同时兼任九元航空有限公司董事、上海吉祥航空香港有限公司执行董事、上海吉道航企业管理有限公司执行董事、圆通速递(国际)控股有限公司(06123)独立董事。成功主导上海航空、吉祥航空 IPO 工作,吉祥航空自2015年 IPO 以来,累计完成融资规模近100亿元。

徐骏民：亲历航空业的一次大混改

回顾我的资本市场历程，主要经历了两次 IPO。首先上海航空是我当时负责筹备上市的，于 2002 年年底上市，到现在已有 22 年了，筹备过程中也是坎坎坷坷的。那时要求还没有现在这么高，招股书也薄，主要采取配额制。上海航空是最后一批拿到配额制名额的，那时取消配额已经开始了。

IPO 做了两年多，也是反反复复，当时航空公司的负债率一般都很高，超过 70％，上海航空已经达到 80％多了。要想上市，只有实行豁免。因为当时的政策是负债率 70％以上不允许上市。另外，当时的公司法有一个要求，公司对外投资不能超过净资产的 50％。上海航空的大股东是一个投资公司，对外投资超过了净资产 50％。由于这个原因，也前后沟通协调了两三个月。

资本市场发展功不可没

公司一旦上市，等于打通了资本融资的渠道，这对企业发展是很重要的。这个体会我是蛮深的，因为从 2000 年开始，我关心资本市场，2003 年后从事董秘工作到现在，感觉资本市场对中国经济的推动作用是很大的，虽然现在大家讨论得少了。无论是从公司治理、规范性、信息披露，还是资源整合后对社会生产力的推动。比如创业板的开通，现在回过头看，冒出那么多的好企业、大企业，如果没有创业板，那么多的中小型创业企业没有好的融资渠道，它们的发展进程就会减慢。这一点大家没有很深刻的认识，只是觉得我们的资本市场里面问题怎么这么多，爆出这个雷那个雷，而对其重要性大都泛泛而谈。我觉得中国的经济，几十年的改革开放中，对资本市场开放作用提及得相对少了一点。

资本市场对企业、对整个社会经济发展的推动是无可替代的，包括老百姓接受资本市场这个概念，很多是在炒股票过程中获得一些知识。它实际上是打开了一个窗口，让老百姓了解了中国、了解了世界。

所以，如果没有一个资本市场窗口的话，很多人都不了解这些细节。这期间，公司信息披露起到了很好的作用，包括现在关心上市公司的媒体，它们也会解读你公告的内容，实际上也是帮助普通的中小投资者，更好地理解这家公司的全貌。如果没有资本市场作用的话,大家谁会知道某个县城里面有个好企业? 在很多地方,好企业还能把当地旅游都带起来,例如贵州茅台,有好多飞茅台镇的旅游,从上海飞,从长沙、西安、海口飞。过去只有遵义机场,现在又有了茅台机场。这其中释放出的能量,不仅仅有红色旅游,还有上市公司的,以及整个地区经济,其作用是非常巨大的,没法估量。当然做坏一个公司也是要害好多人的,所以上市公司的良性发展这话题是永恒的。

2003 年,玩心跳的感觉

从 2002 年上市以后,资本市场重要的节点我都经历了,股权分置改革、定增、非公开发行等一系列的事情。例如股权分置改革,我记忆很深刻,前一天发通知说要开股东大会,发行股票,第二天突然接到指示,开始股权分置改革,必须完成以后才能再融资,晚上又发通知说股东大会要取消,不能开了。所以这也是蛮特殊的。当时搞分类投票,对董秘来讲也是一个锻炼,真正考验董秘管理投资者关系的能力。你要让投资者理解大股东的股权分置改革方案,各类股东都要去跑。当时票数尽量要多,不确定性要小,有些公司开了好多年才改成。

股改一般有几种方式,比较多的是大股东送股。这实际上存在大股东和中小股东的博弈:送得少了,人家投反对票;送得多了,大股东也不开心,需要找到利益平衡点。我们初期拜访了好多投资机构,不断地沟通。市场对上海航空 10 送 3 的方案还

活动交流

是蛮认可的，我们当时很快，大约一年不到就把股改解决了。

我们还经历了 2003 年的"非典"，那个时候惨不忍睹，上半年几乎可以说是颗粒无收，大家都很悲观。飞机航班当时被描绘成传播"非典"最厉害的，再加上有些航线必须要飞，比如上海到北京，不能全部停掉，只能减班。还好，我们 2002 年募集了大概十个亿资金，到 2003 年就不怕了；如果没有这十个亿资金，天天没客人，收入几乎没有，影响就太大了。

我们当时还测算过，能熬多久？到了六七月份温度上来后，"非典"突然就没了。当时大家憋了大半年没出行，下半年无论是旅游还是商务等，需求一下子爆发，航班增加，该飞的飞，该加班的加班，前期的损失弥补了回来，全年还盈利了。回想起来这真不容易，大起大落，玩心跳的感觉。民航界可以说最惨的就是这个时间段了，其他什么亏损年，都不是致命的，因为航空公司的现金流很好。所以，亏损如果不超过折旧额的话，基本不受影响，而没有现金收入是最惨的。

金融危机带来的抉择

2008年的金融危机，对航空公司影响挺大的，全行业都出现了亏损。当时东航和上航的整体经营环境都非常困难，上航是地方国资控股，东航是央企，在"信心比黄金贵"的关键时期，怎么整合是一个非常重大的问题。2009年上半年，上航又搞了一次定增，整个一年都是围绕定增、重组开展工作。

因为国家给东航、上航的要求是联合兼并重组，这就等于两个上市公司主体要少掉一个，但是又要保留上航，这个在政策法规里面是很难的一件事情。我是1987年就到上航工作的，干了22年，算是贡献了自己所有的青春，也是看着上航长大，很有感情的，它就像自己的家一样。必须找出一个方案，既是联合兼并重组，又要保持上航这一名称，独立经营。当时有人提出，让上航股份重新成立一家上航有限，把资产全部装进去，但这是无法操作的。上海航空股份有限公司的前身是有限公司，改制成为股份公司。后来就先把两家公司整合重组，然后由重组后的东航再出资设立上航，所以现在的上航有限实际上是2010年的，不是1985年的。从法律上来说，上航是不延续的，是被兼并掉的，只是这家名称还保留，目前上航是东航的全资子公司。直到2009年年底完成重组，忙活了有大半年，这对董秘来说也是一种煎熬。

整个航空公司界发展的最好时期是最近这十几年，也就是

2010 年以后。为什么呢？历史上，航空公司以往有九大公司，后来变成六大公司，直到现在变成三大航空集团，在不断地优化。原先太小太弱，国家资本金也是投入很少，这个行业以前类似半军事化，相对比较封闭，县团级干部以上才能坐，资金积累很慢，负债率很高。2010 年以后，整个市场发展了，客流量大概每年增长百分之十几，这十年黄金期和老百姓的人均可支配收入达到一定程度也有关系的。从全球来看，中国是仅次于美国的第二大经济体，但我们的乘机人次比美国还是少很多，所以我们未来发展的空间还是很大。

IPO 后时间非常短的再融资

2010 年 10 月，我到了吉祥航空，上班第一天就开上市筹备会。启动的时候，吉祥航空还是有限公司，搞了两次募集、战略投资引进，2011 年成立股份公司以后才申报 IPO，其间又停审了一年多。这次 IPO 和之前上航 IPO 审查的角度不一样，由于时隔很多年，要求也不一样，对过往的历史、形成过程中有什么瑕疵要求做比较充分的披露。现在 IPO 申报材料需要三大本，历史、业态、竞争对手、行业的情况、包括客户在哪里，写得很细，政策关注的要点也是持续地规范。现在每半年就要开无重大违法违规的证明，好多部门，外管、工商、税务、行业主管部门、银行都要出证明。我们上市，政府部门也要忙，而且要求也越来越细。暂停审核工作一年多，这个是最辛苦的，而我们所有的推进工作不能停。这很累，很煎熬，心态上还不知道什么时候能开始审核，似乎遥遥无期。我们也要对股东负责，人家投给你钱了，你不能不上了。一路走来，过程是艰辛的，直到2015年5月正式上市，结果是蛮开心的，也是值得的。我们大多数人都有一种"挤公交"心态，先上车再说，免得不知道后面什么时候会有车来。

吉祥航空上市后，11个月内再融资成功。IPO成功后，当年7月我们公告了再融资方案，到2016年5月11日再融资全部完成，两次加起来共融资40个亿。可以说，在这么短的时间内，能融资到40个亿，我觉得在资本市场也是个特例。我们研究过所有的公告、政策要求，当时在公告中就埋下了伏笔，说除了非公开以外的三个月内没有重大事情。但是所有的人都没注意，他们都以为这是常规的要求，这个也是合规的，实际上也告诉你了，否则至少要再往后推迟几个月，这个也是我们团队的力量。

当时政策也是允许的。我2016年做完，2017年国家就出台了新规，IPO后需要满18个月才能再融资，现在又改了，6个月才能发起，而我们两个月就发起了。这种事情，未来是不太可能的。

相互持股：航空式混改

2019年，吉祥航空和东航搞了相互持股，9月份完成，我们拿到了22亿元。这个不是简单的股份公司对股份公司，而是吉祥航空参与了东航股份的定增，然后吉祥航空发的股票，发给东方集团旗下的产投公司，等于说是它的兄弟公司。我们和均瑶集团，以及集团的子公司联合起来，投了 80 亿元给东方航空。吉祥航空出了 30 亿元，均瑶集团出了 50 亿元。上市公司吉祥航空和均瑶集团一共持有东航 10％的股份，成为第二大股东。当然，东方航空也买了均瑶集团的老股，加起来占吉祥航空 15％股份。这就是民企参与国企混改，国有企业支持民营企业的发展，战略上做大做强的合作。上海枢纽空港辐射全球，此举不光支持国企混改，同时也推动了上海航空业参与"一带一路"建设；因为有些"一带一路"项目尚处于开拓期，两家协同发展，避免了恶性竞争。

互混过程中也有些难忘的曲折。本来东航发行方案中，只持有 A 股，因为 H 股的股价便宜。从国资角度来看，当然是发 A 股比较好，这也是可以理解的。我们提出，为了更公平，要 A＋H 股两边同时发，我们两边也都参与。吉祥航空的老板也非常大度，为充分体现保护中小股东利益，H 股全部由吉祥航空拿下，多出的额度由吉祥航空和均瑶集团去参与 A 股的定增，也就是说，把便宜的全部让给上市公司，自己承担高的价格，这样一来，吉祥航空所有股东的利益都得到了保证，国资委、东航集团都大力支持这个方案。

现在国资的开放程度比以前大，东航的集团领导也都是很开明的，这才促成了这样一件共赢的事情。这期间，我们一开始讨论到的公平、对等原则，贯穿于事情的始末，贯穿于方案的所有细节，整个进度的协调也很顺畅。民营和国资在一起，凑在差不多的时间点完成两家公司的定增工作。股份公司与股份公司之间互相持股是不多的,像这样结构的也不多,央企和民企这样做的就更少,应该是资本市场第一例。关键是前期方案较好,也符合国家战略、结构调整。

混改要有后续的跟进,只是股权结构的变化是没意义的,一定要对董事会、对企业经营、对管理有推动,才是最关键的。整个上海,现在中转和出入境的旅客人数在全国都是第一,有带动、辐射功能,双方互派董事,那么双方的优势部分就可以互相补充,共同做大。

现在都说利益共享,你做好了,我有好处;我做好了,你也受益,但一定要做出优异的成绩。不过,指望一夜之间实现这个目标是不可能的,有些事情仅靠内部改革也是有难度的,需要靠外力来促进。举个例子,我们现在的 320 窄体机有 158—198 个座位,每天可以飞行 11.5 小时,而行业平均数是每天 10 个小时都不到。看上去只差了一个半小时,但占比差了百分之十几。以同是 100 架飞机为例,无形中每天多了十几架,吉祥航空的平均成本就下来了,盈利能力就提升了。从报表上看,你的资产周转率就快,就是良性的。再比如,我们一架飞机有接近 100 个员工,大航空公司的人员比我们多,导致其人工成本高。央企的资源、人才都不缺乏,就是要提升效率,提升的空间还是很大的。只要把央企的实力嫁接民企的活力,最终就能够实现提高效益。

人生能够经历一两次重大事件是幸运的。我有幸参与了两次 IPO,两次重大资本运作,我很幸运地遇到了这个好时代。

朱旭

朱旭，女，1975年生，湖南人。万科企业股份有限公司原董事会秘书。先后获得湖南财经学院（现湖南大学）经济学学士、中南财经政法大学管理学硕士、伦敦大学公共政策硕士及香港公开大学企业管治硕士学位；是英国志奋领（CHEVENING）学者、注册税务师、中国上市公司协会董事会秘书专业委员会和香港公司治理公会董事会秘书专业委员会副主任委员，新财富名人堂成员。曾任职于深圳市国家税务局、国民技术股份有限公司、深圳广田装饰集团股份有限公司。担任董秘期间，主持股权融资四次，融资额超过200亿元人民币，参与两家上市公司股权架构重大变更，一次分拆上市。

朱旭:万科重组

——一次惊心动魄的董事会会议

　　凤凰传媒《董事会》杂志创办 20 周年之际,邀请众多上市公司董秘撰文,汇编成《传奇董秘》一书,我有幸应邀撰稿。

　　我提笔自问,董秘的"传奇"源自哪里呢? 是岗位的特殊? 工作的神秘? 还是经历的不凡? 单就本人而言,网络上的各种夸张推文、视频着实不少,层出不穷。很多素不相识的人初次见面,就会说:"哦,我在网上看过你的故事,你就是那个在万宝之争的关键董事会上,机智地把董事的'弃权',追问确认为'回避表决',从而确保重组预案顺利通过的董秘啊!"还有的朋友说:"你的专业能力和机智应变真的让我太钦佩了,当董秘就要像你这样专业,你不愧'第一'董秘的称谓!"

　　华生老师在《上海证券报》发表的关于万宝之争的一系列文章(后结集成书《万科模式:控制权之争与公司治理》),让我作为董秘的一次尽职履责举动,成为了外界眼中的"传奇"。很多时候,大家会误以为董秘的传奇来源于个人的能力,其实,从我自身的经历而言，每一次董事会会议上的临场应变，每一段公司治理中的游刃有余，都是建立在各方鼎力支持的基础上的。董秘，只是因为站在台前而格外引人注目。这里，我就通过回忆万宝之争中起到至关重要作用的那次董事会会议，探究董秘传奇的真正来源吧。

思绪回到 2016 年 6 月 17 日，那是一次极其关键的董事会会议——审议万科发行股份购买深圳地铁集团资产的重组预案。如果方案通过，深圳地铁将成为万科第一大股东。重组预案需要出席董事的 2/3 以上同意方可通过，11 个董事席位中，只要有 4 张反对票便可否决重组。当时的情形是，时任大股东 HR 的 3 个董事席位已表示反对，只需再争取 1 张反对票即可。剩余 8 位董事中，3 位执行董事和 1 位外部董事（时任副董事长孙建一）明确支持方案，在此背景下，4 位独立董事的投票意向就至关重要。当时的我，真切地体会到商战就是一场没有硝烟的战斗。客观地说，我个人在那次董事会会议上的随机应变，固然为重组预案的惊险通过起了作用，但更重要的是独立董事、律师团队、管理团队和监管部门的合力支持，大家共同书写了那一场传奇故事。

关键因素之一：独立董事的忠实勤勉尽责

当时各方都认识到了独立董事投票的关键所在，于是纷纷通过各种渠道进行劝导游说，甚至威逼利诱。在此期间，我真切感受到,独立董事要坚持自己的独立性,不但需要专业的判断,更需要意志的坚定。

时任独立董事罗君美,是位文质彬彬近乎弱不禁风的女士。作为香港的会计专业人士,罗总日常和内地的人脉链接不多,但因为投票也接到了很多人的"慰问"。她非常惊讶于投票形势之复杂,也意识到重组预案对公司长远发展的重要性。为此,她两次专程前往拟发行股份购买的地铁资产实地考察,和万科、地铁同事座谈,独立判断收购该资产,引入地铁作为大股东,是有利于万科轨道上盖物业业务发展的。因此,无论谁去游说,哪怕是当年推荐她担任万科独立董事的 HR 来劝说,她都坚定如一地回复:"我会坚持公司利益最大化的原则投票,这是我作为独立董事的本分。"

时任独立董事海闻老师接到的"拜访"也不少,但他坚定看好深圳地铁入股。为了断绝游说者的念想,他早早地将赞成投票权委托给了华生教授。

时任独立董事华生教授,在我心目中仿佛是从天而降的"风清扬"大侠。他是经济学家,也是企业家,熟谙企业战略规划、公司治理和资本运作。他的经历和学识让他能居高临下,总揽全局,很快发现复杂局势里的关键点;他的个性和风格让他仗义执言,将各方不能言说的憋屈和心机敞亮地摆到明处,抽丝剥茧。相信大家都读了他于万宝之争期间在《上海证券报》的四次撰文,我这里就不赘述了。如果没有他的仗义执言,很多真相可能至今都无法被公之于众。

张利平董事，应该是独立董事中压力最大的一位。他当时刚担任 BR 的大中华区主席，BR 和中国的大企业都是潜在业务合作伙伴，为了不得罪各家大企业，BR 美国总部希望张利平董事放弃表决权。然而，在常人无法想象的各方施压下，张利平董事用完全合法合规的方式，表达了他不想否定重组预案的真实意愿。因为这件事，BR 后来要求全球的老大们都不得兼任上市公司的董事了。

关键因素之二：律师团队的专业支持

公司面临大量棘手的法律问题，其中之一就是张利平董事如果弃权表决，对董事会投票结果的影响。弃权票需要计入投票总数，实际起到了反对的效果。有没有办法，既可以让张利平董事不参与表决，又可以确保董事会议案通过？有没有和弃权票看着类似，但是又不用把弃权票计入分母的投票类型呢？公司的法务总监和我在专业律师团队的帮助下，展开了"头脑风暴"。突然，时任法务总监和外部律师眼睛一亮："有了，回避表决！"大家顿时兴奋起来："妙啊！"根据回避表决的投票规则，投票人本着安全谨慎的原则，对自己认为可能引起利益冲突的某项议案要求回避表决，是合法的。即便有董事当场提出异议，只要董事会会议没有决议认为张利平董事不存在利益冲突并为其参与投票表决免责背书，张利平董事均可拒绝任何个别人的不同意见，坚持回避表决。回避表决，分子不计入赞成或者反对,分母也同样无须计入总票数。这样,董事会就可以通过 10 票中 7 票赞同实现 2/3 表决权通过。

朱旭在会议中

大家迅速围绕回避,为张利平董事梳理回避的理由,并和其进行了沟通。对张利平董事来说,这个方案使他避免了陷入两难境地,既没有投赞成票,也没有投反对票,同时也是符合事实的(当时 BR 的确在和万科洽谈一笔交易),因此同意在会上回避表决。

关键因素之三:董事会会议上各方临场应变

时间越来越临近 6 月 17 日了。为了确保万无一失,我带领团队做了多次模拟演练。那天张利平董事从国外飞回香港,飞机还很不善解人意地晚点了,董事会会议特别为他延迟半小时开始，以便他可以电话接入。因为担心张利平董事接入会议不便，公司特别安排香港万科总经理去香港机场迎候。

接通电话时，深圳这边会场的空气似乎都凝固了，大家的目光聚集在电话上。"利平董事，请问您关于重组预案的投票意见是？"我作为董秘发问。电话那边传来香港机场嘈杂的背景音。"嗯嗯，我刚落地香港，信号不是很好，我刚刚履新 BR 集团，目前对 HR 和 VK 两个集团都有潜在交易可能，特别是目前有一个数额较大的交易和 VK 在进行，经征求我律师的意见，我和重组预案存在利益冲突，只能弃权。"

听到"弃权"两字，我脑袋"嗡"了一下，要知道回避表决和弃权可有天壤之别，决定着重组预案的命运，说得含糊不清怎行？我深吸一口气，果断追问："利平董事，如果潜在交易有利益关联，您是不是属于回避表决呢？"利平董事被我这一追问，好像也懵了，顺着我的话说："啊，对，我回避表决。"我再次重复："利平董事，您确认回避表决，对吗？"张利平答："没有错。"我再跟进："那我要提醒您的是，回避表决必须给公司书面回避理由并签字，以便公司公告。"张利平董事非常干脆地回答："就是我刚才讲的理由，因为利益冲突，所以我必须回避表决。我会提供书面意见，你们给我一个时间，我会后提供。"

至此，我暗暗长舒一口气。当时真特别担心 HR 的董事站出来反驳，"这是弃权不是回避！"但好在现场没有人（包括随行的 HR 专业经理们）提出异议。华生教授作为最后一位投票董事，做了精辟而犀利的提问和发言，逼 HR 和 VK 的董事们抽丝

朱旭在会议中

剥茧般地坦诚说明了前段纷争的背景、各自的投票理由、立场分歧所在,这些在华老师的文章中都有极其精彩的描述。

投票结束后,时任董事会主席王石宣布茶歇,工作人员开始请董事签字并计票。回到会场,王石主席宣布:"赞成票 7 票,回避票 1 票,反对票 3 票,回避票不计入投票总数,重组预案以 7∶10 获得 2/3 票数通过。"HR 董事及随行人员都很惊讶,一位 HR 随行人员立即激动地站起身来拟发表异议。王石主席冷静地示意其坐下:"非董事请不要干预会场秩序,如有问题,请在会议结束后发言。"HR 的三位董事也非常诧异,但并没有提出异议,直至会议结束。

关键因素之四：监管部门的公正性

会议决议公告披露后，HR立即发表声明，质疑表决结果，认为张利平的回避表决理由不成立，应计入不赞成预案的票数，重组预案并未获得2/3表决通过。HR后来还进一步向深港两地交易所和相关监管机构提出正式投诉，认为决议通过不合法，要求裁决重组预案通过无效。此事迅速引起了经济界、法律界人士的热烈讨论。

深港两地监管部门非常重视，对会议情况做了缜密的调查，认为张利平董事提出回避时，现场没有董事提出异议，也没有董事会决议为其参与投票免责，因此张利平董事的回避表决是合法的。单以张利平的回避理由不足，无法否定董事会会议表决的合法性。最终，重组预案以7票同意，3票反对，1票回避，有惊无险地获得出席会议董事人数2/3票数表决通过。

那次传奇的董事会会议过去几年后，我有幸见到了当时的证监会主席，他半开玩笑地说："你就是那个'天下第一秘'对吗？"我当时感到非常惊讶，暗忖：没想到证监会主席也知道我呀！仓促间我临场回复："主席好，这都是因为证监会对董秘职责的重视，同时感谢万科这个优秀的上市公司平台呀！"虽然是没有任何准备的回复，但的确是我的肺腑之言。相信大家看完以上的故事，也会明白：董秘的随机应变，其实仅仅是"术"，真正的"道"是独立董事和外部董事的独立性、律师团队的专业性、公司管理层的团结和韧性以及监管部门的公正性。没有各方的支持,仅靠董秘一个人是无法勤勉尽责、独善其身的。

董秘工作就像是在跳芭蕾、踩钢丝,稍有不慎,就会跌倒或摔下去。最近几年,相信董秘们都明显感到责任更重了,职业风险更高了。在很多信息披露违规案件中,董秘仅仅以自己不知情、无主观过错、归咎第三方责任,均不能达到免责的目的,而必须充分提供事前、事中、事后的勤勉尽责、主动履职证据。我真心地希望,每一位董秘,不仅要提升自身勤勉尽责之"术",更要在"道"的层面得到各方支持,特别是公司高层和监管部门的理解。毕竟,公司治理的规范,需要各方的共同努力;董秘的传奇故事,只有在规范的公司治理平台上,才能绵延不绝。

于玉群

于玉群，男，1965年生，江苏徐州人，毕业于北京大学，现任中集集团副总裁。2004年3月至2021年3月任公司董事会秘书，2012年10月至2021年3月同时出任公司秘书。为中集安瑞科（香港代码：3899）非执行董事，爱美客（股票代码：300896）独立董事。1992年加入中集集团，参与公司首发及上市工作。2011年，作为负责人，开创性完成了国内资本市场首例B股转H股工作，先后领导进行了公司多项重大的股权转让以及股票增发工作。

于玉群：成功参与主导全国首家试点 B 股转 H 股

——开创中国资本市场制度创新之先河

我在资本市场近 30 年，最难忘的还是参与了中国资本市场创新式发展，见证了 B 股转 H 股试点等重要的资本市场事件。从情怀的角度来说，也是值得回味的。

B 股从机会到被取代是历史的必然

B 股是中国资本市场历史发展的阶段性成果。当初设计 B 股的目的是给合格的境外投资者一个机会，也是给中国内地上市公司一个吸引外资的渠道。1994 年上市之前，中集集团的业务大都是国际化的业务，所以，吸引外国投资者来投资，对公司来说有非常大的帮助。

我记得 1993 年中集筹划 IPO 时，B 股市场非常活跃。香港当地一些非常知名的券商，包括欧美在香港的一些券商都有参与，无论是发行还是研究，他们都做了非常多的工作。内地相关人员也去海外,和海外投资者见面交流。从这个角度来说,B 股对中国资本市场的发展起到了非常积极和重要的作用。那个时候,由于中国的外汇管制,外国投资者没有什么好的渠道来投资中国境内的上市公司,而公司到境外直接发行上市的审批要求又非常高,B 股就成为非常主要的面向境外投资者的融资工具。随着中国改革开放的深入,B 股能起到的作用逐步被其他的市场工具所取代,同时中国企业去海外直接上市的数量也越来越多,这就在一定程度上对 B 股市场产生了一定的挤压,甚至有些企业觉得不如直接发行 H 股。

后来 B 股市场的影响慢慢被弱化,最根本的一点就是当 B 股市场不再发行新的 B 股时,这个市场的活跃程度就非常大地下降了。现在来看,B 股被取代是历史的必然,外国投资者投资渠道在拓宽,可以通过 QFII、深港通、沪港通等参与,B 股的价值与作用被弱化就在所难免。B 股市场逐渐变得流动性很差,成交量非常低,整个市场估值就很低。

试点 B 股转 H 股　困难在哪里

中集集团是 2012 年年底做 B 股转 H 股的,当时 B 股向中国境内持有外汇者已经开放多年,投资者的范畴明显放宽了,这对市场是起到一定的帮助作用的,但是没有实质性的改变。中集集团有 A 股,也有 B 股,B 股的存在对我们来说始终是个问题。不同的股票,不同的交易市场,不一样的投资主体,这就导致这两个股票有很大的差距,也造成很多资本运作我们没有办法做。所以,我们一直非常关注,也在很多种场合跟监管部门讨论过解决办法。2012年,中国证监会下决心探讨解决B股市场的问题,询问我们愿不愿意参加试点,方向上可以把B股转成H股。我们当然愿意积极参与,这也是一个解决问题的契机和办法。在监管部门的指导和支持下,市场参与各方积极配合,整个市场都有参与去做,包括行情的传输、反馈,交易时间的差异、资金的结算路径以及交易通道的建立,相当于建立了一个新的交易体系。

当时存在很多问题,解决起来很困难。最主要的原因就是很多内容都是从头开始,在一张白纸上建立,也没方案,一点一点摸索。只是有个概念说把B股转为H股,最初推进项目的时候,看看如果没啥障碍,我们就往前做。B股转H股没有现成可以参照的法规,这本身就是个最大障碍,对于法规方面的解释也是最核心的问题。后来,我们大家一起发挥智慧,把相关的一些规则完善起来,加之监管部门的大力支持,最后我们把B股上市地改变的选择权交给投资人。当时,监管部门还考虑不能让B股境内投资者去承受过多的压力,在B股转H股的同时,提出要给投资人选择权,给他们一个退出的机会。这也是一个困难问题,考虑到投票权的问题,我们不能让现有大股东承担出资,只能找独立第三方。我们找了弘毅资本,对方同意作为第三方给B股投资者提供现金选择权。最终弘毅投资收购了1.37亿份B股,占公司总股本的5.16%。最后,我们对流通股 B 股做了统计，近 10% 的投资者选择现金方式退出，另超 90% 的投资者跟着走。有不少投资者是长期购买的，他们就不愿意卖。由于 B 股可以买卖，转为 H 股后就只能卖出不能再买过来了，这些新问题也是部分投资者必须考虑的。H 股上市的时候，给的现金选择权是每股 9.83 港元，第一天交易价格在 12 块多港币，曾经涨到 16 块港币，最高有将近 7 块钱港币的每股收益。

在市场各方的支持下，B 股转 H 股还算比较顺利，我们用了将近半年时间做完。转股成功对于我们增进对国际资本市场的了解是有积极意义的。我们可以直接面对香港市场了，了解了香港市场的资本运作及其规则。在 H 股上市后，海外投资人的操作就更加便利了。

B 股转 H 股交易通道的一些做法和思路，对后来的港股通也有一定的借鉴价值。

呼吁打通 A 股 H 股　解决股权分置问题

中集集团进行了首家 B 股转 H 股的试点，后面再做就比较简单，所有的东西都有方法了。现在的市场，B 股的问题还没有完全解决，我们之后只有几家 B 股转 H 股，包括丽珠、万科。还有一些 B 股公司通过资本运作，做了一些吸收合并的重组，把 B 股收购，最后通过重组转成了 A 股。

话说回来，从 2012 年年底到现在，我觉得一个公司的股票在两个市场上市,仍然是股权分置。同样的股票享有的权利应该是一样的,但因为面对不同市场的交易,两类股票相互之间也不能流动,这就变成了两个价格、两个股票。我觉得,随着中国资本市场改革开放程度的加深,在境内外上市的股权分置问题,需要提高认识去解决。不同股票在不同市场,其适用法规、股票类别、决策等,都会对资本运作带来相当大的问题。现在由于有沪港通、深港通,从技术上来说,应该可以把两个类别的股票打通,监管方面是可以做到的。所以,我呼吁把 A 股和 H 股打通,解决 A 股、H 股股权分置问题。

并购成就了中集的发展

中集集团这么多年的发展,大部分产业是通过收购兼并形成的,很少是完全自己建设的,这主要受制于我们本身就是一个整体上市公司。当时的法规不支持 A 股公司在 A 股市场分拆上市,收购另一个上市公司也是不允许的。我们大部分的资本运作都是在香港市场完成的。中集集团整体上市之外,旗下还有三个上市公司:一个是能源、化工装备和工程业务的中集安瑞科,这是一家香港红筹股公司,我们 2007 年在香港收购的,原名就叫安瑞科,收购了之后我们往里面注入资产,把它扩大了;第二个是中集车辆,2019 年 7 月分拆至香港联交所主板独立上市,是一家 H 股公司;第三家是中集天达,也是一家香港红筹股公司,主要做机场地面设备,包括登机廊桥、货物及行李处理系统、消防车辆等,我们是在 2017 年收购了香港的民营公司中国消防后,注入资产实现控股的。

当时向安瑞科注入资产的过程比较复杂,我们注入资产的规模超过安瑞科原来的规模,审核标准与重新上市类似。香港之前很少有反向并购的案例。控股股东、大股东把自己的资产注入上市公司,上市公司反过来收购了大股东的资产,这叫反向并购(RTO),与初次上市(IPO)比起来,工作量也省不了多少。当年这个事在香港市场也是非常重要的案例,现在国内市场做反向并购的案例也多了。国内的重大资产重组、控股权变化也非常多。

值得一提的是,中集上市以来,尽管资本运作行为很多,但我们从资本市场上融资却不多,折合人民币约 57 亿元,但分红却很多,有 141 亿元。

放开市场　交给市场

中国资本市场已经有三十多年的发展了,很多内容有翻天覆地的变化,规模也变得非常大,很多的问题在逐步得到解决,市场化的程度也在不断提升。不过,我觉得还是有相当大的空间能去做。从其他市场的借鉴意义来看,市场化是必须的。你越是担心问题,越是缩手缩脚,它就越有可能产生问题。你一直把它关在笼子里,担心放出来会有问题,但是它被关在笼子里,一旦生长到笼子关不住的时候,就会是个大问题。若把它放开,在大的市场环境里就会自然形成自己的规则和秩序,市场的力量能够起到这样的作用,包括发行价格、再融资等问题。现在困惑的是,市场环境下很多事情还是要靠管,这样怎么管都会有问题。参与中国资本市场这么多年,我觉得要让市场放开,把更多的事情交给市场自己去做。很多事情,比如再融资要交给股东来作决定,交给上市公司来约束自身的行为。如果一直在控制着,好多公司就把它当作资源来做,一些行为就变得扭曲了,并不是根据真正需要去做。上市公司现在再融资需要的一些条件、审核的报告和IPO的文件相比,其实简单不了多少。按理说,本身就是一个上市公司,或者IPO的时候已经到这个圈子里了,那些合规内容都有的。从投资人的角度来看,应该让它不受限制地去发展有利益的东西,当然有问题的公司是应该受到处罚的。

现在出事的一些上市公司,我觉得主要来自两方面:一方面是市场过高的估值,过高的估值往往会让上市公司或者上市公司大股东行为扭曲;另一方面是过高的估值给上市公司带来过多的钱和资本。这两方面都是因为市场在严格限定发行的监管情况下,形成虚估过高的价值,扭曲了一些行为。100多倍的市盈率,你要有怎样的发展速度去支撑这么高的估值?我们过去说市场比较合适的倍数假定给20倍,年增长率要达到20%,如果说复合增长率达到40%,那就40倍。100倍的估值,每年都要翻番,那什么样的公司每年都能翻一番呢?这是非常困难的。

在监管审核方面,可能和过去的计划经济投资审核的观念一样,无论再融资还是 IPO,很多审核力量都是放在募集资金应用项目的方面。我经常在一些场合讲,监管员、审核员需要有多大的能力才能把这些项目看清楚,并且审核的流程很长。很多募投项目从市场来讲可能是有时效的,最后真正核准、可以实施时却赶不上了。所以,我一直觉得审核募集资金项目这个办法也是不合适的。

我是这样做和看董秘的

董秘这个行当比较专业,牵扯到的层面比较多且深,工作相对来说比较重要。但是,这个行业干得好不好区别却挺大。最基本的就是按照上市规则、监管规定,把该做的事情做完,包括定期报告和临时报告。

拿中集董秘办来说,现在有三个部门,有四块工作内容:第一是合规,主要根据两个交易所的上市规则、要求来做。第二是公司治理和投资者关系管理。我以前曾经说过,董秘最重要的工作是"卖公司",怎么样卖出好价钱。第三是资本运作,包括一些并购、兼并。实际上,从这些工作来看,都是在董秘的领导下进行的,其内容实际上都是董秘所要承担的工作职责。除了这些,我本身还兼任公司副总,涉及公司的战略发展、投资这方面的事情也有参与。而这些工作,跟整个集团的投资者关系管理、资本运作都是相关的,都是串在一起的。董秘在一定意义上是跟资本市场连接的中枢，可以这样来理解。要是想把这些事情真正做好，董秘还需要付出很大的努力。

对于成长中的董秘，我认为专业能力很重要。一方面，要对规则、内容梳理得很清楚，基本工作要做好；另一方面，要有战略眼光，要在公司内部去参与一些资本运作，即使不参与，也要用全局的观点去看这些问题，去把握一些事情，这样才能够做得更好。把握自己所在公司的定位，让公司和整个市场有机结合起来。大部分的董秘从规则上来说是兼副总经理的，要能够起到真正的作用，发挥出资本运作的优势，再和公司的发展结合起来，从而借助资本市场让公司插上腾飞的翅膀发展，这对于优秀的董秘来说，就是很重要的工作。单单合规仅是一个最低的要求，当然公司内部的事情也是要求规范运作的，现在的市场监管很严，必须不忘初心，抱着一颗有监管底线的心，踏踏实实、认认真真去做公司的发展，而不是想着投机取巧。公司的内控流程，是保证公司安全的，也有一定的控制管理层行为和控股股东的作用。对于董秘来说，这既是责任，也是风险。

董秘这份工作有向外的一面，但更多的是向内的。向外的部分，主要是面向外部监管和投资者，而合规、资本运作方面的内容都是向内的。所以，跟一般经营管理工作的区别还是很大的。作为董秘来说，尽管没承担经营业绩，但承担了发展任务。

回过头来看，我1992年来到深圳，加入了中集，做的工作基本上都与资本市场相关，从筹备上市一路到现在。我自己从20多岁到50多岁，这么多年，这么多经历，感觉很充实。

戴立新

戴立新，男，1967年生，吉林省辽源市人。曾任潍柴动力股份有限公司副总裁兼董事会秘书、中国重汽（香港）有限公司副总裁兼董事会秘书、山东重工集团董事会秘书、中国汽车工业协会上市委副理事长、山东上市公司协会董事会秘书专业委员会主任委员、香港特许秘书公会联席成员，先后参与了潍柴动力股份制改造、H股上市、吸收合并湘火炬并回归A股上市、战略重组德国凯傲集团与林德液压等一系列具有里程碑意义的事件，具有丰富的IPO、境内外资本运作、跨国并购、上市公司治理、上市公司增发、债券发行等经验。

戴立新：亲历潍柴动力 H 股回归 A 股

——资本市场第一例

我从事董秘工作已有 17 个年头，前 14 年都在潍柴动力，见证了其从 IPO 到国际化的全部发展历程。

回顾过去的这 17 年，我感慨颇多，也很有成就感，特别是与行业、监管部门及企业一起见证了资本市场的变化，收获很多。

创造了资本市场第一个 H 股回归 A 股的经典案例

潍柴动力于 2004 年在香港主板上市，成为第一家在香港主板上市的内燃机企业。2005 年，德隆系危机爆发，潍柴入主湘火炬，布局了今天的黄金动力总成，这对中国重卡行业格局产生了十分重要的影响。

完成收购湘火炬后，潍柴动力就形成了一个多达 5 级的股权管理架构。然而在这样的股权管理架构下，各相关企业间应有的协同效应难以发挥，无法发力全面整合产业资源。

经综合考虑成本、市场、股东及政策环境等多重因素的影

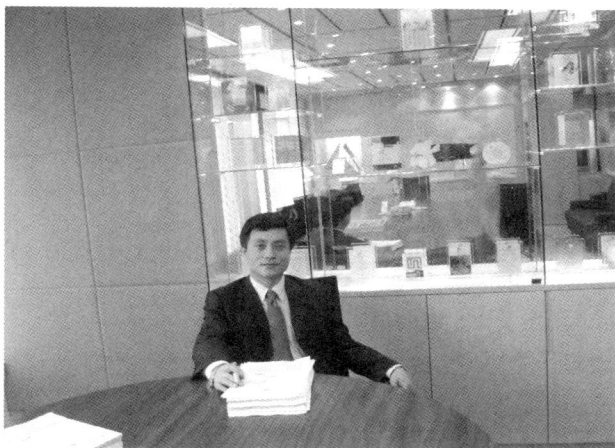

审阅香港上市招股书

响，借助股权分置改革时机，公司推出了体现产业链价值最大化的换股吸收合并湘火炬的方案，即"H 股公司潍柴动力回归内地定向增发 A 股，与湘火炬 A 股进行换股，用吸收合并的方式解决湘火炬股权分置改革问题，湘火炬退市并注销，其原主营业务装入潍柴动力"。

兼顾多方利益最大化。潍柴动力换股吸收合并湘火炬的方案是在股改特定背景下，满足内地和香港两个不同法律环境、两个不同监管运行规则的条件下实施的首例具有创新意义的资本运营方案。

我们设计的方案一举完成了 A 股公司股权分置改革、产业链资产整合、H 股公司回归 A 股市场三大战略诉求，同时兼顾了境内外流通股股东、非流通股股东、上市公司等利益相关方的权益。作为换股吸收合并和股改的对价,潍柴动力向湘火炬除第一大股东潍柴投资以外的其他所有股东发行 A 股,换股比例为 3.53:1,并赋予流通股股东以每股 5.05 元出售给第三方的现金选择权。2007 年 4 月 30 日,潍柴动力在深圳证券交易所成功上市。

此项成功案例被业内誉为境内外资本市场具有里程碑意义的范例,是中国资本市场股权分置改革背景下最具创新价值的第一并购案例。

破解不同法系下的会计准则差异问题。在吸收合并过程中,因内地和香港属于不同法系,其具体会计准则有所区别。

按内地会计准则,潍柴动力换股吸收合并湘火炬为同一控制下的合并,潍柴动力只需按照合并日被合并方的账面价值计量,合并方取得的净资产账面价值与实际支付成本的差额,用以调整资本公积金。

按照这种方法,潍柴动力收购湘火炬不会产生商誉。但香港准则没有规定同一控制下的合并的计量方式,而是参考非同一控制下的合并方式,用合并日湘火炬的公允价值来入账,若实际支付的成本大于收购资产公允价值,则差额通过商誉科目计作资产。

若以此法并使用 A 股上市当日每股收盘价 64.93 元作为计算该次合并产生商誉公允价值的参考价,潍柴动力将会产生近 87 亿元的重大商誉减值,并计入当期损益。经公司与会计师事务所及有关专家、境内有关监管部门沟通、研究并征询其意见,

潍柴动力确认换股吸收合并湘火炬,是购买除本公司已持有的
湘火炬 28.12％股权以外的少数股东权益。

在按照香港财务报告准则编制的 2007 年度财务报告中,这
一方案将不存在由此产生的商誉,也不存在商誉减值,从而在
两个准则下将不再产生差异,从而成功化解了巨额商誉带来的
潜在风险。

搭建 A + H + Dax 的特色信息披露机制

信息披露是上市公司的窗口,也是董事会秘书工作的重中
之重。我一直认为,衡量一家上市公司合规性的基本标准,就
是信息披露水平。尤其是新《证券法》实施后,这将是公司治理
的核心。

荣获"功勋董秘"

2012年,潍柴动力跨境收购德国凯傲集团并于2013年在德国法兰克福交易所上市,面临中国内地、中国香港和德国三种法律监管及不同的信息披露要求,我们通过沟通协同,形成了规范的信息披露机制。

多部门参与协作,搭建公司定期报告工作平台。为顺利完成公司定期报告的编制与披露,公司于2011年建立了董事会审核委员会年度报告披露流程,并与公司财务、人力资源、战略、运营、市场等多个部门建立了工作平台。每个部门都设有固定的联络人,通过下发定期报告编制计划、预沟通、定期沟通、疑难问题集中讨论等多个工作模块来推进,分工合作,保证定期报告高质高效完成。

建立董事会议案征集流程,严控信披关。由于公司体量大,子公司较多,为最大限度地保证相关事项及时披露,我们制定了日常信息披露制度,建立了议案征集管理流程,通过划分议案征集归口部门,自下而上地建立了重大事项信息收集通道,逐级收集判定上会标准,防范重大事项漏披、迟披现象。

执行日常信息披露的"预沟通机制"。面对多地不同的监管机构,要保证信息披露工作兼顾多方股东利益,及时的沟通必不可少。日常的预沟通对象主要有以下几类:

一是与监管机构的沟通。有效地与交易所、证监局等相关部门沟通,尤其是在对制度规则理解不准的情况下,通过沟通让监管机构了解公司的需求与实际,以保证公司信息披露规范合规,加强工作的主动性和透明性。

二是与公司股东、董监高人员的沟通。公司拟有重大事项发生时，适度与控股股东或董监高人员进行预沟通，可以使其更深入地了解该事项，有利于争取股东的支持。

三是与公司法律顾问、会计师、审计师等中介机构保持密切沟通。充分听取中介机构的意见或建议，降低信披风险。

兼顾从严，化解 A＋H＋Dax 差异难题。

一是披露时间从严安排。结合中国内地、中国香港和德国三种披露时间要求，首先协调德国控股上市公司，将定期报告时间调整至境内规定区间内，合理保护境内外投资者公平获知公司信息的权利。其次是充分利用信息披露窗口。目前内地与香港均开通了早、中、晚三个信息披露窗口，同时考虑与德国的时差问题，通过灵活安排披露窗口，基本可以满足同步披露的要求。

参加中国上市公司董秘俱乐部成立大会

二是多方协同，保证三地信息披露内容一致。例如，定期报告编制格式与内容，内地定期报告尤其是财务报告的编制与披露有严格的格式要求，必须按规定的格式要求进行编制。

但对德国上市公司来说，有些财务数据并不是按照内地披露格式分类的，这就使我们无法从控股子公司直接合并财务数据来获取准确的基础数据。为妥善解决上述问题，公司在中国内地、中国香港与德国建立了三地信息披露协调机制，定期召开专项调度会议，针对特殊问题，建立特殊处置预案，确保高质高效完成年报披露工作。经过这几年的运行，非常顺利。

第一个建议开通早间直通车。上面提到潍柴动力搭建的三地信息披露机制，也得益于交易所开通的早间直通车，它让我们化解了信息披露时间一致性面临的问题。说起这个，还有个小故事。当时重组完凯傲之后，我们面临着三地监管的复杂性问题，也是比较头疼的问题。

刚好那个时候深交所在江西南昌举行培训班，在交流讨论阶段，我就提出了跨国并购企业面临的一些问题，同时也提出了开通早间直通车的建议，希望所里能够给予考虑。所里对公司的支持力度很大，很快就开通了，大大便利了我们的日常信息披露工作。

挖掘资本市场价值服务产业运营。资本市场的观点新颖且具有创新性，投资者作为第三方能从宏观角度来审视公司经营，可以为公司未来的发展提供较好的建议。董事会秘书要加强对资本市场的研究，融合资本市场的观点，深刻理解，准确把握，为公司战略决策提供建议和支持。

例如，在潍柴动力战略重组凯傲集团和收购美国德马泰克之后，我们就业务布局与资本市场交流得比较多，最后就碰撞出了智能物流的概念，这就是资本市场给我们的资源与价值。

创新实施红筹公司分红选择权

来到中国重汽，我解决的第一个问题就是统一分红派息币种。

中国重汽是香港红筹上市公司套境内 A 股上市公司的结构，每年的分红派息采取两种币种分别分配：香港红筹股采用港币分红，公司需要换汇支付，存在汇率波动风险；A 股则采用人民币支付。为锁定汇率波动风险，同时兼顾股东诉求，创新性地实施了中国重汽香港红筹公司分红选择权，股东可以根据需要选择人民币或港币分红，这就兼顾了公司需求与股东利益。

工作剪影

董秘坚守的三条底线

作为一位"老"董秘,深谙董秘工作的责任与压力重大,尤其随着监管措施日趋严格,董秘更要提高风险防范意识,对公司负责,对股东负责,也对自己负责。我一直认为,一个合格的董秘,要守住三条底线:法律底线、监管底线、道德底线。法律是基础,是合规运作的根本保障,上市公司最基本的要求就是要规范运作,不弄虚作假,不扰乱资本市场;监管是上市公司良性发展的辅助力量,也是帮助上市公司不断实现高质量发展的坚强后盾,监管红线坚决不能碰;职业道德是对董秘个人的基本要求,现在董秘越来越职业化,职业经理人尤其要注重职业操守,这也是公司与个人信任关系的基础。

金鑫

金鑫，男，1972年生，湖南桑植人。从2015年开始任职张家界董事会秘书，2024年卸任。目前任职张家界旅游集团股份有限公司常务副总经理；系湖南省第十二届政协委员、致公党张家界市委会委员、湖南省旅游协会副会长、湖南省景区协会副会长、湖南省音乐家协会会员、湖南省旅游标准化技术委员会委员、湖南师范大学旅游管理专业（MTA）硕士研究生导师、吉首大学旅游管理学院（MTA）硕士研究生导师，对上市公司规范运作、资本营运业务娴熟，从事旅游行业30多年，拥有丰富的旅游管理经验。

金鑫：董秘十年，我已不是那只
拼命振翅、只能悬停的蜂鸟

  1992 年，我踏入旅游行业的大门，至今已过去三十二年；2003 年，我加入张家界旅游集团股份有限公司（以下简称"张旅集团"）。可以说，我将青春、热忱与爱，都毫无保留地献给了文旅行业，献给了张旅集团。从 2007 年的股份制改革，到之后的每一次重大改革与整合，我都亲身经历，见证了集团的成长与蜕变，也经历了职业生涯中无数的挑战。从一名普通员工到今天的常务副总裁兼董事会秘书，张旅集团对于我来说，早已不仅仅是一个工作单位，它承载了我太多的记忆与情感。

  有人问我，三十多年里，你究竟收获了什么？是职位的提升、财富的积累、能力的增强、见识的拓宽，还是团队的协作、人脉的拓展、管理经验的丰富？或是那些快乐的时光、加班的辛劳、身体的负荷、心灵的委屈？甚至疲惫的身躯与内心的感恩？面对这些提问，我常常无言以对，不知从何说起。

  然而，当我回首这些年走过的每一步，我发现自己从未后悔，也从未停下前进的脚步。我依旧深爱着我的工作，依旧相信每一份付出都有其价值。至于我得到了什么，也许那些答案并不需要用语言来回答。岁月的痕迹，生活的梦境，时光的印记，它们都悄然存在于风里、雨中、阳光下，就如同春雨般无声地滋润着万物，让生命蓬勃生长。

这篇文章，不仅是对过去岁月的回顾，更是对未来的展望。站在新的起点，我依旧心怀期待，怀着对未来的憧憬，坚信前方的天地更加广阔。

在我长达三十多年的职业生涯中，对我影响最大的是担任董事会秘书的这十年。在此之前，我像一只忙碌拍打翅膀、却只能原地悬停的蜂鸟。然而，在这至关重要的十年里，我仿佛脱胎换骨，成为一只展翅高飞的雄鹰，冲向更加广阔的天空。

2015年，我走到了职业生涯的十字路口，迎来了一次重大转型。这一年，我卸下了行政总监的职责，接任了副总裁并兼任董事会秘书，这个职位我至今已坚守十载。在中国传统文化中，"十年"常被视为一个具有深远意义的周期：十年树木、十年寒窗、十年磨一剑。对我而言，这十年不仅是时间的积淀，更是心灵的磨砺，是一段不断追求卓越、不断超越自我的修行。

认真做事，起步不等于冲刺

2015年7月，作为董事会秘书的我迎来了职业生涯中的一次重大挑战——接待多家机构的联合调研。董秘作为公司对外宣传的窗口，是公司质地的一面镜子。所以尽管我做了充分的准备,但面对可能出现的尖锐提问,心中仍难免紧张,怕被认定为不专业而影响公司形象。

必须轻装上阵。凭借多年讲解员的经验,我迅速调整心态,将这次调研视为一次展现自我、宣传张家界的绝佳机会。宣传工作我最擅长,于是我利用自己嗓音好的天赋,以及在家乡民歌文化熏陶下培养出来的歌唱与主持才能,在调研现场播放完张家界宣传片和展示幻灯片后,声情并茂地回答了所有问题,赢得了现场人员的热烈掌声。事后,多家证券机构的研究员给予了我高度的评价,称我为"张家界最好的形象代言人"。

张家界风景

我想说的是,事大于人。我们之所以会"用力过猛",很多时候是因为过于关注自我,过分计较个人的得失,这种过度的自我关注往往会导致我们的行为偏离原本的轨道。人的心智容量是有限的,当你把注意力过多地放在对结果的担忧上的时候，自然就无法专注于做事的过程了。所以，学会放下自我，不要总是纠结于个人的得失，而是要全身心地投入到追求目标的过程中，享受这个过程本身带来的乐趣和成长。

定向增发，千锤百炼

经过在张旅集团多年的深耕，凭借丰富的行政和运营经验，我对公司的行业状况、发展战略和业务运作有了深刻的洞察。在加强市场研究、拓展融资渠道、培养战略合作伙伴方面，我也逐渐游刃有余。

然而，真正让我完全融入董事会秘书这一角色的，是大庸古城项目的定向增发经历。在这一过程中，我深刻感受到了董事会秘书职责的重大。从预案的披露到路演推介，从与投资者的沟通到募集资金的过程，历时一年零三个多月，每一步都充满了挑战和艰辛。我们频繁地穿梭于上海、杭州、北京、深圳等各大城市之间，经常是深夜返回张家界市，第二天又奔赴"战场"，那一年里我仿佛成了"空中飞人"，家也成了最奢侈的酒店。在不停的沟通和说服中，我们赢得了投资者的信任；在团队遇到困难时，我冷静处理了各种棘手的内部问题。我已记不清有多少次晚上一两点时，我因航班延误而在机场无尽地等待。这样的奔波，除了体力的消耗，对精神的考验也是巨大的。特别是发行首日，我们募集到的资金只有 4 亿元，与预计的 12 亿元相差甚远。当日，我们马不停蹄地奔波于各大城市，积极争取意向投资人的投资。斯宾塞·约翰逊曾说:生活中唯一不变的就是变化本身。我能做的唯有:为已知做好计划,为未知做好准备。

虽然最终募资额只有 8.39 亿元,未达预期,但我个人的成长却远超预期。这段经历让我变得更加成熟和坚韧,我学会了在困境中寻找机遇,在挑战中不断进步与成长。那一年多的时间里,我"飞出"了张南航金卡,还得到一个意外的收获,那数不清的机场候机厅竟培养了我的阅读习惯。现在即便是工作行程很满,我也依旧会利用碎片化时间阅读,我相信,不论走到哪里,不论身处何种环境,保持学习的心态,都是对自己最好的投资。每个人都在被自己的过去塑造,然后一步步走向未来。

有些贵人会以特殊方式出场

每个人出现在你的生命里,都有他特殊的意义。也许只是一面之缘,也许是长久陪伴,终会有意或无意地让你顿悟。所有的关系都是来修炼我们,让我们成为当下的自己。

我与中国对外经济贸易信托有限公司资产事业部总经理姚潇瀛先生的情谊始于 2017 年 6 月,一场围绕大庸古城定增项目的投资者交流会成为我们命运交织的起点。姚总带着一份独特的情感参与了这次活动——他携带着母亲的遗像,只为让未能亲临其境的母亲以另一种方式感受张家界的美。其情之真,犹如山间细流,纯净而震撼人心。

在那次交流会上，我以歌声为媒，情感真挚地演唱了《马桑树上搭灯台》与《梦中的妈妈》两首歌曲。在演唱之前，姚总的一个细微举动，让整个会场静默——他轻声请求稍等，随后从背包中缓缓取出母亲的遗像，轻声细语道："让我妈妈也听听。"这一幕，瞬间触动了所有人的心弦。泪水，在这一刻成为共情的桥梁，它或许是大家对姚总孝心的崇高敬意，是每个人内心深处对亲情的共鸣，抑或是对自己因忙碌而忽视家庭生活的深深自省。

这段经历，如同一束光照在了我身上。它教会我，生活应当从生命的高度去审视。于是，我开始在生活中做减法，聚焦那些真正重要的人和事，更加重视健康与亲情，无论工作多么繁忙，我都会腾出时间回到老家，陪伴年迈的母亲。

我也深刻体会到,从结局的角度去规划和开展工作的重要性。这种认识帮助我拉长时间的轴线,从大局出发,更好地理解行业趋势,预测市场变化,为公司制定出更稳健的发展计划。在信息披露、投资者关系管理、公司治理结构优化等具体工作中,我始终秉持着结果导向的严谨态度,确保每一项决策都能为公司的长远发展奠定坚实的基础,最大化地保护股东与投资者的利益,让公司的每一步都走得更加坚实、更加长远。

换位思考,尊重不同

作为公司董事会秘书,我深知自身肩负着搭建公司与外界沟通桥梁的重任,其中信息披露作为"内功"核心,确保公司治理的透明度与财务数据的真实性,为企业的稳健前行奠定基石。而营销工作,作为企业的"外功"展现,则是品牌塑造、市场拓展与业绩增长的关键驱动力,两者相辅相成,共同推动企业迈向繁荣。

我始终将营销视为企业战略不可或缺的一环,积极投身于各类宣传活动的策划与执行之中,年均策划并执行营销活动几十场,力求在激烈的市场竞争中为公司赢得先机。其中,2020年《星光大道》云录制项目的成功落地,尤其令我难忘。面对疫情带来的挑战,我敏锐捕捉机遇,与团队及当地媒体紧密合作,成功将宝峰湖景区打造为《星光大道》全国首个户外分会场,这一创举不仅展现了我们的创新能力与执行力，更为公司品牌带来了前所未有的国际曝光度。

参加第五届"董秘好助手"评选会致辞

然而，项目虽获成功，却未得到领导应有的认可，反被误解为"个人英雄主义"的展现。初时这一经历令我倍感委屈与不解，但随后我深刻反思，意识到在复杂的企业环境中，每个人基于不同角色与视角，对同一事物的理解往往存在偏差。正如盲人摸象，每个人所触及的仅是真相的一部分，而全面的理解需要综合多方视角。

领导的关注点可能更多地聚焦于企业的实际运营成果与直接效益，这并无不妥，毕竟企业的最终目标在于实现可持续的发展与盈利。而我，则需学会换位思考，理解并尊重领导的立场与考量，同时，以更加开放和包容的心态，展现自己的工作成果与价值，寻求共识与理解。

每个人都有自己的立场,人的傲慢就在于,总以为看到的世界,是所有人都在面临的处境。人与人之间的矛盾,很多时候就是这样产生的。所以,懂得"换位"思考,才是解决矛盾最高明、最有效的方法。

先完成,再完美

如果你想做一件事,请马上就开始,不要等待。完成比完美更重要,有时候打败你的不是生活和磨难,而是"再等等"。

在外人眼里,我或许是一位领导者,但在我心底,我更愿意将自己视作一个引领者,肩负着带领团队、服务大家的责任。我深知,要在董事会秘书这个行业站稳脚跟,唯有不断学习、不断进步、不断自我提升。因此,我以一种近乎饥渴的状态投入到专业知识的学习中,我给自己列了份长长的书单,订阅了很多权威的行业刊物,积极参加各类培训,深入研究法律法规与财务知识,广泛与同行交流,甚至攻读中南大学的 EMBA,努力在董事会秘书这条道路上走得更稳、更远。

选择 EMBA,是一场对自我的深度挑战。面对工作与学业的双重压力,尤其是在交通不便、时间成本高昂的情况下,我内心曾无数次挣扎与犹豫。但正是那份源自职业责任感的深沉驱动力,让我毅然决然地走出舒适区,迈向未知与挑战。我深知,唯有敢于拥抱困难,将艰难之路踏成坦途,方能在职场的棋盘上,自主布局,从容落子。

EMBA 的三年，是汗水与泪水交织的三年。非科班出身的我，在金融与法律的海洋里奋力遨游，每一堂课都是一次认知的刷新，每一次思考都是对自我极限的突破。尽管压力如影随形，失眠成为常态，但正是这些不易，铸就了今日的我。回望来路，我感激那些曾经的坚持与努力，它们不仅为我的知识体系筑起了坚实的基石，更拓宽了我的思维边界，让我有幸结识众多志同道合的精英，共同前行。

在《撒野》中有一段话我特别认同："人就是这样的，想来想去，犹豫来犹豫去，觉得自己没有准备好，勇气没攒够。其实只要迈出了那一步，就会发现所有的一切早就准备好了。"所以，犹豫一万次，不如实践一次。很多事情总是困于想而破于行，降低焦虑最好的办法，就是立即行动。

身份是外物，脚踏实地做自己才是正途

被选为湖南省第十二届政协委员，是我一生的荣耀。这不仅仅是因为我获得了一个新的身份，更因为我获得了一个强有力的发声平台，可以为我的家乡、为我所热爱的旅游业建言献策，贡献我的力量。回想起通过政协云提出的关于"持续稳定旅游从业者队伍"的微建议被转达至省长邮箱的那一刻，我依然心潮澎湃。那一刻，我深切体会到"参政议政、建言献策"不仅仅是一句响亮的口号，而是切实成为连接政府与民众、推动问题解决的重要桥梁。这份力量让我激动不已，也更加坚定了

我为湖南文旅事业贡献力量的决心。

为了这一目标,我牵头成立了湖南省智慧文旅政协委员工作室,凝聚了旅游行业的智慧和力量。在这里,我们共同解读国家政策,针对文旅业的热点问题进行深入探讨,孕育出无数创新的想法和"金点子"。我凭借在文化旅游领域的丰富经验,跨越区域和界别的限制,与粤港澳等地紧密合作,有效整合资源,为湖南旅游业的和谐、健康、快速发展注入了新的活力。

在履职过程中,我深入调研,精心准备,提出了多项旨在稳定旅游从业者队伍、促进产业高质量发展的政策建议。其中,《创品牌、抓融合,加快建设世界知名旅游目的地》的提案,在省政协十二届五次会议上作为大会发言材料,不仅赢得了广泛赞誉与共鸣,更为湖南文旅产业的转型升级提供了思路。

这份对家乡的深情、对文旅事业的热爱,以及对社会责任的坚守,填满了我的政协答卷,也让我有幸荣获政协湖南省第十二届委员会优秀委员的称号。如今,政协委员的身份已卸,但那份致力于湖南旅游业高质量发展的责任与使命,已深深铭刻在我心中,成为我毕生的追求。

这一路走来,社会赋予了我多重身份——张旅集团的常务副总裁、董事会秘书,湖南省第十二届政协委员、湖南省旅游协会和湖南省旅游景区协会的副会长,等等。每个身份都承载着不平凡的使命和沉甸甸的责任。然而,在这些角色背后,我始终认为最核心的角色是做一个真实的自己。

我们的国家如同一台庞大的机器,由众多的制度和规则所驱动，稳固而可靠。但正是一个个鲜活的个体，赋予了这台机器生命和活力。不论我身处何种职位，我都坚持找准自己的定位，坚守真诚与实干的原则，不说无用的空话，不讲虚假的套话，始终坚持脚踏实地，用实际行动履行每一份职责。因为我相信，只有真诚和努力，才能为社会带来积极的变化，才能在任何岗位上发光发热。

词不达意的我们，唯有唱歌能诉衷肠

在白石这个被群山环抱的偏僻小村落里，我自幼便与民歌结下了不解之缘。土家族的血液中流淌着对歌唱的炽热，而我，仿佛被命运之手轻轻点拨，被赋予了一副能够触动人心弦的好嗓子。这份天赋，让我在平凡之中找到了独特的光芒，成为许多人眼中"最会唱歌的董秘"。

我的舅舅是村里著名的民歌艺术家，我的母亲也以她的歌声闻名。在这样的艺术氛围中成长，我对民歌有着深厚的情感。我的声音深沉而富有磁性，仿佛天生就是为了演绎民歌。民歌成为我表达自我、与世界沟通的桥梁。它赋予我的声音以故事、情感，以及触动人心的力量。职业生涯中，民歌成为我最坚实的后盾。在各种活动和场合中，我总能凭借对民歌的深刻理解和巧妙运用，打破沉默，营造轻松愉快的氛围，拉近与客户的距离。

记得有一次，我参与接待了国家开发银行某领导一行。一登上旅游车，我便注意到他面无笑容，神情颇为严肃。我心中迅速盘算着如何打破这沉闷的气氛，让氛围活跃起来。我挑选了趣味横生的《四季花儿开》来教大家唱。在男女两队的一唱一和中，车上的气氛变得更加热烈，大家不自觉地分成了男女两队，歌声和笑声此起彼伏，之前的拘谨和沉闷一扫而空，我们的话题渐渐多了起来，彼此的距离迅速拉近，像是老朋友一般畅所欲言。

唱民歌，我发现这是一件极其庄重而美妙的事。在言语无法抵达的角落，歌声成了我的传达者。当语言的力量达到极限，音乐便翩翩起舞，它能够跨越语言的边界，触及那些最为细腻的情感。音乐总是以其美好感染人心，它不仅沉淀着力量，更让我们满怀希望地期盼着每一个崭新的日出。

人们常向我探询歌唱的技巧，而我深信，情感的表达与传递是歌手最为卓越的技艺。我唱民歌，不仅仅是在演唱，而是在大声地向这片孕育我的土地表达我深沉的爱意。每一首民歌，都是我对脚下这片土地的深情告白，是对生活在这片土地上的人们的赞美和敬爱。

日甚一日，步步生花

辛勤耕耘，终得累累硕果。作为董事会秘书，我秉持以投资者为中心的理念，通过强化信息披露与沟通机制，赢得了投资者的信任与好评；我与投资者之间，已超越了简单的商业合作关系,建立起基于相互尊重与信任的深厚友谊,公司也连续多年获信息披露评优。同时,我致力于优化"三会"治理,提升决策效率与科学性,确保公司规范运作与透明化管理,为公司的稳健发展与持续壮大奠定了坚实基础。

我有幸连续荣获"新财富金牌董秘"称号,从第十三届到第十七届,连续五届获此殊荣,并荣登新财富第十八届金牌董秘"名人堂",享有"金牌董秘"的终身荣誉。从2016年至2020年,我连续五年被评选为湖南上市公司"优秀董事会秘书",成为湖南上市公司"优秀董秘名人堂"成员。这些荣誉不仅是对我专业能力和敬业精神的高度认可,也是对我未来工作的极大激励和鞭策。

以最初的心,走最远的路

十年光阴,犹如浩荡江水东流不息,带走了青春的青涩与稚嫩,却在其深邃的河床中积淀了厚重的经验与不可动摇的信念。稻盛和夫说:"真正的成功不在于得到多少钱,而在于你是否让自己变得更加出色。"回首过往,每一步都如同雕琢玉石般细腻,每一次挑战都是对自我的磨砺。我可以自豪地说,我走在了成功的道路上。正如春风化雨般滋润大地,这些年的积累,早已在我心中生根发芽,结出了智慧与坚韧的果实。

感恩旧友的陪伴,感谢贵人的扶持,更庆幸有良师的指引。我已经不再是当年那只拼命振翅却只能原地悬停的蜂鸟。站在职业生涯的又一重要节点，眼前是无数待绘的蓝图，它们如同群山之后未露真容的秘境，静待我去探索、去征服。工作难免疲惫，但疲惫难道不是人生的一部分吗？岁月流转，我的初心从未改变；无论前路多远，我都将以饱满的热情、成熟的智慧和无畏的姿态迎接每一个新的挑战。正如曾国藩所言："困时切莫间断，熬过此关，便可少进。"我坚信，未来将会是更加广阔的舞台，而我与团队必将以无畏的姿态，在这片天地间书写属于我们的壮丽篇章，让文旅之光更加璀璨夺目！

马宁

马宁，男，1962年生，中共党员，山东籍。资深董秘，历任南方摩托股份有限公司董事会秘书、湖南投资集团股份有限公司董事会秘书，先后成功主导南方摩托股份有限公司1997年IPO及1999年配股、湖南投资集团股份有限公司2001年增发新股和2006年的股权分置改革，充分展现了卓越的资本运作能力。

马宁：从南方摩托到湖南投资

——我的二十年董秘生涯

日月如梭，时光荏苒。我的董秘生涯已二十年有余。

时代洪流滚滚，百年泥爪留痕少。个人在时代面前是微末尘埃，时代却影响、左右着芸芸众生的喜怒哀乐。回看这二十余年的职业生涯，我从老东家南方摩托出发，一路学习、成长，转战湖南投资，不断沉淀、成熟，虽不是历史的推动者，却见证了两家公司的许多历史时刻，倾听了许多投资者的人生悲喜，亲历了中国股市的风起云涌，二十年如一日地坚守董秘岗位，切实履行上市公司与监管部门、与广大投资人之间的沟通职责，当好上市公司的发言人、监管要求的执行人、广大投资者的知心人。我担任两家上市公司董秘期间，没有发生过一起信息披露事故，两家上市公司均严格按照上市公司规范运作，正常开展各项工作，这也算是对我二十余年从业生涯的最好肯定吧。

IPO：困难面前总会找到办法

航空材料腐蚀与防护专业毕业、出身工科的我，大学毕业后被分配到中国南方航空动力机械公司，从事技术管理工作。机缘巧合，1997年，我参与到由中国南方航空动力机械公司作为独家发起人的南方摩托股份有限公司（证券简称：南方摩托；证券代码：000738）IPO项目组，也由此开始了长达二十余年的董秘生涯。

1997年注定是一个令人难忘的年份。这一年，香港回归、邓小平逝世，世界瞩目的两件大事，一大喜、一大悲，而中国股市过山车式的大起大落，则直接决定了无数投资人的悲欢。彼时IPO准入制度实行审批制，采取的是额度管理，先由国务院证券主管部门确定一定时期内发行上市的企业家数，然后向省级政府、各部委和行业主管部门下达上市额度指标。定价制度则实行行政定价，由证券监管机构定价，而不是现今的询价制度。

中国航空工业总公司首批有两家下属公司申请股份制改造，一家是我所在公司南方摩托，另一家为西飞国际。当时批复给南方摩托的是8 500万股额度，我们必须在这个额度范围内制定上市方案。当时的发行审核主要是行政审批，我们的方案需先经中国航空工业总公司批准，后报国有资产管理部门进行资产评估，确认后发文，再报证券主管部门审批，其间涉及大量的协调工作。为了确保 IPO 少走弯路，顺利通过，就要做到既对审批流程熟悉，又与各部委保持密切联系，还要掌握高超的沟通技巧。我记忆中，整个上市过程主要涉及三大难点。

第一是公司改制。由于南方摩托前身为大型国企，属于"一五"期间 156 个国家重点支持的项目之一，要实现从国企改制成股份制企业，有大量的工作要做：一是资产剥离、整合，因为企业体量大、行业种类多，资产剥离涉及三个方面，即军工资产和民用资产剥离、经营性资产和非经营性资产剥离、主业资产和辅业资产剥离；二是随着资产的剥离，相应财务要进行调整和优化；三是人员的安置；四是与控股股东相关服务关系的确定；等等。这着实是一项庞大的系统工程。我们只能一方面抓紧熟悉与改制相关的法律法规，一方面结合企业实际情况，统筹考虑制定切实可行的改制方案，同时在会计、评估、法律等中介机构的配合下，加紧组织方案的实施。"白＋黑""5＋2"的工作模式是家常便饭。

第二是国有资产评估的确认。因为实行的是审批制，我们的改制方案先后要报中国航空工业总公司、国有资产管理部门等相关单位审核和批准。由于当时国企改制上市尚处于初始阶段，为确保国有资产的保值增值，国家对大型国企的资产评估和最终批准管控非常严格，要求企业的改制方案中关于国有资产的作价必须严格按照法律法规执行。为兼顾法律法规和企业实际，使企业资产评估结果得到确认，我在北京待了近两个月，与国有资产评估确认部门沟通了不下十次，一面向审核人员做好请示汇报，一面组织评估机构根据反馈意见认真整改和完善。白天汇报沟通，晚上通宵整改，我们已司空见惯。

第三是发行审核。发行方案最终需证监部门审核批准。要使发行真正获得成功，既要保证企业在财务和法律等方面符合上市的所有要求，又要尽可能多地募集到企业所需要的发展资金。由于当时发行数量是既定的，要想募集更多资金，只能通过提高由证监部门最终批准的发行价格来实现。为此，我们一方面向证监部门积极陈述企业对资金需求的可行性和紧迫性，另一方面组织承销商进行了大量的市场调研，最终确定了市场接受、监管部门认可的发行价格，实现了市场和企业的双赢。

通过我们的不懈努力，南方摩托于 1997 年 6 月 26 日在深交所正式挂牌上市交易。这也带给我一个信念：困难面前总会找到办法解决！南方摩托 IPO 成功了，我个人也构建起了一个涵盖财务、证券、法律、公共关系管理、金融等方方面面的知识体系，为今后的董秘职业生涯奠定了坚实基础。

2007 年 11 月 12 日，公司办公室留影

2001 年，中国入世。A

股市场仿佛打开了新窗口,国内掀起了股市大讨论:中国股市究竟向何处去? 是年年初,我离开南方摩托,就职于湖南投资集团股份有限公司(证券简称:湖南投资;证券代码:000548)。适逢湖南投资增发新股项目开展,我迅速投入其中,带领团队有条不紊地开展增发路演及信息披露等工作,从业经验得到了进一步的积累。

二十年董秘:可信可靠可亲

董秘,一个称呼,两大目标,三重职责。

二十余年里,我始终致力于落实监管部门的监管要求,严格把关信息披露,着力促进上市公司规范运作,做好投资者关系管理,在三重职能间无缝切换,致力于做到"三可",为上市公司规范运作做出了自己的贡献。

作为信息披露的把关人,要做到可信。我深感要当好新闻发言人,必须十分严谨、万分当心,一字一句都不能马虎。在信息披露之前,要准确解读监管要求,要精准把握公司动态,要确保所披露信息既符合信披要求,又真实、客观传递公司的经营讯息,以便投资者及时、准确掌握公司的经营状况。

作为监管要求的执行人,要做到可靠。我深知市场瞬息万变,要跟上监管要求的步伐,就必须不断学习,持续学习,全面学习,深入思考,既要从纵向上及时掌握监管动态,实时跟踪国际国内时政信息,又要在横向上密切关注同类型同行业公司的动态、经营状况，并做好搜集分析，还要不断拓宽思路、创新思维和方法，为董事会提供决策参考。

作为公司形象的展示人，要做到可亲。我深知，董秘作为上市公司与投资者之间的桥梁，个人形象关乎公司形象，言谈举止传递企业文化，一言一行都应谨慎。在与投资者的沟通交流中，既要给予投资者充分的尊重，认真解答投资者疑惑；又要体察投资者的所思所想，善于共情，建立良好的互信互动关系；更要恪守职业道德，把握分寸，严守公司秘密。

二十年晨跑：已融进我的血液

二十余年的董秘生涯里，我的办公室里永远存放着一只行李箱，方便我随时出差；我的办公桌上永远摆放着一本笔记本，以便我随时记录重要信息；我的着装永远是"衬衣＋西装"，便于我随时接待来访。如果说这些是作为一名董秘最基本的职业要求，那么，伴随着二十年董秘生涯的、持续了二十年的晨跑，则是我对自己从业的另一项要求。

正如村上春树在《当我谈跑步时我谈些什么》中所说的那样："在跑步时不需要交谈，说话，只需眺望风光，凝视自己便可。这是任何东西都无法替代的宝贵时刻。"如果说一开始，跑步只是我因为工作长期缺乏适度锻炼导致身体机能下降的不得已而为之，那么持续了二十年以后，跑步则已经成为融入我血液的一部分，一种对自律人生的追求和承诺，既让我在奔跑中获得了健康的体魄、清醒的头脑，又让我在独处时检视了自身，并让我可以提早一个小时到达办公室着手工作。

　　"天下难事必作于易，天下大事必作于细。"二十年里，必定经过风雨，见过彩虹，然而当我坐下来仔细回想，竟发现印象最深刻的反而是一句一句审文字、一个一个核数据、一条一条读新闻的场景。

　　也许，这就是我们全体董秘人的必经之路。

李卜海

　　李卜海，男，河北籍，1965年3月生，高级经济师。2000年4月起，历任邯郸钢铁（600001）董事会秘书、副总经理等职务，参与组织了邯郸钢铁的首发上市、配股、发行可转换债券、股权分置改革等资本运作事项；2010年4月至2023年3月，任河钢股份（000709）董事会秘书、资本运营部总经理等，参与组织了河北钢铁所辖三家上市公司跨沪深两个交易所的合并、增发、发行公司债等资本运作事项。

李卜海：钢铁业的一次重大重组

——跨沪深交易所上市公司合并

我在上市公司做董秘至今已有二十多年了。这期间，从沪市的邯郸钢铁（600001）到今天的河钢股份（000709），一路走来，我经历过多次的再融资、股权分置改革、回购等资本运作。回首向来萧瑟处，也无风雨也无晴。但印象最深刻的还是参与组织资本市场首次跨沪深交易所上市公司的重大合并。

2008年6月，河钢集团成立后，为整合钢铁主业、减少同业竞争，对下属唐钢股份、邯郸钢铁、承德钒钛三家上市公司启动整合重组。

一个集团下面公司的整合重组貌似简单，其实不然，因为三家都是独立的上市法人主体，不仅要保证各家公司生产经营的正常开展，还要顾及多方的利益诉求，涉及采购、销售、贷款等与客户、利益相关者的业务，关系的沟通，合同主体的变更，职工身份的转换，资产的过户，税费的缴纳，等等。更主要的是，由于三家公司分别在沪深两个交易所上市（唐钢股份在深交所上市,邯郸钢铁、承德钒钛在上交所上市),且两市的上市及登记规则、数据互通上有一定不同,三家公司盈利水平、资产质量、股价高低不一,股东股份的转换,涉及上百万股东的切身利益,一旦方案不被认可或股份转换出现问题,不仅整合工作无法进行,而且会影响资本市场和社会的稳定。

经与券商、律师、政府相关机构、沪深交易所反复论证沟通,我对问题一一进行梳理,最后从合理性、合规性、可行性等方面分别拟定出解决措施。

与股东有效沟通促成换股吸收方案

初步整合的方案设计,拟由唐钢股份以换股方式吸收合并邯郸钢铁和承德钒钛。考虑到三家公司的历史、影响及职工感受等因素,整合后公司改名为河北钢铁,原邯郸钢铁和承德钒钛退市注销后分别设立分公司。

由于三家公司股价、净资产高低不一,盈利水平、产品装备档次参差不齐等因素影响,三家公司的股东意见各异,有些甚至反应比较激烈。初步的沟通中,三家均有半数以上的反对意见。随后几个月中,一方面由集团领导和三家公司的负责人组成路演小组,分几轮对上百家机构和法人股东进行走访沟通,或通过路演推介会、电话、网络等其他形式进行沟通,听取其意见和反映;另一方面不断完善整合方案,介绍整合后公司在采销渠道和客户资源、定价权、话语权、科技研发水平等方面都将更有优势，以取得股东的理解和支持。

从持反对意见的投资者的反馈来看，他们主要是希望集团可以增加业绩承诺、提高换股对价、同步注入优良的主业资产，增强整合方案的吸引力，等等。

云南罗平留影

对于后续注入主业资产，集团成立后，即明确了对钢铁主业资产进行统一管控的整合目标，集团的改革发展方向与股东的想法非常契合。因此，集团做出了在符合证监会资产注入条件的情况下，在一定时间内注入上市公司的承诺。

对于提高换股对价，提高一方的对价势必会造成对其他两家股东的利益损害，集团经过反复测算评估，以停牌时的股价为基础，参照三家的盈利能力、发展后劲等因素，确定了适当的换股比例，取得了股东的理解。

对于股东们提出的其他问题，根据本次重组的进展和公司的实际情况，经过利弊分析，集团做出了一定的承诺，解决了部分投资者的担心，取得了他们的理解和支持。同时，集团也准备了预案，如在换股吸收合并完成后的一定时间内，以一定的资金在市场上增持或向投赞成票的股东提供二次现金选择权等措施，以保持股价的相对稳定，维护和平衡各方股东的利益。

经过艰苦的努力工作，在 2009 年 6 月 26 日召开的三家股东大会上，三家公司分别以 97％、91％和 87％的赞成率通过了换股吸收合并方案。

周密方案力推合并上市成功

换股方案确定后，在证监会的指导下，集团与沪深交易所、登记公司等就换股程序、技术方案、各类股东的处理、回购请求权/现金选择权、股东身份不匹配、只有一方账户、在不同券商有多个账户、第一次未转换成功的补登记方式、程序等进行了反复的论证和修改，对可能存在的问题制订了预案。证监会领导听取了几次汇报，深交所公司部领导多次组织券商、中登公司沪深分公司进行了深入细致的研讨，对可能存在的问题准备了应对措施，并组织券商对股份转换进行了测试，对存在的问题采取了相应的改善措施。

三家公司的换股吸收合并，在内部还涉及资产的交割过户、债权债务和生产经营业务的有效衔接、员工身份转换、社保

黄山留影

的接续等诸多问题。

对于标的资产中无须办理备案、登记或者过户手续的，可自交割日起转移至本公司；对于标的资产中需要办理相关备案、登记或者过户手续的，请河北省政府及有关厅局协调几个地方的政府部门，设立专人办理，特事特办。

债权债务和业务的衔接，以电话、邮件、专函通知、公告等方式联系债权人、供应商、用户、金融机构等利益相关者，并通知各客户及网点、代理商、供应商等业务关系人，以保证公司对转让业务的顺利承接。

整合方案于 2009 年 12 月 9 日获得证监会批准后实施时，一次换股率达 94.2%，为公司登记注册和上市交易打下了良好基础。经过近一年半的紧张工作，在证监会、交易所及地方各级政府的大力支持下，集团上下共同努力，三家上市公司的整合工作顺利完成。2010年1月25日，河北钢铁上市交易。本项目的完成为今后中国证券市场跨交易所上市公司合并业务开展乃至两地交易所合并的数据系统对接奠定了基础，对于推动我国上市公司并购重组具有重大而深远的意义。

在多年的董秘职业生涯中，能够亲自参与、见证这样可遇不可求的重大事件，我感到非常的幸运和自豪！

朱庆华

　　朱庆华，男，1962年7月生，中共党员，汉族，河南省平舆县人。2001年以来担任主板上市公司董秘达23年，先后在许继电气股份有限公司担任证券部首任负责人和证券事务代表，福州天宇电气股份有限公司党委副书记、董事、董秘，山西美锦能源股份有限公司董事、董秘、副总经理。助力所在上市公司在资本市场融资达200多亿元，为上市公司创新发展做出重要贡献。

朱庆华:从许继电气到美锦能源

——不断创新的上市发展之路

　　1982年,我大学毕业后分配到国有大型骨干企业——许昌继电器厂工作,主要从事企业计划、统计、考核、策划、重组等专业管理工作。1993年,我被企业选中参与企业重组改制工作。在原企业的基础上,按公司法要求,重组改制设立了许继电气股份有限公司(简称"许继电气"),并设计增加了一定比例的内部职工持股,主要是用以增强职工的向心力和凝聚力。许昌继电器厂的重组改制是混合所有制的有益尝试,由此公司构建了现代企业管理制度。

　　1996年,随着企业改革逐步深化,资本市场日渐成熟壮大。我在企业改革上深耕多年,对企业上市有了深刻的认识。1996年年末,为加快公司发展,经过审时度势,深思熟虑,我向公司董事会上书,详细分析了企业上市的重要作用和深远意义,建议公司启动IPO。公司董事长高度重视,组织人员认真分析论证后,决定成立公司上市办公室,负责公司申请首发上市的相关工作,抽调我任上市办秘书,由此,公司 IPO 相关工作紧锣密鼓地全面展开。

许继电气是一家大型国企,其技术先进、管理严格、财务规范、锐意改革、成效斐然,是国企的一面旗帜,申请 IPO 时具有较大优势。当年,证券发行实行的是"总量控制,限报家数"的办法,地方政府先初审,再报监管机构复审,复审通过后发行股票。当年,河南省有 20—30 家大中型优质企业在排队竞争,许继电气由于申请较晚,排在了最后一位。省里拟选择 4 家企业发行上市,由于竞争激烈难以平衡,就提出了"三个第一"的办法,即第一个上报材料第一个初审,第一个初审通过的第一个推荐,第一个复审通过的第一个发行。我配合公司董事长统筹安排,分工合作,在地方政府的大力支持帮助下,全体工作人员齐心协力,夜以继日,艰苦奋战,我们终于后来居上,第一个上报了合格的申请材料,并顺利通过初审和复审。

许继电气从筹划上市到拿到证监会批文,前后不到 100 天时间,在资本市场上也算是创造了一个奇迹,我因此担任了证券部首任负责人。许继电气 IPO 成功后,首次在资本市场上募集了 4 亿多元,后又进行配股和定向增发再融资,到 2023 年,许继电气市值近 200 亿元,其间市值增长了数十倍。

收购 A 股上市公司不平坦

2001 年,作为管理团队的重要成员,我参与了许继集团收购 A 股上市公司——福州天宇电气股份有限公司（简称"天宇电气"）的工作。天宇电气是福州市的大型国有企业，是由福州第一开关厂、福州第二开关厂和福州变压器厂三个优质企业合并重组而成的，由于管理不善，出现了巨额亏损。福州市政府决定通过公开竞价方式转让天宇电气的控股权，旨在选择国内知名企业加强天宇电气的经营管理，促进企业发展。许继集团凭借自身的技术管理优势，一举中标。许继集团入主天宇电气后，我担任天宇电气的董事和董秘，并担任公司党委副书记兼纪委书记。我与公司新的董事会和管理团队一起对天宇电气公司进行治理整顿、改革，在推进劳动人事分配制度改革时，由于操之过急，加上两地文化差异，发生了罢工风波。公司采取对话、劝解等措施，但收效甚微。关键时刻，党组织的作用体现了。公司召开党员大会，要求全体党员参加。骨干会、干部会等组织不起来，但党员大会党员都参加了，这充分体现了党员的政治站位和党性原则。广大党员自觉遵守党的决议，带头组织和参与复工复产，从而及时恢复了正常生产经营秩序。在公司董事会和管理层的正确领导下，经过全体员工的艰苦努力，天宇电气第二年就实现了转亏为盈，走上了健康发展之路。在天宇电气工作期间，我敏锐地发现天宇电气地处繁华市区，区位优越，但所使用的 200 多亩土地不是天宇电气的，且市政府已规划为金融用地，天宇电气迟早要拆迁，这是一个很大的隐患。我及时向公司董事会建议，收购公司所用土地，为此说服了公司董事会和集团主要领导，并争取福州市政府常务会议同意，按当时的评估价格 6 000 多万元收购下来,后来公司搬迁了,此地改为金融用地,土地收益达数十亿元,增值几十倍,为公司后续改扩建和改革发展做出了特殊贡献。

再被收购聚焦新质生产力

2004 年,改革进入深水区,以煤焦气化传统能源为主业的美锦集团,是山西省大型民营骨干企业,秉承诚信、实干、人本、创新的理念,在行业内声名鹊起。美锦集团在发展成为行业龙头时,高瞻远瞩,居安思危,深刻认识到了民营企业在改革发展中的短板,登陆资本市场是必由之路,借壳上市的想法油然而生,经过广泛调研和深入洽谈,收购了天宇电气。我作为天宇电气的董事会秘书,参与了公司被收购全过程。2007 年完成了重大资产置换和股权分置改革,天宇电气华丽转身,主业转型为能源产业,并更名为山西美锦能源股份有限公司(简称"美锦能源")。在收购和转型过程中,大股东盛邀我留任美锦能源董秘。我严格按照上市公司的规范要求,招聘和培训证券业务和资本运营方面的人才,补充完善和落实各种规章制度,组织建立内控制度和流程,加强信息披露业务管理,保证和提升信息披露质量,组织做好"三会"运作和与各专门委员会的对接,加强投资者关系和媒体关系管理,与监管部门进行工作联系和沟通,确保公司高效规范运行。由于原上市公司资产规模所限,置入上市公司的只是美锦集团的一条焦炭生产线,大量的焦炭资产和煤炭资产还在上市公司体外，存在着"大马拉小车"的现象。为彻底解决同业竞争问题和规范关联交易，必须进行重大资产重组。于是，我与财务总监密切配合董事长，组织进行方案设计，进行标的资产债务摸底、标的项目优选、标的资产整合重组等工作。按照系统工程进行梳理，统筹安排；按照目标管理方式，分解落实，分工负责，关键环节重点去抓，一举解决了资产确权、土地手续、环评等问题。

经过长时间的筹划和落实，2013 年美锦能源启动了重大资产重组，经过坚持不懈的努力，于 2015 年 6 月获得了中国证监会审核批准。由此，美锦能源在市场低迷的艰难时期，获得价值近 200 亿元的增发股份和近 25 亿元的现金，从而渡过了难关，站稳了脚跟，壮大了实力，提升了公司核心竞争力。美锦能

参加仪式

源在发展传统能源产业的同时,转型发展新质生产力。2017年,公司在多方调研论证的基础上,选择与现有主业有协同的氢能产业作为突破口,在氢能产业上游、中游和下游等进行全产业布局,引进行业内的顶级人才,瞄准世界先进技术,实现弯道超车,迅速发展成为氢能行业的头部企业,实现了传统能源和氢能产业双轮驱动,协同发展,成效显著,市值增加几十倍甚至上百倍。我也先后荣获"优秀董秘""金牛董秘""最具创新力董秘""金牌董秘"等称号。

董秘的六大"锦囊法宝"

我在二十多年的董秘生涯中,对上市公司董秘的职位深有体会和感悟。我认为:上市公司董秘责任重大,是公司治理层和管理层之间的润滑剂,是公司与监管机构、中介、媒体联系沟通的桥梁,是公司与投资者交流沟通的窗口,是公司上下信息传送的纽带。有效发挥董秘的作用,是推动公司规范高效运行的重要抓手。同时,作为董秘,我认为应具备以下六种能力。

政治能力

政治能力至关重要,政治站位、爱党爱国、信仰坚定、遵纪守法、规范运行、品质高尚等都是政治能力的表现。上市公司是公众公司,应该建立健全党的组织。董秘在实际工作中,要注重党建引领,坚决贯彻落实党的方针政策和党组织的决议,在各项工作安排中发挥党员的先锋模范带头作用。把党组织建设和工作机制写入公司章程和相关制度中,建立日常工作联系机制,协助股东会、董事会、监事会与党组织进行工作联系,保证公司重大决策、重要人事变动等事先征求党组织的意见,使董事会、监事会、股东会与党组织协调一致。

美锦能源根据党员数量和工作需要,按照党章规定和上级党委的要求,设立了公司党支部,按程序选举一位董事担任党支部书记,确保党支部书记的知情权。有些公司将党委成员与董事会、监事会和管理层成员交叉任职,或召开党政联席会议,这样沟通起来更方便。

参加投资者说明会

业务能力

公司董秘,要具备的业务能力比较多。除具备相关业务知识和写作能力以外,还要熟悉证券及行业法规及政策要求,只有熟悉这些才能做到有的放矢。公司大股东、子公司、关联公司的生产经营业务,基本情况起码要熟悉。熟悉公司章程、基本制度、相关工艺流程和主要竞争对手的情况等。另外,要注重构建优秀的团队,引进和培养有素养、有进取心的骨干员工。同时,还需有战略思维和前瞻性、全局性眼光。只有自身具备了比较强的业务能力,工作起来才能游刃有余。

为保证信息披露及时、真实、准确、完整,有些企业还聘请经验丰富的外部信披咨询机构,利用外聘机构帮助公司审核、把关,效果也是很好的。美锦能源聘请深圳一家经验丰富的管理咨询公司作为日常信息披露的咨询机构,为方便讨论建了一个工作群,经常就政策和公告内容进行讨论咨询,这样就可能避免出现疏漏。他山之石,可以攻玉。

学习能力

现在各种法规、政策不断调整变化,网络信息技术不断迭代升级,董秘自觉主动地学习非常关键。只有不断学习思考,才能充实提高自己。学习的重点应该围绕公司的中心任务和自己所负责业务的范围来进行，主要包括：党的方针政策、证券和行业法规及监管要求，公司业务规则、经营情况、财务状况和发展规划。积极参加监管部门和证券报、《董事会》杂志等优势媒体举办的培训和活动，进行相关案例研究分析，研究新技术、新市场、新动态等，也可以自学，边学习边思考，就会不断有新思路、新收获。

执行能力

董秘是在治理层领导下工作，又是管理层成员。董事会决策、监事会决议、股东大会决议，还有各种法规政策和公司规章制度的落实，以及执行过程中的督促、检查，执行结果的确认、考核等，都需要董秘发挥重要作用。在实际工作中，有些内容可能不被理解、不被重视，需要董秘去解释、说明。有些工作可能安排下去后，承接部门却不知怎么做，也需要董秘去协调组织，共同找出解决路径和方案。董秘应该雷厉风行，无缝衔接，做出实效。

有的企业在重大资产重组中会遇到政策变化和新情况，如环保政策不断升级，这就需要董秘及时与有关部门联系，组织企业有关部门和中介机构研究政策变化，采取措施解决存在的问题，保证重组工作顺利推进。美锦能源在2014－2015年市场持续低迷的困难情况下，坚持申请并实施重大资产重组，解决了同业竞争问题，增强了公司主业，提升了公司核心竞争力，为公司的持续健康发展奠定了坚实的基础。

协调能力

　　上市公司除了内部相关工作需要协调外，公司与监管部门和行业管理部门、与媒体和投资者、与大股东及其关联公司、与各中介机构等均存在大量的联系，这些都需要董秘去组织联系、沟通和协调。如公司启动重大资产重组，就涉及诸多方面，需要参与机构和单位相互支持，如何保证大家目标一致，既坚持原则，又团结协作，有序工作，董秘的作用不可或缺。

　　如监管部门发出问询函，涉及多个部门，董秘需要组织落实到相关部门和相关负责人，按要求组织核实并进行回复；如媒体和投资者有提问，董秘一方面要确保联系渠道畅通、工作态度文明，另一方面要及时组织相关部门和专业人员进行解释和说明；如中介机构之间就某些问题理解不一致，董秘就要去沟通、协调，大家共同努力，保证公司规范有效运行。

谋划能力

　　董秘在组织做好日常工作外，还要当好董事长的参谋。董秘是公司对外联系的一个重要窗口，接触范围比较广，掌握的信息比较多，应利用好这个机会，为董事会和董事长决策建言献策。如公司面临新形势、新业态，如何转型发展这一个新课题；还有在发展过程中，应如何用好资本市场的政策，采取什么方式募集资金来加快公司的发展，等等。这些都需要董秘根据所掌握的信息适时提出思路或方案，供董事长参考。

美锦能源原来是生产煤、焦、天然气等商品的传统能源公司，在"双碳"目标背景下，企业面临转型升级的问题。我协助董事长，审时度势，论证谋划，使公司抓住机遇，利用自身富产氢气的优势，及时转型布局发展清洁环保的氢能产业，取得了良好的社会效果和经济效益，现已成为能源革命的排头兵。

彭智辅

　　彭智辅，男，四川人，1957年生。1999年6月任宜宾五粮液股份有限公司董秘，2018年退休。在任职期间，公司2000年配股，向全体股东融资7.8亿元；2015年定增，向公司员工、经销商及战略投资者融资18.3亿元。

彭智辅：五粮液的两次重大股权改革

我是学微生物工程专业的，是董秘圈中少数的"技术型董秘""兼职董秘"，从 1999 年 6 月兼任五粮液董秘到现在，我一直同时在公司的酿酒生产技术岗位上"出工又出力"。有行业研究员评价我是"最懂生产技术的董秘，最懂资本市场的技术人员"。我在董秘这个岗位上摸爬滚打了二十多年，也算得上是名副其实的"老董秘"了。

员工持股：全国高端白酒国有上市公司第一家

2014 年 7 月下旬，中国证监会召集全国 80 家有代表性的上市公司召开"关于上市公司实施员工持股计划试点会议"，我代表五粮液参加了会议。出于一种职业的敏感和我在资本市场多年的经验，我意识到员工持股计划对五粮液实施混合所有制改革是一个非常重要的、绝佳的机会，所以回到公司后立马向主要领导做了汇报。

公司主要领导听了我的汇报后都很支持,于是我便组织董事会办公室、相关中介机构在严格保密的情况下紧锣密鼓地开展前期调研论证工作,拟订设计了初步方案,经过规定的内部程序审批后,公司的非公开发行股票暨员工持股计划于2015年7月底正式启动。

作为一家劳动密集型国有控股企业,大多数基层员工的金融知识非常匮乏,一般员工且不说员工持股计划,就是对股票知识都知之甚少。为此,我们反复向员工进行相关知识的宣传,尽量让更多的员工了解员工持股计划并积极参与进来,真正成为公司的利益共同体,以便达到实施员工持股计划的目的。我们先后四次向广大员工进行宣讲,广泛听取和采纳员工意见,调整认购金额的最低门槛,最终确认了员工持股计划方案。

确定方案只是万里长征的第一步,实施过程也是困难重重,充满了艰难曲折,需要与政府部门、审批机构、投资者等方方面面进行深入沟通交流,求得理解支持,哪一个环节处理不好都将功亏一篑。好在有公司主要领导亲自挂帅推动,我和团队全身心投入,公司非公开发行股票暨员工持股计划股票终于在2018年4月20日正式上市发行。本次员工持股计划的成功实施,标志着五粮液成功迈出了混合所有制改革的第一步,成为四川省内唯一实施员工持股计划的国有控股上市公司。有业内人士评价五粮液员工持股是全国高端白酒国有上市公司中的第一家,具有标志性和示范性作用。

股权分置改革：优化上市公司法人治理结构

我在董秘生涯中，还参与完成了很多影响企业发展的重大资本运作项目，比如 2005 年的股权分置改革。

根据中国证监会《上市公司股权分置改革管理办法》（证监发〔2005〕86 号），国务院国资委《关于上市公司股权分置改革中国有股股权管理有关问题的通知》，上海证券交易所、深圳证券交易所和中国证券登记结算有限责任公司联合制定的《上市公司股权分置改革业务操作指引》等相关文件的规定，A 股上市公司非流通股股东必须进行股权分置改革。股权分置改革实施后，股东之间利益将趋于一致，有助于形成统一的价值评判标准，有助于公司采用多种资本运作方式实现良性发展；有利于形成公司治理的共同利益基础，有利于国有股权在市场化的动态估值中实现保值增值。

所谓"股权分置改革"，简单讲，就是原来的非流通股要转换成可流通股，这就需要非流通股股东向原来的流通股股东支付"对价"，对价的支付方式有送股、转股、送现金等，以送股为例，当时市场平均的送股水平为 10 送 3.5。接到股改任务后，我和董秘团队及财务顾问、法律顾问就开始认真学习其他公司已经公布的方案，研究一些新的金融工具及其衍生产品，我和大家商量决定，要通过方案创新，用"对价最小化"来完成股权分置改革任务，并实现非流通股股东和流通股股东双赢。

　　我带领大家经过反复研究论证，最终确定"10送1.7股＋非对称蝶式权证"的组合股改方案。此方案是五粮液首创的，在当时的市场上是全新的，其核心是：一方面，避免了流通股股东持股市值在改革后的损失；另一方面，非流通股股东承诺了所持股份的禁售期，使得二级市场在相当长的时间内不会受到扩容压力。

　　此创新方案的亮点在于：

　　一、本次五粮液股权分置改革总体对价安排相当于每10股流通股获送2.799股，远低于当时每10股流通股获送3.5股的平均对价水平，在当时看来是几乎不可能获得流通股股东认可的。方案确定之初，确实有不少投资者激烈反对，公司董事长、国有股股东代表带着我们对流通股大股东（主要是机构投资者）一家一家地上门拜票，宣讲方案，深入沟通。在沟通过程中，我配合董事长和国有股股东代表，打头阵冲锋，动之以情，晓之以理，求得多数流通股股东的理解与支持。由于方案设计充分契合了市场投资者的诉求，最终获得了股东大会高票通过。

　　二、本次股改方案的核心是"送股＋非对称蝶式权证"的组合。尽管流通股股东每持有10股流通股仅获得国有股股东支付的1.7股股份，但通过3.9份认购权证和4.1份认沽权证的设计，叠加权证价值后，对价安排相当于每10股流通股获送2.799股，通过向市场要对价，向流通股股东充分表达了诚意。事实上，方案实施后五粮液认购权证和认沽权证被市场狂热追捧，认购权证最高涨幅逾 30 倍，流通股股东从市场中获得了良好回报。

三、通过非对称蝶式权证的设计，不论未来市场走势如何变化，认购权证和认沽权证通常只能单边行权，进一步节省了国有股股东实际支付的对价。权证行权的最终结果也充分证明了这一点。认沽权证最终基本未行权，而认购权证虽然行权，但认购权证持有人也向国有股股东支付了 20 余亿元的现金对价，超过了 1998 年 IPO 和 2000 年配股两次融资额的总和。认购权证的行权价与股权分置改革启动前五粮液 2005 年的股票均价也是相当的。

股改完成后，公司获得了四川省政府的大力表扬和公开表彰。

这一件件资本运作事项，为五粮液不断完善上市公司法人治理结构奠定了坚实的基础。

做董秘二十多年，我深感：董秘是一个综合性很强的岗位，在所谓"风光"的背后，其实藏着很多难处。这个岗位，对个人的知识领域、工作经验和综合业务素质的要求都非常高。

"董秘"，是影响我一生的两个字，我的董秘生涯将是我一辈子最珍贵、最难忘的经历和回忆。

向川

向川，男，硕士研究生，毕业于中国社科院。曾任四川达县立新铁厂经营副厂长、达县覃家坝铁厂厂长；达县人民政府办公室副科长、达县计委副主任、达县经协委主任；海口鑫达工贸公司董事长，通威股份董事、董事会秘书，河南通威董事长，新希望副总裁、董事会秘书，三角防务、百图股份独立董事及上市公司顾问，等等。现任天齐锂业、美农生物、希教国际、国投羌山、西安龙腾、同步新科股份公司独立董事，全景网资本市场读书会会长，等等。

向川：我的董秘芳华

　　人生无处不精彩，蓦然回首不复来。在我平凡的人生中，当过知青、学生，从普通工人到国企厂长，在政府机关也从普通公务员做到了局、委负责人，然后又到民营企业工作。而我的人生履历中，最让我难以忘却的则是董秘工作。二十来年的董秘生涯留下了许多美好和特别深刻的时光。

　　对董秘这项工作，我既有很重的情结，也有很深的感触。为此，我曾先后写了《老炮儿与董秘》《董秘芳华》《我和你》《再续芳华》《我的董秘生涯》等诗文；也为董秘"画像"，揭示董秘脸谱，为董秘呐喊，也曾专门作诗"戏说"董秘，并写了董秘自己的歌《真情会懂》。

　　如果说企业中懂资本市场、资本市场中懂企业的，董秘就是那个至关重要的人！作为上市公司不可或缺的董秘们其实就是一个集体，大家有着共同的标签，在 IPO 运作、上市后的信息披露、投资者关系管理、融资并购、资本运作、"三会"建设、法人治理、规范运作、内控风控等诸多方面都需具备专业技能。

在我们董秘这个群体里人才辈出,有"新"董秘的风华正茂,也有"老炮儿"的历久弥坚。随着监管的不断趋严,董秘的责任与日俱增,董秘已成为高风险岗位。权责的双向增长使得董秘将经受更多的考验和磨砺,"老炮儿"对上市公司的坚持和守护愈发显得弥足珍贵。

艰难的 IPO 经历

我于 1997 年到通威集团公司,1999 年下半年接手通威资本方面的工作。公司准备上市,但其上市之路却很艰难。尽管我们做好了各项准备,但第一次 IPO 审核时还是没通过,在 2003 年第二次 IPO 审核时又遇上"非典",整个北京城都是空空的感觉。但我们没有气馁,在"非典"期间,我和通威的董事长及董办同事冒着生命危险跑北京、上海等地,为了工作已经把个人安危抛诸脑后。当时,为了做发行上市前的一些准备工作,除和证监会沟通外,还要与国家发展改革委、经贸委等相关部门沟通以取得批文,许多人都不愿意见我们。就在那样的情况下,我常住北京,往返于各部门,直到 2004 年 3 月通威股份成功上市。

1997 年至 2004 年,在通威工作的 7 年时间里,除其他工作外,我们还因通威发行上市后只给老股东分的一次红而创了一次奇葩纪录。由于当时还不是很规范,我们在招股说明书里公开披露了前三年的利润由老股东享有,上市之后的利润才由新老股东共享。回头看，这是非常不合理的，本来发行股份就已溢价了，大大地占了新股东便宜。我们是第一家出现这种情况的公司，证监会为此专门出了一个审核备忘录，从那之后，明确了公司上市都要在招股说明书里说明，前三年的利润由新老股东共享。

诚实信用为本

为了当初的一个承诺，我于 2004 年到了新希望。到新希望的第一件事就是将可转债换成配股，虽然在 2005 年 3 月就拿到了证监会批文，但其中也经历了许多波折。在 2005 年下半年，我又主持收购了伊利小股东的股份 270 余万股，收购价仅为每股 6 元多，最后卖出时股数有 600 余万股，售价在每股 35 元左右，给公司创造了丰厚的利润。

2006 年 8 月，新希望股改完成后，着手发行 8 个亿的公司债（公司债券到期时间为 2014 年 11 月 25 日，系四川省第一家发行公司债的公司）。上发审会的那天，因股东大会授权董事会的期限刚好在那天满一年，这天公司虽已开过股东大会授权再延一年，但要在第二天才能公告。为此，我慎重地向发审委委员提出了这个情况，经委员们讨论后决定以披露为准。鉴于此，当天的审核按当时的规定是要么通过，要么否决，但仅因此否决又不太合情理，发审委鉴于我的及时告知且态度诚恳，对我们做了个临时休会处理（这在当时是很难得的），当天就只审了两家,过了半个多月再次上会后便顺利地通过了。这在当时没有先例,也为以后的公司树立了标准,促使相关法律法规逐渐完善,以披露信息为准。

收购六和　累到面瘫

2010 年 9 月开始的新希望收购山东六和集团的重大资产重组,是我董秘职业工作经历中最复杂的项目。深交所还把这次收购作为经典案例在一些公司与相关会议上进行了分享。

参加全国饲料业发展研讨会

因当时系临时停牌,交易所要求我们在一个月内拿出预案,时间特别紧,加之双方的资产规模大,拥有国内、国外 500 多家分支公司;业务复杂,涉及饲料、跨养殖行业(养猪、养鸡)、屠宰、肉制品加工、乳业、房地产等;并购方式有换股、现金收购、出售资产、发行股份购买资产等，方案复杂，难度很大。

一、资产置换：公司以持有的新希望乳业控股有限公司100％股权与四川南方希望实业有限公司持有的四川新希望农牧有限公司92.75％股权进行资产置换，资产置换差额由公司向南方希望发行股份支付。

二、发行股份购买资产：公司向特定对象发行 A 股股票用于购买资产。

1. 通过向南方希望、青岛善诚投资咨询有限公司、青岛思壮投资咨询有限公司、青岛和之望实业有限公司、潍坊众慧投资管理有限公司发行股份购买这些公司合计持有的山东六和集团有限公司100％的股权；

2. 向南方希望发行股份购买前述资产置换的差额部分；同时向成都新希望实业投资有限公司发行股份购买其持有的新希望农牧 7.25％股权；通过资产置换和发行股份购买资产，公司将持有新希望农牧100％股权；

3. 向自然人李巍和刘畅发行股份购买其合计持有的成都枫澜科技有限公司75％股权；

4. 向青岛高智实业投资发展有限公司、山东惠德农牧科技有限公司发行股份购买其合计持有的六和饲料股份有限公司24％股权（六和股份剩余76％股权由六和集团持有）。

三、资产出售：将持有的成都新希望实业投资有限公司51％股权、四川新希望实业有限公司51％股权出售给四川新希望房地产开发有限公司，后者以现金支付。

要实施好这项工作,就要求团队在把相关法律法规吃透的同时,制定出业务发展战略规划。公司为此分别在青岛、成都两个地方成立了分行业、分业务的专门工作组,在将不是农牧主业全部剥离出去的前提下,各业务组紧张有序地开展工作。不但公司投入了大量的财务、行政人员,各中介机构也是全力以赴,仅中联评估一家机构就投入了200多人,华泰联合投入了三四十人,华信等两家审计机构也投入了近百人,在国内外分别审计。此外,金杜、天元两家律师事务所以及集团聘请的反垄断律师等共同参与,工作难度和强度都非常大。最令人感动的是券商机构的一位北大毕业的小伙子,腹泻不止还在继续做方案,过几分钟就要去趟厕所,回来后又接着做。由于那时交通还不发达,经常买不到飞机票,为了抢时间,在没有直达航班的情况下,我就从成都飞到上海、南京等地,再从南京、上海等地飞青岛,好几次转机都是奔跑着去赶飞机,再晚几分钟就赶不上了。印象最深的是华信会计师事务所和中联评估团队的两位负责人,为了抢时间,头天一大早从成都乘飞机到南京,因飞机晚点第二天才赶到青岛。我自己也是成都、青岛两头跑,加班加点熬夜是常态,累到面瘫,扎针吃药还在继续工作,前后差不多有一年的时间。重组成功后,新希望股票连续5个涨停,在2011年合并报表时,新希望销售收入从不到100亿元增长到700多亿元,这个以小博大"蛇吞象"的项目,成了新希望的重大转折。由此,新希望的股本也从三四亿元增长到目前的40多亿元。

　　重组后的当年，我们就已将后两年的利润差不多全完成了。但由于农牧行业的周期性，在 2013 年的时候整个行业进入低谷期，三年承诺的利润没有完成，还差 1 000 多万元。按规定，没完成利润，并购重组的股东就要退股。在内部讨论时，根据公司的规模、收入和销量，有人提出方案，可在内部调账或把产品提前售给经销商体现利润（这是饲料行业销售的情况）。但董事会在讨论时认为，我们不造假，没完成就是没完成，要讲诚信，合规合法，维护中小股东利益。终于我们顶住了压力，坚守了原则，让各股东都按比例退了股。

　　以上种种，在我的董秘职业生涯中还经历过很多，为了通威的 IPO，由于任务重、压力大，在发行上市时累出了痛风；为了新希望六和的并购重组，累到面瘫。其中酸、甜、苦、辣、麻，可以说是五味杂陈。但我总觉得，董秘梦，不是要公司的名声有多大，而是要遇到一个好的企业或者说好的老板；董秘梦，不是要公司股价暴涨，而是要发掘企业的长期价值，站在企业平台上，在资本市场中为之而战，荣辱与共。在不同的上市公司中，无论是主角，还是配角，挑战不断，精彩常在，让我们都书写出各自不同的人生芳华。

钟亮

　　钟亮，男，1978年2月生，籍贯江西，2005年起先后任职广东科龙电器股份有限公司（000921）、中山松德包装机械股份有限公司（300173）、广东超讯通信技术股份有限公司（603322）董事会秘书、副总经理，融资达10多亿元，在资本市场有着丰富的实践经验。

钟亮：26岁，我是全国上市公司
最年轻董秘之一

以前考大学的时候，我总认为自己应该去学个物理或者化学之类的，梦想有一天自己成为科学家。但命运或许自有安排，我最后学了经济类的国贸与金融。很幸运，我在兰州大学度过了四年美好的青春岁月，在那里也学到了忍受做事的孤独与应有的坚韧。毕业后我来到广东顺德，记得还是向别人借的500块钱，买了生活用品到科龙工作。当时，公司原计划安排我下厂实习做冷柜。机缘巧合，我后来到公司董秘室实习帮忙。感恩父母一直的教育，我踏实地完成了领导交代的工作，同时又积极好问，赢得了领导的认可，实习期未结束我就被提前定岗了。

那个时候，我感觉到工作还是很繁琐的，也需要仔细、认真。我这一辈子都记得，有一次写材料，一页纸居然有几个错别字。我的老领导就指着我的鼻子骂，说你这还是重点大学毕业的高材生！我当时恨不得挖个地洞钻下去。不过，现在回头看，我一路都是受他严谨作风的影响，很是感激他，因为从那以后,我知道做事要认真、谨慎,对每一个发出去的字都要仔细看。所以,我和自己手下交流时,都会把这个故事讲给他们听。世上没有比认真更难做到的了。

同时,我还告诉他们,做人要有远见,不能只顾眼前。在科龙工作那段时间,我很忙,复印的资料都到我肩膀那样高,我都成"印帝"了。我当时心里面也不舒服,毕竟天天在那复印,也很枯燥的。后来领导给我奖励时,我第一次体会到了劳动的价值。其实,这不是钱的问题,而是教会我做人的道理:不要计较眼前的得失,你帮帮人家,人家都会记得你的。

2006 年成为全国最年轻董秘之一

2002 年,格林柯尔进驻科龙。我负责去做中报,当时部门都没人了,就剩我一个,关键是我还没亲自做过中报,啥都不知道,心情是相当焦虑的。领导说你不知道就去问别人。就这样,我看规则,问别人,自己揣摩,几乎每天就睡四五个小时。还好,那段时间都顶过去了。作为一家 A＋H 股的两地上市公司,我们做的定期报告都要有四个版本:H 股、A 股、摘要、正文。港交所定期报告要出中英文版,而且不能低于内地的披露水平。A 股披露的内容要附到上面去,并且要翻译成英文,到最后我还要负责校对,工作量可想而知。不过,这段工作经历我觉得特别能锻炼人,同时让我体会到董秘工作在公司资本运作中的重要性。公司在日常信息披露和投融资活动中需要开展的工作很多，靠一两个人根本忙不过来。后来，我就开始组织筹建公司新的证券投资部门，现在叫证券投资部。伴随工作的开展与团队的组建，我的职务也从副经理晋升为经理、证券部部长。

2004 年，科龙被中国证监会立案调查（出事了）。那段时间其实是很紧张的，整个董事会层面，就我、总裁、财务总监几个人在统筹配合着证监会的调查。而我当时只有 26 岁，太多的复杂场景自己并未经历。现在看来，需要感谢那段岁月，它让我快速成长，后面我遇到任何事情都会比较淡然地去思考和处理。

青春留影

海信后来进来要收购科龙，当时经营层和管理层的想法是有很大冲突的。我夹在中间不知该怎么办，最后我还是讲了自己的意见，在其位，谋其政，我是董事会聘任的，就要给董事会专业的意见，这个在哪里讲都是没问题的。海信进来之后，我就做了公司的董秘，也是公司最年轻的高管，现在想来，他们主要是觉得我做人做事有基本的准则。2004 年，26 岁的我成为全国最年轻的董秘之一。董秘这个职业，太容易犯错误了，可以说每天都战战兢兢,如履薄冰。在我的职业生涯中,我一直都秉持着父母教育的做人的原则:踏实做事、低调做人、与人为善。

海信进来之后,我与海信的管理人员相处得还是很融洽的,公司资本运作与信息披露工作忙而不乱(高峰时,公司出了160多号公告),证券工作逐渐步入正轨。总体来讲,包括海信在内的科龙四任领导对我还是肯定的。

由于多年的证券工作经历,我对招收部门人员有了新的理解:做事一定要踏踏实实,最好招农村出来的,更能吃苦耐劳。那个时候,我招了很多毕业于全国名牌大学的年轻农村娃,现在他们很多都成长为上市公司董秘、投资企业的高管或中介机构的高级合伙人,我也特别感恩他们与我共同度过了那段难忘的岁月,那是属于科龙"年轻人"的时代。

两次 IPO,成了一面旗帜

2008 年,经过深思熟虑,我有了做点自己事情的想法。尽管当时经济形势很差,但我看事情喜欢看两面,经济不好的时候,我更看好企业的机会,于是我想去做公司 IPO。2008 年 8 月 8 日,我去了中山松德做董秘,这是我做的第一家 IPO 公司。松德在当时是个小公司,只有数百号人。民营企业和国有企业是不同的,更多的是家族企业或夫妻店。可以想像,当时上市还是很难的,但那段时间同样挺锻炼人。在上市过程中,原来可以提前半年，但由于被举报专利侵权而耽搁了。好在好事多磨，2011 年 2 月 1 日，松德顺利上市，成为中山第一个创业板上市公司。现在回想起来，我还觉得真不容易，一切或许都是最好的安排。上市后，我休假去攀登珠峰，从心理上又挑战了一下自我。回来后的 4 月份，考虑到身体因素，我选择了离职。

2011 年 10 月，一次偶然的机会，我陪朋友去看超讯通信是否值得投资。当时来讲，超讯的收入规模与利润都是相对较小的，所以我并没有支持朋友投资的想法。但万事皆有缘，当时我与梁总（大股东）、万总（时任副总经理、董秘）建立了良好的联系，可能在与他们的沟通中，他们感受到了我的真诚与专业，所以他们就诚邀我过去负责公司的 IPO 事项。当时我也想去看看，休息这么久也该干活了，可这一干就是十年。

超讯通信上市是很坎坷的。首先是股改，股改后，我发现券商有不足，于是我和老板建议更换了券商。没上市之前，不少民营企业都是野蛮生长的，上市就是为了规范。2012 年，我们第一次到证监会报材料，报完材料后就财务核查，该规范就规范。第二次又重新报，终于被选中了。我当时刚做完腰椎间盘突出手术，术后很是痛苦，但还得坚持把核查工作完成了，所以成功都是从磨难中历练出来的。直到 2016 年 7 月公司上市，这段时间包括做材料、业绩的筹划、整体进度的把控，都需要我作为 IPO 负责人与董事长一起去考虑。那时，尽管公司的利润历年最高，但也只有 4 000 多万元，和其他的申报公司相比，我们的优势不明显。当时在超讯，包括很多机构负责人、部门总监等对公司上市并没有信心。我总是不厌其烦地和他们说,你们对我要有信心,因为在上市这方面,我是有信心的,大家要抱有希望。有好几次我就直接说,如果你们感觉超讯没希望,就把股份卖给我。天道酬勤,超讯通信最后顺利过会,2016 年 7 月 28 日成功上市。后来,他们都很感谢我。

我当时的想法是,公司上市后我再待四年,把公司辅佐到正确的赛道,做人做事我也没什么遗憾了。从 2016 年开始,利用四年时间,我做战略的谋划,确定公司往物联网新赛道的方向发展,并且主导收购了三家企业,参股了两家企业。

一桥、一水、一片森林

在并购方面,我还是以看人为主,还有就是要有老板的视野。因为老板很骄傲的,大家气场要相近。我从资本运作来看,首先要考虑企业情况,因为并购就像结婚一样,后面要朝夕相处的。其实并购就是企业文化的并购,所以这个方面需要考虑的事情更多。我一般都看并购企业老板的年龄、做事风格以及其他一些细节。

在此期间，我还在科龙、松德和超讯提拔了董秘。我一直觉得，人和人之间的情感都是相通的，你不能只顾及自己，一定要有共享的思想。不仅仅在上市过程中，多年来，我和别人沟通的时候，一直秉持与人为善的原则，从不相识到相识，我可能帮不到你，但是我不会害你。和别人真诚沟通，你就会赢得很多朋友。还是那句话，换位思考，多替别人想一想。有些时候可能暂时得不到回报，但从长远看，你帮了别人，别人也是知道的，并且会感恩你的。

一生只想把董秘做好做精

十余年的董秘生涯，我的一点体会是：董秘在工作性质上讲，首先是要有特别高的职业素养，要有法律、财务方面的专业知识，要有认真、仔细、严谨的工作态度，要有处事不惊、临危不惧的工作技巧。比如财务，我可能不会做报表，但你要让我去看报表，我一点问题都没有。为什么我不去兼财务总，因为术业有专攻。比如法律，在公司里，没有一个比董秘更懂得公司法、上市法则的。董秘就是要扮演律师、扮演会计师的角色。如果不懂财务和法律，做董秘是很难的。所以也要感谢我的母校，它使我专业基础知识都能过关。

其次，董秘是做人做事的行业，包括与人为善、沟通有技巧、做事严谨,但真正做到却不容易。很多人说董秘是董事长秘书,这其实是对这个职业的亵渎。对我们老董秘来说,这个也不在乎,还是那句话,知我者,谓我心忧;不知我者,谓我何求。如果不了解,就是学习不够。比如我现在对规则可能不是每一条都记忆在心,但说到哪,我就知道找哪一章哪一节,或者我会请教更专业的证代、董秘。专业要求你懂的,一定要懂。所以,我们都要保持谦卑,与人交流要尊重。我经常和同事们说:我们就是一个树枝上的小蚂蚁,对规则要敬畏、对人要谦卑。资本市场太大,我们不过是沧海一粟。

回顾下我自己的经历,曾在深交所主板、H股、创业板、上海主板企业担任过董秘,如果再有个科创板的经历,我的董秘职业就完美了,就真正实现了董秘"大满贯"。但不管怎样,我都会踏踏实实做事,老老实实做人。我始终认为,人这一生的资源是有限的,只要把一件事情(董事会秘书)做好做精就好了。

黄倬桢

　　黄倬桢，男，1956年8月生，1997年4月至2002年6月任江西纸业股份有限公司（600053）董事会秘书，2001年11月至2015年5月任江西联创光电科技股份有限公司（600363）总裁助理、董事会秘书、党委副书记（其中2007年6月至2013年6月任董事会秘书），2015年6月至2022年3月任联创电子科技股份有限公司（002036）代理董事会秘书、董事会秘书兼副总裁、党委副书记（其中2016年2月至2018年12月任董事会秘书）。融资业绩：1997年3月江西纸业IPO募资2.52亿元、2000年3月增资配股项目募资1.2亿元，2012年11月联创光电定向增发募资4.57亿元，2018年4月联创电子发行公司债，发行规模6.3亿元。

黄倬桢：从车间工人到公司高管

像我这样当过八年一线工人的董秘基本上很少，从办公室副主任岗位直接做董秘的也不多。我对董秘这个岗位有着相当深厚的感情：一个是敬畏，一个是热爱。

江西纸业是我人生工作的起点。我于 1975 年参加工作，当年 19 岁。在我工作的 46 年里，我做了 8 年工人，4 年共青团工作，10 年办公室工作，8 年党务工作，16 年董秘，其中在江西纸业就干了 26 年，印象最深刻的就是江西纸业的 IPO 以及增资配股工作。

IPO 材料把复印机忙坏了

1996 年 12 月，江西省股份制改革联审小组办公室［赣股办］〔1996〕15 号文件批复，批准筹建江西纸业股份有限公司。据此文件，江西纸业有限责任公司成立了江西纸业股份有限公司筹委会办公室，我在筹委会办公室具体负责 IPO 法务、联络及文字工作。在那个特定时期，公司上市实行的是额度审批制，IPO、配股难度都是挺大的。证券监管部门的总体要求是总量限制，限报家数，我们是江西 1997 年第一家 IPO，当时和现在不一样，要先报预选材料（公司简介、财务报表、市场情况等）。当时我是公司筹委会办公室副主任，在公司办公室岗位上已经做了十年文字秘书，所以当时公司就要求我和券商一起，共同把好申报材料文字关，这也为我做董秘工作打下了扎实的基础。

申报预选材料是 1996 年 12 月初开始的，正式材料申报是在 1997 年 1 月下旬。我当时压力也比较大，前后近 3 个月时间都在北京，除夕夜也是在北京过的。为了节省开支，公司租了房子做办事处，我们自己开火做饭，食宿都在办事处。公司用面包车把电脑和打印机从南昌拉过来，后来在北京又买了复印机，最后都用坏了。现在比较方便了，那个时候做材料可不一样，券商就派了一个人来协助我们，其余都是自己弄，我们在办事处加班加点赶材料，有时甚至通宵达旦地干。每一稿我都要看两三遍，直到没有修改，我们做的申报材料每本有 2.5 公斤重。当时有要求，错别字超过 10 处材料要退回来。

1997 年 3 月，IPO 终于顺利过会。经中国证券监督管理委员会〔证监发字〕（1997）109 号文和〔证监发字〕（1997）110 号文批准，江西纸业发行社会公众股 4 500 万股（其中职工股 450 万股），股票发行价格为 5.60 元/股，募集资金总额 2.52 亿元。股票上市经上海证券交易所〔上证上〕(97)第 6 号文审核同意,江西纸业于 1997 年 4 月 18 日在上海证券交易所成功挂牌上市,成为江西省第 7 家上市公司(A 股)。

配股成功是奇迹 + 神话

江西纸业成功上市,为我后续的资本运作和从业经验奠定了坚实的基础。1999 年 8 月至 2000 年 3 月,我又具体负责江西纸业 1999 年度增资配股项目。

当时再融资只有一种模式——配股,没有非公开发行,而且大股东基本上用资产参与配股。江西纸业是南昌市市属企业,当时的国企,问题也比较多,能够上会就算奇迹,如果能拿到配股批文或许就是神话了。我们积极准备方案,充分沟通,遇到问题及时解决,就像学生答题一样。那时的券商也很担心过不了会,若没成功的话,券商是拿不到钱的。我说慢慢走,不急。幸运的是,我们最终踩着线过会了。配股方案经中国证监会南昌特派办出具初审意见(赣证办〔1999〕87 号文)并经中国证监会证监公司字〔2000〕24 号文核准,于 2000 年 4 月正式实施,实际向国有法人股股东配售 702 万股,向社会公众股股东配售 1 755 万股,每股配售价格为 6.88 元,募集资金总额1.2亿元。

跨过了最难的两关,饱尝了酸甜苦辣,我深深觉得:与人交流沟通,首先也是最重要的,就是要取得别人对你的信任。不管做什么事情,都需要多做沟通,哪怕是熟人、老乡。

重大资本运作融资近 13 亿元

2001 年 11 月我从江西纸业调到联创光电,在联创光电工作了 15 年,其间 7 年做董秘,8 年做党群工作。2011 年至 2012 年,我具体负责联创光电非公开发行股票项目。经中国证券监督管理委员会证监许可〔2012〕1027 号文核准,联创光电于 2012 年 11 月 16 日非公开发行人民币普通股 7 267 万股,发行价格为 6.29 元/股,募集资金总额为 4.57 亿元。此次定向增发也并非一帆风顺,是团队共同努力才有的结果。

2015 年 6 月,我从联创光电转到联创电子做董秘,当时负责联创电子借壳汉麻产业上市项目的后期工作。我们采取反向收购方式,资产全部置换,通过非公开发行股份收购。这个重大资产重组项目,2014 年 11 月初开始谈判,2015 年 8 月初申报材料被正式受理,2015 年 11 月初拿到正式批文,正好一周年时间。

2015 年 11 月,经中国证券监督管理委员会证监许可〔2015〕2488 号《关于核准汉麻产业投资股份有限公司重大资产重组及向金冠国际有限公司等发行股份购买资产并募集配套资金的批复》文件核准,汉麻产业与金冠国际有限公司、江西鑫盛投资有限公司等 22 家机构进行了重大资产重组,募集配套资金总额 2 亿元。联创电子于 2015 年 12 月 11 日在深圳证券交易所成功借壳上市。2017 年 6 月,通过政府支持、企业努力,联

联创电子党委成立大会

创电子注册地从浙江宁波迁回江西,成为江西省第38家上市公司(A股)。

2017年,我是联创电子公司债发行的具体负责人之一。联创电子于2017年12月21日收到了中国证监会出具的《关于核准联创电子科技股份有限公司向合格投资者发行公司债的批复》(证监许可〔2017〕2231号),于2018年4月20日发行公司债券,发行规模6.3亿元,发行价格为100元/张,本期债券票面利率为6.70%。

参加了三次交易所董秘资格考试培训

1997年4月12日,我被聘为江西纸业董秘。5月,我参加了上交所第七期董秘资格培训,又称"黄埔七期"。做董秘以来，我前后分别参加过上交所、深交所共三次董秘资格培训。2002—2007年，我在联创光电担任总裁助理、党委副书记、纪委书记、工会主席，有五年多时间没当董秘，很多东西都跟不上了。尽管我还是在学习的，但由于不当董秘，肯定对董秘的关注度就没有那么高。2007年6月，联创光电聘任我为董秘，同年7月我去厦门参加了上交所的董秘资格培训并参加考试，但交易所老师后来和我说，按规定一个人不能在同一个交易所拿两次董秘资格证书。2015年12月，我任联创电子副总裁，并代理董秘，需在三个月之内拿到深交所董秘资格证书。2013—2015年我又经历了两年董秘空档期，但学无止境，我要继续学习，同时深交所对中小板董秘要求也有些不一样。为此，在2016年2月，我60岁时又参加了深交所董秘资格培训，并参加了考试，我考的成绩名列前茅，但我大概只用了两天的时间来复习准备，这源于我多年的积累。像我这样当过八年一线工人的董秘基本上很少，从办公室副主任岗位直接做董秘的也不多，过去那个年代一般都由办公室主任担任。我第三次参加董秘资格培训考试合格后，又重操"旧业"。

曾兼任江西省上市公司协会四届秘书长

2000年3月至2001年5月，我担任江西省上市公司董秘联席会执行主席；2001年6月至2005年3月，我担任第一届、第二届江西省上市公司协会副理事长兼秘书长；2013年1月至

2019 年 5 月，我担任第六届、第七届江西省上市公司协会秘书长。

江西省上市公司协会的前身叫江西省上市公司董秘联席会，这个组织于 2000 年 3 月成立，当时整个江西只有 15 家上市公司。因为还不够成熟，我们先试运作了一下，这个架构叫执行委员会，由我担任执委会主席，执委会主席相当于秘书长。执委会共有五个执委，全部由董秘担任。2000 年 3 月至 2001 年 6 月，我组织了几次大的活动，其中第一个就是江西上市公司董秘和投资者见面恳谈会，我负责主持，在座的所有投资者，都可以对江西的上市公司提问，比如公司的发展战略、前景、行业、规划包括企业做什么业务等；第二次活动就是安排上市公司去大连、上海、北京考察，参访当地的上市公司，举行现场讲座和交流，效果很不错。条件基本成熟后，2001 年 6 月 15 日，正式成立了江西省上市公司董秘协会，当时大部分地方都叫董秘协会，并在江西饭店召开了创立大会暨第一次会员大会，有 30 多家会员加入。2002 年 8 月，协会正式更名为江西省上市公司协会，一直运作到现在。

那个时候，我 40 多岁，年纪轻轻，精力充沛，领导也很支持我。我还组织过全省上市公司足球赛、文艺汇演及在北京的联谊活动，丰富的活动内容引起了江西所有上市公司对我们协会的重视和支持，大家都亲切地称我为"老黄"。不仅如此，我们还和湖南省上市公司协会组织过羽毛球大赛。他们邀请了两个羽毛球世界冠军，一个是奥运会女子单打冠军，一个是世锦

参加会议留影

赛女子单打冠军到我们这里来表演，并和我们的选手比赛。反过来，他们也邀请我们去长沙比赛和交流。还有和宁波上市公司协会、河南上市公司协会的互动等，这些交流活动的成功举办，都是源于之前十年办公室工作磨炼了我的协调和沟通能力，源于四年共青团工作经历锻炼了我的组织能力，也源于我做董秘具有的情怀。

我对于董秘这个岗位一直有着相当深厚的感情：一个是敬畏，一个是热爱。

罗守生

罗守生，1957年生，安徽省肥东县人，研究生学历，教授级高级工程师，中国书法家协会会员、中国化工作家协会会员、中国楹联学会会员和书法艺术委员会委员。现任安徽元琛环保科技股份有限公司独立董事、安徽省天然气开发股份有限公司独立董事。曾任东华工程科技股份有限公司董事、董事会秘书、总法律顾问，安徽省上市公司协会董秘委员会主任委员，安徽皖通科技股份有限公司独立董事，安徽合力股份有限公司独立董事。

罗守生：开资本市场先例

——以募集资金补充流动资金

从计划经济体制下的部属设计院到国际型工程公司，东华科技在实在找不到募投项目的情况下，采取以绝大部分募集资金补充流动资金的方式成功过会，在这方面做了第一个"吃螃蟹"的企业。

我和夫人都是 1977 年恢复高考后的首届大学生，我当时在合肥工业大学机械系学习，毕业后先在外地机械企业工作，后调入原化工部第三设计院从事管理工作。东华科技上市以后，我任董事、董秘并兼任总法律顾问，一直到退休，这是我的职业脉络。我学的是理工科，工作在资本市场，业余爱好诗词书画，算是跨了三界。

资本市场首次以绝大部分募集资金补充流动资金

原化工部第三设计院(简称"化三院")是 1963 年在安徽淮

南设立的,当时国家考虑地域和行业关系,将化三院放在安徽主要是为了辐射华东,所以改制后就改名为东华科技。东华科技拥有很多项国内领先的专利技术,从氮肥、磷肥、复合肥、硫酸到甲乙酮、三聚氰胺等。特别是在工业污水处理方面,其中化工废水是最难处理的,东华科技应该算是全国处理工业废水能力最强的公司。东华科技的环保技术还延伸到废气处理、固废危废处理、垃圾填埋、土壤改良等领域。

原化工部撤销后,一直到1999年,国务院办公厅发文,将原有中央所属178家大型勘察设计单位全部由事业单位改为科技型企业,鼓励改革。当时部属设计院改革主要有三种模式:一种几乎不动,只把"部"去掉,比如化学工业部第三设计院改名为化学工业第三设计院,其他不变。第二种是提倡"工者有其股",适当让一些股权给员工,让员工参与股份制改革,鼓励职工持股,设计院是大股东。这样员工既是职员,又是股东,员工就能和企业一起成长,同时还在原有岗位工作,年底还能分红,和过去单纯拿工资不一样。第三种就是充分改革,我们走的就是彻底进行股份制改造,以期登陆资本市场的路子。

东华科技是经原国家经贸委批准的全国第一家部属设计院改制的股份制公司,当时是以化三院作为主发起人,完全按照上市公司的模式要求,改制为东华工程科技股份有限公司。应该说,那个时候对于化三院这样彻底的改制,社会上是有很多不同声音的。同行们认为设计院属于轻资产,靠脑力吃饭,比重资产企业赚钱容易,每年都有盈余,公司福利高于社会平均水平，完全没有必要把利润拿出来与股民分享。还有人认为只有缺钱的企业才会去上市，设计院日子过得都不错，上市干什么？此外，进行股份制改造并规范上市，对于企业的机构设置、人才引进、财务税收等各方面都有了新的要求，成本还是很高的。顶着这个压力，2001 年 7 月 28 日，东华工程科技股份有限公司正式挂牌，2003 年辅导期结束。这意味着公司可以申报上市了，但实际上离上市还远得很，因为当时我们一直找不到募集资金投项。比如融资两三亿元，但用途要说清楚，监管部门要求清楚其来龙去脉，要看得清摸得着才行，而整个设计院本身就是轻资产型的，财富都在员工脑子里面，真要算资产的话，根本不值一提，最宝贵的是人才。现在是募了钱却没地方投，这是一道坎。

当时也有几个选项：其一，延伸产业链，收购施工单位，但是我们又不打算这样做。其二，废水处理是东华科技的强项，当时和德国某知名水务公司合作做了个大型污水处理项目，且盈利状况良好，但是我们只持有 20% 的股份，而证监会要求上市公司必须能够控股所投项目。德国人对华投资始终有一个理念，不控股不投。所以尽管我们双方合作多年，各方面都很不错，但希望他们能在该项目上出让部分股份，使我们能获得一个优质的募投项目，对方就是不干。其三，投资其他的污水处理项目，但是一时难以找到合适的项目源。

由于化三院自 20 世纪 90 年代开始，就在努力创建国际型工程公司，至 2006 年时，东华科技的 EPC 工程总承包收入已占

考察里耶秦简发掘遗址

总收入的 75％以上，因此在实在找不到投资项目的情况下，我们就大胆采取了以绝大部分募集资金用于补充总承包项目运营资金的方式申报材料。我们当时的融资目标是 2.5 亿元，其中 2 亿元用于补充流动资金，剩下的建研发中心。

东华科技上市申请材料上报之后，中国证监会转请国家发展改革委予以审核。我们又到国家发展改革委汇报相关申报理由。对标欧美知名的工程公司，融资能力不足是东华科技也是中国工程公司明显的短板，而通过上市融资，解决流动资金不足的问题，正是东华科技亟待解决的问题，也是中国工程公司发展壮大走向国际的必由之路。因此，国家发展改革委认为我们的募投项目符合国家发展战略，符合企业发展方向。实际上，国家发展改革委是积极鼓励中国优秀的工程公司走出去的！

补齐了融资难的短板之后，东华科技连续多年保持了营收和利润40％以上的高速增长，事实证明这条路走对了！我们蹚过去以后，好多拟上市公司都派人来公司学习，然后也就这样跟着过会了。我们根据自身实际，尝试着在资本市场首次以绝大部分募集资金补充总承包项目的流动资金，这确实是一次难得的经历。

"盘中停牌，临时停牌"从东华科技开始

东华科技是2001年经国家经贸委批准的第一家设计院改制单位，也是工程勘察设计行业首家进行股份制改造并上市的现代科技型企业。

东华科技过会时，还有一个不成文的规定，就是总的募集资金不得超过原计划的30％。我们的招股说明书计划募集资金2.5亿元，不得超过30％就是不得超过3.25亿元，所以以最后确定发行价为20元。鉴于东华科技独特的业态、良好的业绩和强劲的发展势头，无论是来公司调研的，还是我们路演过程中接触到的投资者，都普遍看好东华科技，以为股价还有较大的上升空间，公司值得投资。为了防止东华科技上市当天股价被过分抬高，交易所做了稳妥的应急预案，及时通知，如果当天开盘后，公司股价超过发行价的3倍，即超过60元，就临时停牌15分钟；如果当天收盘价格超过发行价的2.5倍，即50元及以上，第二天就停牌。2007年7月12日，东华科技以52.06元开盘，全天交易都在60元以下，收盘价也在50元以下，一切平稳。交易所

规定的盘中停牌、临时停牌等举措，差不多就是从我们挂牌上市开始的。

参与深交所《董秘手册》编制

我任董秘一职，始终兢兢业业，如履薄冰。尤其是对于信息披露工作，我对外加强与监管部门老师的及时沟通，保持与合作伙伴的信披协同以及与投资者、媒体等展开合规交流；对内根据监管部门的要求，强化对公司董监高人员的相关法律法规知识培训，加强对公司各相关部门的信披制度建设，注重出手文告的审核把关。因此在交易所一年一度的信息披露质量考核中，我们连续多年为"优"，并被选为首批信息披露直通车试点企业。我在履行董秘职责的过程中，一直"以诚待人，不逾规矩"，努力做好投资者关系管理工作，赢得了深交所、媒体和机构投资者的认可。在我的职业生涯中，比较荣幸的是参加了深交所组织的《董秘手册》编制工作。《董秘手册》是深交所全方位指导董秘的工作手册，共有十二章。东华科技完成了第十二章"服务与培训"章节的编写工作。这一章主要是介绍深交所如何为上市公司提供服务，以及对上市公司各层级人员进行培训的内容，其基本材料大多由交易所老师提供，但是通过我们董秘学习消化之后再写出来，对广大上市公司董秘来说还是很有新意的。对我而言，参与《董秘手册》编写工作，既是荣誉，也是值得回味的一件事。

董事长不缺，董秘稀缺

在十几年的董秘生涯中，我曾获得过"百佳董秘""金牌董秘""金牛最佳董秘""最具创新力董秘""安徽上市公司董秘勋章"和"中国董秘勋章"等荣誉，差不多把资本市场董秘所能拿到的荣誉都拿到了。特别是"中国董秘勋章"，入围门槛就很高，还得经过券商、基金公司和监管部门的层层投票遴选，当年获此荣誉的全国仅八位。媒体还以《"别人家的"董秘》专门报道了我。

我还担任过安徽省上市公司协会董秘委员会主任委员一职，董秘委员会每个季度选一个片区召开工作例会。考虑到不同地区董秘之间需要相互交流和学习，我们把相关片区的董秘集中起来，请一些做得好的董秘交流经验，请专家就财经方面的热点、新法规进行深度解读，这也是推动董秘自身综合素质提高的一种方式。我们的平台虽然很小，但也能为大家做一些力所能及的事情。

例如，我们利用召开季度例会的机会，多方收集董秘意见。大家认为，培养一个上市公司董秘不容易，培养一个素质过硬的优秀董秘更是不易，国内资本市场的董秘资源非常缺乏。安徽这些年经济发展很快，但是经济金融方面的人才相对匮乏。其实搞金融的安徽人才很多，但是不少优秀人才都到外地去发展了。建议政府有关部门成立安徽董秘人才库，像重视科技专家、企业家一样重视董秘人才。给在职的、转岗的和离职的董秘建档立卡,适时跟踪,以便在新三板、拟上市公司需要时及时推荐使用。有些老板做本行业的企业管理是行家,但是不一定懂资本市场,做不到规范管理,如果请一位素质很好的董秘到公司,就可以做得规范有序。实际上董事长不缺,董秘稀缺,董秘人才很难得,应当珍惜!于是我们把大家的意见整理出来,形成会议纪要,通过上市公司协会平台向主管部门传达,希望引起重视。

履职独董仍在江湖

我现在还担任上市公司独董,也算是做了多年董秘的价值再体现。做独董,仍在江湖,不与资本市场脱节,也能使自己的知识更新与时俱进。

独董队伍里,大都是行业内的专家,包括法律、会计、管理等。其实,我认为董秘也是担任独董很合适的人选,公司规范治理,我们都操作了这么长时间,一些实际问题或许会看得更准一些,董秘包括退休董秘担任独董,对上市公司各种运行规则都可以把握自如。

沟通交流很重要,多方面提点意见和建议,对上市公司发展有好处。公司也觉得你有之前的积累,现在请你过来当独董,应该是能给上市公司带来正能量的。就我个人而言,这些年对于"三会"运作(包括"新三会"和"老三会"的协调运作)、信

在新西兰

息披露、投资者关系管理、市值维护、媒体交流及舆情管理等方面还是积累了一些经验的，加之长期兼任央企的总法律顾问并且受到过国务院国资委的表彰，这些如果能对上市公司起到一定的作用，那也算是发挥余热了。

我于2017年退休。我是中国书法家协会会员、中国楹联学会书法艺术委员会委员，书法作品被韩国、日本等海外文化机构和个人收藏，书法论文发表于《中国书法》《书法报》等专业报刊。此外，我还发表过长篇小说《砚边海话》和多篇诗词散文。凭着对于书法的挚爱，书法也是我的生活，我的生活非常充实。"一生最爱诗书酒，半世痴迷字画茶。"这些年，我从广泛涉猎行、隶、篆诸体到专注于书写秦简。鉴于目前书法领域可供广大书法爱好者学习秦简书法的参考资料太少，我于2021年书写并出版了《秦简书法字贴》，被中国国家图书馆收藏，算是填补了一项书法空白，也了却了一桩自己的夙愿。

戴轶钧

戴轶钧，男，1969年6月生，上海人。2003年2月至2013年4月，任苏州金螳螂建筑装饰股份有限公司董事、董事会秘书、副总经理。2013年11月至今，任浙江亚厦装饰股份有限公司董事、董事会秘书、副总经理。在金螳螂公司募集资金总额达23亿元；其中，IPO募资3亿元；再融资13亿元；发债7亿元。在亚厦股份募集资金11亿元。

戴轶钧：首创装饰行业收入
确认标准的"模板"

董秘最大的作用就是把公司的价值最大化。这种最大化，是一种多赢的价值最大化，形成"所有上市公司利益相关方价值最大化"的多赢局面。

在我的董秘生涯里，让我骄傲的地方就是，我操盘了装饰行业第一家上市公司——金螳螂。这是个标志性的事情，因为此前装饰行业在资本市场是空白，没有上市公司。金螳螂上市以后，就把后面整个装饰行业的上市条件和通道都打开了，同行们纷纷加入了资本市场的阵营，目前已经形成了完整的建筑装饰板块。回顾整个过程，我有不少体会，比如从操作的角度讲，有很多开创性的探索。因为在金螳螂上市之前，中国证监会鼓励公司上市还是偏制造业为主的，所以很多财务指标都是比照制造业来制定的，比如说，资产负债率不能超过70％等，有一些硬性指标在里面。而对装饰行业而言，却是偏服务性的，尽管行业景气度很高，但在资本市场却没有一个现成的上市公司案例,这里面就有很多开创性的故事值得回顾。

"完成合同法"成装饰行业"模板"

首先是确认装饰行业的收入标准。任何一家上市公司,财务碰到的第一个基本问题就是收入和成本确认标准。这个确定之后,才能逐步推导利润等一系列关键财务数据。

当时的情况是建筑行业有好几种收入确认方法。作为董秘,关键是如何找到一种适合这家公司实际情况的方法,标准一旦定下来,是不能轻易改变的,如果找不到一个合适的标准,时间一长,企业会很难受。如果和实际的经营情况不相适应,那么一则会给公司增加很多不必要的成本;二则要提前缴税,对现金流不利,这些都是和收入、成本的确认有很大关系的。

当时,我选择了安徽华普会计师事务所来审计。工作人员进场后,我要求先把公司的实际经营情况,尤其是财务情况先完整捋一遍,然后再商量具体的路径,最后一共用了四套方法分别来测试、验证。

我们把过去两三年所有的数据、项目拿出来,按照不同的方法来测算收入、成本和其他相应的财务指标、税收指标及利润率等情况,用四种方法分别测试完后,最终确定了一个方法,叫做"完成合同法"。"完成合同法"带来的问题是,你的资产负债率很高,超过80%,不符合证监会的标准。但是从它的构成来看,却是合理的,负债大多属于经营性负债,尽管资产负债率很高、很吓人,却是符合公司实际经营情况的。从投资者的角度来看,这种方法也可以清楚地看出这家公司真实的盈利水平。我们经过讨论认为,这是一种实质大于形式的合理的方法。

2004年,经过前期的摸底、尽调、测试等详尽准备后,金螳螂开始启动股份制改制工作。这个标准出来后,就被后面的所有装饰类上市公司所模仿,成了行业的模板。这个可以算我职业生涯中一件引以为傲的事。

五句话"画像"向投资者精准推介

金螳螂上市审核过程中,也碰到一些有趣的问题,预审员第一反应是装饰公司也来上市? 我要做好解释,其实我们是做公共建筑装饰的,和马路装饰游击队有本质的不同,我们和别人不同在哪里,等等,解释的过程其实也是帮预审员了解、理解这个行业的过程。

金螳螂上市以后,首要问题还是怎么样让机构投资者了解公司、了解行业,这是我所要做的第一件事。因为一个新的行业,遇到的第一个问题就是怎样让别人知道你,这就需要花时间、精力与大家交流。我大概用了一年半到两年的时间,到各地路演、沟通、参加各种策略会,把基本的行业逻辑、概念讲解给大家听,介绍"金螳螂是个什么样的公司,靠什么赚钱,怎么赚钱……"其次就是画像。我把公司主要的看点拎出来,力争用五句话讲清楚,然后用一张纸把公司是干什么的简要列出来、说清楚。因为机构投资者每天要面对很多的信息,所以一定要把想表达的内容提炼出来,在最短的时间内让投资者初步看懂你。

活动留影

2008 年金融危机爆发,股价一度下跌较多,在分析和了解公司的订单、潜在客户等主要信息后,我建议高管和大股东增持,当时无非就是希望给市场传递利好信息。大股东在底部做了增持,稳定了投资者的预期。事后看,金螳螂的业绩从 2009 年三季度开始爆发,两年时间股价涨了十三倍,机构投资者收获满满。个中缘由,我认为主要是前几年我们做了很多的铺垫工作,机构对公司非常了解,而在市场迷茫和不明朗的时候,要给机构投资者传递积极的信号,因为他们都是长期投资者。当时的主要投资者都很稳定,有单个基金持仓满十个点,他敢拿这么重的仓位，就是有信心的表现；当然，正因为此，后来他也有了很丰厚的投资回报。

为行业研究员建模做出"特别"贡献

最后一个值得说的，就是帮助和引导建筑行业的研究员怎么研究这个行业。因为他们研究公司，要建立一定的财务和数据模型。我结合公司特点，把一些关键的指标挑选出来，建议研究员纳入模型中，比如新签单指标、设计的订单指标、单体订单平均额等。对装饰行业的研究入门、公司数据建模等，我都提出了一些中肯的建议，好多研究员一直到现在都和我是好朋友。这个我觉得对行业是有一定贡献的，相信好多老研究员也是认可的。不同的行业研究角度不一样、数据着眼点也不一样，怎么帮他们建模研究装饰行业，当时我觉得有必要，也有责任，义不容辞。直到今天，他们的模型里面都有我提到的那些关键的点和数据，当然，这也成就了我自己。

夯实基石，形成价值最大化多赢局面

董秘是桥梁，在一些关键的方向性方面要做好引领。我的一个体会是，董秘要做好资本市场的中间人、翻译，要把行业特殊性的东西，比如经营特性、运营特点等，翻译成资本市场能听懂和理解的话，这个很重要。同样地，董秘要把资本市场的诉求转换成董事会或者老板能够了解的信息，要让领导知道，资本市场对公司的看法、要求，哪些指标有问题，哪些方面需要改进，投资者的期望是什么，等等。不能偏颇，不能报喜不报忧，更不要粉饰太平，而是要客观理性。因为机构投资者是公司定价的最主要的基石，他们相对理性客观，把这批投资者服务好才是董秘最重要的工作。

我一直觉得，董秘最大的作用就是把公司的价值最大化。这种最大化，是一种多赢的价值最大化，形成所有上市公司利益相关方价值最大化的多赢局面。上市公司涉及的利益相关方有大股东、董监高、机构投资者、散户，当然还有监管机构、媒体等，每一方都和上市公司有关联。上市公司是资本市场的基石，是创造投资价值的来源，所以这个群体一定要健康，否则即便有再好的制度和从业人员都是没有用的，上市公司是市场的"锚"！上市公司涉及很多方，不能互相戕害，或者以伤害另外一方的利益为代价，这样最后都是输的。比如我们看到的前几年出现的恶意减持、业绩造假等丑闻，所有这些行为都是以伤害他人为代价的。A股市场这么多年，也有不少优秀的上市公司，做出了最后都是多赢的样板表率——企业发展、大股东得利，机构投资者、股民都挣到了钱，监管机构也引以为傲。我越来越体会到，长期看，多赢局面对资本市场各方参与者都是最好的选择。如果市场有这样一批企业，何愁我们的市场不繁荣？

参加会议留影

当下的"危"和"机"

不管有无疫情，当前国内装饰行业本身都需要做很多调整或改变。首先，装饰行业的生产方式比较传统，需要依靠大量的人工、手工；其次，行业和千家万户紧密相关，因为装饰既是产品，也是服务。但这个行业在过去有很多不规范的地方，很多的投诉，都与这个行业现有的经营模式不规范有关。简单一句话就是，作业方式落后，市场规范程度不高，从业人员素质参差不齐。

大家需要好的产品和服务，当前行业发展不符合高质量发展的要求，不符合老百姓对于美好生活、优质装修产品的需求，那些不环保的，服务不规范的，一定会被老百姓抛弃。现在，我们要通过信息化、互联网,让行业更加透明和规范,这些我们都在探索、尝试。

疫情防控期间,老百姓宅在家里,以前从来没有那么长时间待在家里审视自己家的装修,质量怎样,是否环保。对亚厦而言,我们这些年希望通过产品创新、技术创新,改变整个行业传统的游戏规则,把不规范的踢出去,净化行业生态。疫情催生了装饰产品的健康需求。我们希望将来把装修产品做成像货架上的商品那样,形成便捷、优质、标准化和可自由组合的新业态,同时因为是标准化的产品,所以也更加人性化。亚厦是装配式装修的引领者,现在我们已经研发出第七代产品,重点的服务对象包括地产、公寓、医院、办公空间、酒店等。以后,我觉得医院会加大投入。

亚厦股份公司办公大楼

受疫情影响，很多行业都不太好，比如业绩波动、下降。加之新证券法已实施，其核心就是充分的信息披露会比往年显得更重要。董秘首先要对公司内部的数据做到心里有数，做出及时的判断。信息披露要及时、准确，这是董秘的职责和基本功。信息披露出问题，那是不合格的。我想提醒两点：第一个是接听投资者电话，态度要好，股民亏了钱有情绪，要让他宣泄，对于互动易上的回答要谨慎小心，没有把握的不要随便说，长话短说，闲话少说；第二个是董事长、总经理公开讲话一定要注意。理论上，新证券法实施后，上市公司如果有虚假陈述，小股东是可以告你的，现在的赔偿金额不是个小数目，违法的成本越来越高。董秘要保护公司，保护投资者，这要给董监高讲清楚。当然，如果上市公司有好的消息，我觉得这是锦上添花的事情，只要达到信息披露的标准，那就更应该及时和投资者去分享，何乐而不为呢？

沐昌茵

　　沐昌茵，女，1957年生，安徽人，大专学历。曾任福州通用电气股份有限公司团委书记、党办主任；福建实达电脑集团股份有限公司综合处副处长、股证投资处处长、董事会秘书；福建国脉科技股份有限公司副总裁、董事会秘书；福建众智生物科技有限公司总经理；福建星网锐捷通讯股份有限公司副总经理、董事会秘书；平潭卧湖桥股权投资管理有限公司监事。现任福建省闽东力捷迅药业股份有限公司独立董事；福建海峡环保集团股份有限公司第四届董事会独立董事、董事会薪酬与考核委员会主任委员、董事会战略委员会委员、董事会审计委员会委员。

沐昌茵：星网锐捷一波三折的上市故事

纵观自己42年的职业生涯，其中有一半时间我是在董秘这个岗位上履职的。从1994年在实达集团企业股份改制时担任公司董事会秘书一职开始，一直到2017年，我因身体健康原因及到了退休年龄而辞去福建星网锐捷通讯股份有限公司副总经理兼董秘一职，改任董事长特别助理，我先后服务了"实达集团""国脉科技"和"星网锐捷"等三家上市公司。其间，我经历并见证了中国资本市场从无到有、从雏形到逐渐成熟、发展壮大的全过程，其间经历了风雨坎坷、波澜曲折。在此，我想借用星网公司如何改制、规范和上市的故事，诉说企业改制的艰难以及来之不易的成功。

福建星网锐捷通讯股份有限公司（以下简称"公司"）早期是实达集团的一个子公司，于1996年11月设立。原名是"福建终端电子有限公司"，2000年7月更名为"福建实达网络科技有限公司"。2002年，实达集团将其所持有的福建实达网络科技有限公司控股权转让给福建省电子信息集团，2004年福建实达网络科技有限公司更名为"福建星网锐捷通讯有限公司"。2005年9月,经商务部批准,公司由有限责任公司整体变更为股份有限公司。

2004年年初,当时我正任职福建众智生物科技有限公司总经理,突然接到原实达老同事、后任星网公司董事长黄奕豪的电话,他告诉我星网公司准备改制上市,希望我去星网帮助改制并负责上市工作。接到电话后我犹豫了许久,留还是去?留下,我在现有岗位上工作得挺好,上级领导信任、同事关系融洽;去,改制上市牵扯面广、工作辛苦且不确定性大。思来想去,难以决断。最后,在董事长黄奕豪的盛情邀请下,我最终选择了这份挑战。2004年10月,我到星网公司赴任。

再规范员工持股人数符合新公司法

入职后,我首先要做的就是如何解决骨干员工持股问题。骨干员工持股是当时IT行业较为流行的方式,鉴于行业特点,需要留住人才与公司共同发展。经过综合考量,2005年1月6日,经厦门市经济体制改革委员会批准,由本公司及子公司337名骨干员工共同作为发起人发起设立"厦门维实创业投资股份有限公司"。在解决了员工持股的合法性问题后,我接着开始进行公司整体改制、规范章程、完善治理等工作。解决规范问题后,公司的发展就进入了快车道,上市工作也正式提上议事日程。

2007 年 12 月，经过两年时间的准备，公司向中国证监会首次申报上市材料，2008 年 1 月 30 日，证监会发行处给出了反馈意见。此时，出现了一个新的问题，由于星网锐捷公司改制时遵循的是 1993 年颁布的第一部公司法，其第七十五条规定，"设立股份有限公司应当有 5 人以上为发起人"，该规定并未对发起人人数的上限做出限制，因此"维实投资"的发起人人数符合当时公司法的规定。而第二部公司法（2006 年 1 月 1 日起施行）第七十九条规定"设立股份有限公司应当由 2 人以上 200 人以下为发起人"。可见，"维实投资"的发起人人数不符合新的公司法规定。但根据"法无溯及力"原则，"维实投资"的发起人人数不符合新公司法规定，应当如何认定？

为此，我请教了当时在中国证监会工作的律师朋友，一位律师认为"维实投资"是 2005 年设立的，根据"法无溯及力"原则，这不是个问题；而另一位律师朋友则认为有瑕疵，因为它与现有法律相悖。当时我就感觉有些麻烦了，两位都是从事法律工作多年且有一定知名度的律师，对此事的看法却截

公园留影

然不同。经过一番慎重思考,我向公司领导汇报并与保荐人前后沟通多次,最后大家采纳了我的意见,对"维实投资"持股人数进行规范调整。我们本着自愿原则,经过充分协商,最后参照风险资本拟上市公司的平均市盈率水平确定转让价格,终于得到转受双方的认可。经调整,公司持股人数最终符合新公司法的要求。

分拆上市不是国有资产流失

2008 年 4 月,公司中介出具了维实股权转让的专项意见书。2008 年 6 月 27 日公司首次上会,并顺利通过。可就在我们兴奋地准备领取批文开始路演之际,媒体登出浙江立立电子分拆上市的新闻,有人就质疑是否有投行人士曲线入股,并向发审委举报,说是国有资产流失。恰好星网锐捷也是从实达集团中分设的,两者形式相同,是否也存在国有资产流失问题?出于谨慎,证监会发行部门要求复查,暂缓发行。于是,星网上市发行工作就被搁置了下来。

事后,证监会发行部门在经过层层审查后,认为星网锐捷公司与浙江立立电子公司分拆上市,仅仅是形式相同。当年实达集团将其不看好的网络设备公司转让给福建省电子信息集团,后者将其从实达剥离后重组并改制上市,其实是做强了国有经济,提升了福建信息产业的竞争力。而"立立电子"的大股东是民营企业,两者主导改制的主体不同、分设改制的动机和思路也不尽相同。在福建省政府的支持下，我们以实质大于形式、做大混合经济和发展互联网网络设备等三个方面向中国证监会作了陈述，获得其理解并同意再次上会。

专利风波力促公司充分信披

2010年5月26日公司第二次上会，并顺利过会。正当我们紧锣密鼓路演时，突然又出现了极富戏剧性的一幕：当时江苏久恒电子因专利不实被举报，受此影响，公司保荐人在事前未与发行人充分沟通的情况下，草率地向中国证监会申请暂缓公司股票发行。这对公司、对资本市场而言，在当时无疑是一个非常重大的负面事件。

为此，公司被迫暂停了IPO，对是否存在专利不实问题进行专项调查。最后由福建省知识产权局向中国证监会做了专题汇报：福建星网锐捷通讯股份有限公司是国家首批创新型企业、国家高新技术企业、国家知识产权试点企业，近年来通过自主创新，大力培育核心技术，提升知识产权竞争优势，企业取得了快速发展。经2010年4月16日检索，该公司及下属企业共申请专利386件，已获授权78件。其中：发明专利申请285件，已获授权16件；实用新型专利申请84件，已获授权54件；外观设计专利申请17件，已获授权8件。在已授权的专利中，该公司已主动放弃维护的专利12件，其中实用新型专利3件，外观设计专利9件。

调查认为，一个完整的专利保护周期，包括了专利的维持和淘汰。由于新技术发明日新月异，企业根据本行业技术发展情况，对落后的或已失去市场竞争优势的专利技术进行更新，属于正常的行为。由于该公司主营的网络通信产品更新换代迅速，产品功能升级、改版频繁，公司在对产品作出调

休闲、开心

整时，对所涉及的相关专利（尤其是外观设计专利和实用制专利）进行更新、淘汰，对有价值的专利继续给予保护、维护，这样既能有效保护公司的核心知识产权，同时，主动放弃已无价值的专利，又可以节省公司专利维护成本，这是现代企业普遍采取的专利保护策略，公司上市不应受此影响。

尽管如此，公司不因无实质性影响而降低要求，而是吸取教训、查找不足、积极整改，认真做好技术专利管理和专利申报的信息披露工作，为高科技公司的专利管理夯实了基础。经过审查，发审委最终接受了知识产权专利部门的专业意见。

公司的上市工作起早赶晚，一波三折但终于成功，其间诸多酸甜苦辣，只有亲历者方知其味。今天看来，一波三折的过程正折射出我国市场导向改革的深化和进步。试想，如果没有完善公司治理、规范员工持股，就不可能有极具活力的公司主

体；如果在一审过会后，面对市场质疑被迫搁置后没有及时释疑，就不可能对发展混合经济有广泛的共识和更加深入的探索；如果在专利申报管理和披露有待完善后，没有知识产权和专利管理部门介入调查，公众对高科技新技术专利管理的特点和流程就必然缺乏深刻认知。这一波三折的上市过程虽然艰辛，但也让我有机会全方位多角度地接触了许多可敬可亲的领导、充满智慧的中介机构和关心支持我的朋友们，至今难忘。在此，我想用这个故事告诉大家，一波三折、危中有机、不懈努力、寻求突破，是我们这一代董秘的使命和责任。

王煜

王煜，男，1965年10月生，中共党员，西南财经大学经济学学士、重庆大学管理学硕士、荷兰马斯特里赫特大学 MBA。曾任职二重重装（601268）和天沃科技（002564）两家上市公司董事会秘书，现任天沃科技董事、副总经理。在公司 IPO、上市公司运营、并购重组、股权与债权融资、公司治理、信息披露、市场维护、监管关系处理等方面有丰富的工作经验。

王煜：上市公司战略重组体会

我的董秘职业生涯，围绕企业发展战略参与重组整合等资本运作是主要经历。其中，既有央企的整合，如中国二重和国机集团的联合重组；也有民营上市公司的并购，如天沃科技与中机电力重组；还有国企与民企的携手联合，如天沃科技战略性引入上海电气。多年的董秘经历，带给我对资本市场更深刻的理解和更多的敬畏。

我是在中国二重开始进行资本运作工作的。中国二重原为机械工业部骨干企业，也是首批国务院国资委的骨干央企，即所谓"两个关系"企业（关系国家安全、关系国家经济命脉）。我在二重经历比较多，做过人力资源、企业管理、进出口贸易，后来担任董秘后又任总经理助理，参与推动核心资产二重重装改制上市。计划经济时代的企业都有一个特点，专业化分工过细，二重的产品所服务的行业虽然比较多，但主要是提供装备。大型工程建设是一个系统工程，光做设备使得自身产业链条短，发展空间狭窄，所以国务院国资委便鼓励央企按照自主、联合、协商的方式推动重组,做强做优做大中央企业。自 2013 年开始,按照上级的要求,中国二重和国机集团实施联合重组。由于两大央企重组涉及上市公司,国资审批和信息披露是重点,两个团队在这个过程中充分体现了合作精神,始终体现了联合重组的平等气氛。整个重组过程波澜不惊,有序推进。央企之间的重组,重在落实国家战略意志,与市场化重组有本质的区别,重组效应将是长期的,相对而言,行政色彩更浓一点。

2016 年 2 月,我离开中国二重,加入民营上市公司天沃科技。

上任伊始,我就参与天沃科技的重组工作。首先收购了无锡红旗船厂 60% 的股权,公司由此获得了军工资质,进入军民融合业务领域。2016 年年底,在董事长的决策下,天沃科技实施收购中机电力 80% 股权的重大资产重组,推动了天沃科技战略转型。

通过进入民营企业后进行的第一个市场化并购事项,我充分感受到了市场化并购与央企联合重组的差异,主要表现在行政色彩淡化,通过市场博弈实现价值发现;对利益相关方的诉求要有充分的认识,双赢甚至多赢是存在可能性的;交易方案的灵活性,充分体现了市场经济条件下经济主体的自我主导作用。

收购中机电力,对天沃科技内部的管理也有很大的促进作用。2017 年起,我们对公司的管理进行了梳理。当时的企业呈现点多、面广、架构复杂的特点:地理分布上,在张家港、上海、无锡三地经营;行业类别上,涵盖装备制造、电力工程 EPC 总包

参观上海卢浦大桥留影

以及军民融合业务；管理方式上，工厂、设计院差异性大，而且天沃本部还有经营性资产。通过慎重地分析研究，2017年董事会采纳了"集团化管控，板块化经营"的架构改革方案。通过改革，将本部管理职能与各子公司经营职能划清，母公司成为战略规划、经营预算、资本运作和财务筹划、资金组织的管理中心；各板块子公司成为专心做产品、做市场、做业务的利润中心。天沃科技由一个单一的装备制造厂，转变成一个集团化的企业。公司装备制造资产下沉，重新启用了在行业内有较高知名度的"张化机"品牌，同时剥离了低效无效资产，采取部分可独立核算资产试水承包经营等，这些措施发挥了各级管理团队的积极性。2017年，是天沃科技的改革之年。随后，天沃科技与上海电气重组，天沃科技最终成为地方大型国企的子公司。

我经历的这几次并购重组，是中国进入 21 世纪后，特别是经过经济高速增长后，整个产业结构进行调整这一时代变革的缩影。我国以制造业为主体的实体经济都在走这条路。2010年前后央企开始重组；2013—2016 年民营企业并购比较多；2017 年和 2018 年，大量国企与民企合作，表象是所有制之间收购，但实际上还是体现了整个经济产业结构的调整，这是一个必然现象。无论是改变历史上的计划经济体制下的产业分割局面，还是单一的制造业和产业链上下游之间的重组，抑或不同所有制企业之间的混合，都是为了整合资源，提升效率，这是市场法则的体现。

最后，我认为上市公司董秘的诸项工作中，公司治理和信息披露工作能力不可或缺，董秘的独有价值也离不开资本运作的全面把握能力。上市公司对董秘的要求往往体现在以下三个方面：一是懂资本市场，善于理解规则，做好信披工作，懂得并善于开展资本运作；二是懂企业管理，能够破解内部管理难题；三是懂行业，以专业人士的素养参与上市公司管理。这种综合性工作的能力是不可替代的，它涵盖了战略、行业、投资、财务、法律、企业管理、资金、股权乃至投资哲学和管理哲学等多个领域，这些都是称职董秘应当掌握的。有了这种综合性工作能力的基础，才能发现机会并设计方案，组织协调中介机构，推动企业战略变革。这是资本市场和企业发展对董秘个人素质、经历、思维能力的必然要求，因为资本运作永远没有重复的案例。

吴士君

　　吴士君，博士，男，籍贯山东，爱尔眼科医院集团股份有限公司董事、副总裁、董事会秘书，自2003年任职以来先后成功主导三次再融资近60亿元，公司连续9年获评深交所信息披露A级，公司市值增长约20倍，第十届深圳证交所上市委委员，长沙市高层次人才，上海财经大学商学院MBA实践导师，中国上市公司协会投关委委员、董秘委副主委，蝉联中国上市公司协会"董事会秘书履职评价5A"，入选"新财富金牌董秘名人堂""湖南省上市公司金牌董秘名人堂"，多次获得"最佳董秘奖""最佳投资者关系奖""最佳新媒体运营奖""最佳资本运作项目奖""天马奖"等，并多次获评"中国最受投资者欢迎的上市公司董秘""功勋董秘""优秀董秘"。

吴士君：越是风高浪急，越要与
投资者站在一起

一转眼，我在爱尔眼科担任董秘11年多了，2020年9月24日有幸入选"新财富金牌董秘名人堂"。实际上，这是属于爱尔人集体的荣誉，我相信谁在这个岗位都能获选。每一个小成绩，都得益于天时地利人和，都必定是各方合力的结果，必须归因于公司的规范和健康成长。没有投资者、评选专家、监管部门对爱尔的长期信任，离开了全体爱尔人的强大后盾，离开两位创始人的直接引导，这是根本不可能的！

董秘的角色，在相关规则里描述得很清楚，通俗地说就是四个方面：一是公司战略的"参谋部"，协助董事会实施战略规划；二是资本运作的"设计部"，利用资本市场助力公司发展；三是公共关系的"统战部"，扩大市场各方的统一战线，让更多的人了解和信任公司；四是投资者关系的"外交部"，传递公司的阳光文化，建立融洽、和谐、积极的股东队伍。

然而，"纸上得来终觉浅，绝知此事要躬行。"这句诗像老酒，越品越有味。任职董秘时间越长，越觉得做好并不容易，把每个方面铺展开来,都需要投入大量的精力,需要公司集体的支持。董秘团队必须不断加强修炼、时刻保持敬畏,才能日渐精进。我仅就第四方面——投资者关系管理谈谈体会。

大处着眼,小处着手

自 2009 年上市以来,爱尔眼科一直高度重视投资者关系管理,从两位创始人做起,发自内心地尊重投资者,努力让广大投资者成为公司的后援团。爱尔的理念很朴素:投资者无论大小,公司都应履行信托责任,态度老老实实,工作踏踏实实,业绩扎扎实实。通过集团上下的共同努力,爱尔眼科汇聚了海内外大批长期投资者,越来越多的投资者前来就诊,我们清晰地感受爱尔口碑的传播。上市 15 年来,爱尔眼科的市值与价值保持同向增长,充分证实了长期价值规律:市值必然以价值为基础,任何时候都不要本末倒置。路遥知马力,时间会证明一切。

但是,随着上市公司的数量越来越多,影响股价的因素也越来越多,爱尔眼科作为公众公司,在为患者和社会创造价值的同时,必须通过各种创新渠道,让投资者充分了解公司的前景和发展趋势,引导价值投资、长期投资,在践行长期主义的过程中让公司脱颖而出,赢得更多投资者的关注和信任,让内在价值得到合理的外在体现。

这就要求董秘团队有条不紊地开展各项日常工作,润物细无声,做好"常备军"。比如经常参加各类海内外路演交流、投资策略会,及时组织重大事件或定期报告电话会,带领投资者对代表性医院进行考察调研,邀请集团领导或各事业部负责人参与交流,通过交易所"互动易"等渠道解答投资者的各类问题。

把平常做成不平常

为达到这个标准,我们在董事会的支持下进行了多项创新,比如对重大资本运作进行语音解读,让投资者在短短的几分钟内就能把握数百页方案的核心,帮助他们节约了大量时间;设立"全国医院投资者接待日"制度,每年都在公司上市周年日那天,组织各医院核心团队接待投资者,让投资者更了解公司的发展趋势;邀请投资者(无论是否持有公司股票)担任服务体验官,对医院进行明察暗访,提出意见或建议,增进公司的透明度。这些工作有助于投资者深入了解公司基本面,公司信息披露连续多年被交易所评为 A 级。

创新性必须与预见性相结合。比如,2020 年 1 月 8 日,公司发布了收购 30 家医院的草案。考虑到未来对标的医院的系统整合,公司实事求是,突破常规,没有按照市场的通常做法设置"对赌"条款。预料到市场必然会关注这个问题,我在香港高铁站候车时写下《为什么爱尔眼科收购的 30 家医院没有"业绩承诺"?》,方案披露后在公众号发出。及时的解释受到了投资者的欢迎,也极大地提高了沟通效率,避免了因一一解释而花费更多时间的困境。

关键时刻挺身而出

日常工作无论有多少，随着时间的积累，总能发现一些规律，因而可以提前计划。令人猝不及防的往往是二级市场突发的意外。股价像市场情绪的晴雨表，高度灵敏但经常出错，是投资者心理共振的结果，对各种虚虚实实的"消息"高度敏感，所以资本面和基本面不是如影随形，有时大幅提前，有时严重滞后，它们有不同的"游戏规则"，由此导致资本市场很少有岁月静好，而常常是巨浪滔天，每年总有几次突如其来的剧烈波动。这时，董秘团队必须保持 24 小时"战备"，平时做好"常备军"，战时敢当"突击队"。

股价在 2021 年期间两三个月的跌宕起伏，就是非常典型的例子。硝烟散去，回想那段"战斗"经历，焦虑、投入、兴奋、感慨，知几许？

2021 年 7 月底以后，公司多次"躺枪"，多项外部因素叠加冲击，市场过度恐慌，股价连续下跌。出现这种情况，我们怎能袖手旁观？对这些投资者高度关注但未达到披露标准的一系列问题，我在个人公众号上连续发表多篇解析文章，通过政策研究和逻辑推演，与团队一起为投资者决策提供帮助，以下为"战斗"实录。

2021 年 7 月 24 日，政府出手整顿教培行业，投资者担心会延伸到民营医院。事不宜迟，26 日，本人发表《民营医院是下一个教培行业？客官多虑了！》，分析民办教培和民营医疗实际上不是一回事。

紧接着，义务教育实行"双减"！市场又担心眼科的需求受到影响，27 日，本人发表《大伙辛苦了！眼科没啥事，您又多虑了！》

病去如抽丝。很多投资者还是来电询问，对社会办医的政策仍存很大疑虑，于是本人在 28 日发表《大伙别慌张，定心丸来了！》，文中引用党和国家领导人的重要指示精神：支持社会办医，发展健康产业。

大型互联网企业无序扩张被罚，市场"联想"民营企业政策生变，29 日的《董秘就是按摩师，老板需要服务吗？》向投资者传达新华社最新报道的指示精神。

市场越是风高浪急，我们就越是与投资者站在一起！其后，我又连续发表几篇文章，解答了一些有代表性的问题。

8 月 6 日，国家卫健委发文，民营医院在职称评定方面与公立医院一视同仁，我也学"标题党"，发表《果然，国家还是对民营医院出手了！》，进一步消除投资者的顾虑。

8 月 13 日发表《喂，那个董秘！客人点钟，该上场了！》，提醒投资者冷静分析，看清这次波动的本质。

8 月 19 日的《爱尔眼科还是时间的朋友吗？》，阐释爱尔的战略、理念和基本面，坚信苦心人天不负！

由于公众对"共同富裕"的误读，加之某些反智自媒体兴风作浪，股市如惊弓之鸟大幅下挫，我于 8 月 20 日、21 日、22 日连续发表《怎么看当前股市的暴跌?》《国运即是绝大多数人的命运》《外资不看好中国股市了?》，坚定看好共同富裕是发展正途。

树欲静而风不止。股市惊魂未定，耗材集采的骨折价让市场又担心非基本医疗服务也要集采，半夜三更仍有投资者在微信提问。鉴于此，24日凌晨我在公众号发出《令人闻风丧胆的集采要越位?》，表明不必要杯弓蛇影。

投资者连续遭受暴击，太需要安慰了! 由此，我于8月26日至31日发表《爱尔眼科期中考试成绩将公布，德智体美劳分别得多少分?》《这家民营医院摊上事了，国家级!》等文章，引导投资者深入了解眼科行业的政策面、公司基本面和医疗技术水平。

一个多月时间，"核心资产"都出现了股价大幅下跌，但企业不应人云亦云，而要坚定走好自己的路，30日的《斗胆跨界说恒瑞》引发了不少共鸣。上市公司要关注二级市场，但不能盲从二级市场。

8月31日晚间，《深化医疗服务价格改革试点方案》出台，市场必然关心方案对公司的潜在影响。抓紧研读，9月1日零点刚过我就发表《绳子归绳子，螃蟹归螃蟹》，进行简要分析，当晚阅读量破千，次日几家医药媒体进行了转载。

9月2日、3日的《这个问题，交易所不问，爱尔眼科不说》《重磅信号来了!》，让投资者看到公司的核心竞争优势和多省市对民营医院的最新支持措施。此时，投资者信心逐步恢复，股价企稳。

4日、5日的《所谓"领导"》《爱尔眼科的"小目标"与"大目标"——答复股东关于公司再次捐赠的提问》,以具体事例,让投资者进一步了解爱尔以上率下的企业文化和回报社会的价值观。

7日,针对有的外资基金对中国政策的观望态度,我发表《不信东风唤不回》一文,建议不要受极"左"言论的误导,在高质量发展中实现共同富裕将是长期利好,支持民企发展的政策一定不会变。

通过内外多方努力,随着更多投资者达成共识,公司市值从9月初的低点稳步回升,这一波上涨约三成。以随机应变的"组合拳",应对这场接二连三的"阻击战",终于冲破黑暗,见到曙光。

这只是过去多次"过山车"经历之一。无论哪一次,不管是正面冲击,还是被动波及,董秘团队都按照集团领导的指引,以最快的速度做出反应,努力引导投资者理性判断,避免非理性的"羊群效应"。

董秘也是"按摩师"

我曾经在公众号分享过体会:《董秘也是"按摩师傅"》。想了想,叫"按摩师傅"不妥,乍一听像打铁的、修车的、炒菜的、看门的。后来把"傅"字去掉,像工程师、设计师、发型师、会计师,感觉高端了许多,呵呵。不管叫什么,在投资者慌不择路时,他们需要董秘帮助梳理一下思路，舒缓一下情绪，安抚一下创伤，点亮一丝希望，跟人们疲劳时希望按摩一样。能起多大作用很难说，但可以帮他们第二天轻松上阵。当然，你也可以视而不见，以"公司经营正常"一句话搪塞，但这绝不是爱尔眼科的做法。

担任董秘之前，我已经为公司服务多年。公司牵引我们成长，天长日久、耳濡目染，爱尔文化成为员工工作风格的底色，像爱惜眼睛一样爱惜患者，像尊重患者一样尊重投资者。

在有责任感的平台长期工作，是一个董秘的人生幸运，也是职业生涯的明智选择！

何愿平

何愿平，男，1966年9月生，籍贯湖南岳阳，新西兰维多利亚大学硕士、北京科技大学硕士、南京理工大学学士。现任上市公司碧兴物联（688671.科创板）董事长、实际控制人；股权融资8亿元。曾于2005年9月至2017年3月任碧水源（股票代码：300070）联合创始人、常务副总兼董秘与财务总监；先后股权融资近200亿元，公司最高市值接近1 000亿元。

何先生也是位创业家，18年间先后陪伴五家公司在国内外上市；是碧兴物联、碧水源等上市公司的创始人、联合创始人、核心操盘手，也是上市企业的发展战略制定者和实施者之一，长期全面负责上市企业的运营与管理。

何愿平：碧水源——成为创业板
上市神话

董秘作为上市公司的对外发言人和对外窗口，受到了越来越多的关注。我是从参与碧水源公司 IPO 开始，逐渐走上董秘这条路的。但和其他公司的董秘稍微有些不一样的是，我本身是碧水源公司的创始人之一，自创业伊始，我就管理着企业的经营、财务等，对企业的各个板块都比较熟悉。公司上市以后，我就成为了公司管理层决策班子的成员之一。

上市审核被反馈 18 次

为了推动我国的环保产业做强做大，碧水源走上了上市这条路。碧水源 2007 年股改，最初计划到深交所申报中小板上市，也顺利通过了中国证监会的审核，不过其间共反馈了 18 次，可能这也是很多董秘同行没有经历过的次数。因为 2008 年汶川地震，证监会 IPO 停了，只反馈不过会，碧水源的材料在证监会躺了两年。

2009 年创业板开板的时候，我们认为中小板都过完会了，而创业板正缺公司，于是我们就改报创业板上市。没想到报过去后，没能满足扣非后净利润连续增长的基本要求，差了几十万元利润，这让我受到不小的打击。等待了半年，证监会也修改了上市规则，我们以 2009 年年报重新报了证监会。

2010 年 4 月 21 日，碧水源成功上市，一度占据当时创业板上市公司股价最高点——176 元，募集资金也最多，达到 25 亿元，超募 18 亿元，这成了当时的一个资本神话。在创业板的最初两三年中，碧水源市值一直排名第一，我也连续八年被业界视为上市公司身价最高的董秘。2015 年，资本市场发生剧烈波动，我们当时进行了再融资，成功融资 63 亿元。

碧兴物联上市仪式

碧水源开始是从 40 万元起步，通过膜技术创新、商业模式创新、管理与机制创新，逐渐成为了行业引领者，目前已拥有逾

200亿元净资产。现在我们又从资本市场融资了100亿元资金，这对公司的发展起到了重要的推动作用。

担任创业板发审委委员　感悟更透彻

我曾担任过证监会第六届创业板发审委委员，代表董秘群体出任发审委委员是我的荣幸。进入发审委，让我可以站在证监会的立场思考问题，加深了我对资本市场和上市规则的感悟，让我更能够理解所有制度背后的故事，以更高的眼界去看市场。同时，我也有机会见到各个领域的企业，面对企业各式各样的问题，也更能从证监会的视角去看待和处理。所以，这个角色让我受益良多。在实际工作中，若遇到某个公司要去IPO上市交流，我可以分享相关经验和体会。

论坛演讲

每周至少踢两场足球

在中国,大部分做事业的人,90％的时间花在工作上,10％的时间花在生活上。我觉得工作和生活是可以平衡的。

在这 10％ 的有限时间里,要多关注身心健康,要有趣。我在北京组织了上市公司高管足球队,有五六十位同行队员,每周都在一起踢球。踢球是我从大学时期就保留下来的一个爱好,每周至少要踢两场球。平时若不踢球,也会坚持身体锻炼。运动对身体、情绪和大脑都有极大的帮助,大家经常会看到我在微信朋友圈发信息,呼吁坚持运动。同时,我还有每天独立思考一两个小时的习惯。

一个人的成就跟他的习惯有很大的关系,只有自律的人才能养成好习惯。真正优秀的人,需要具备几方面的能力:第一,不断学习的能力;第二,独立思考的能力;第三,将思考转化成文字,保持笔耕不辍;第四,良好的身体素质,这决定了你的工作效率。

生活品质并不是全靠财富,还靠良好的生活习惯和思想灵魂的品位。

好董秘的能力是这样的

一个好的董秘需要具备很多能力,要熟练掌握公司法、了解法人治理结构和善于信息披露,还要懂宏观经济,会解读国家的宏观政策。

董秘还要懂得公司业务，对行业特别了解，才能为公司的发展贡献智慧；要会解读公司财务报表，这和整个资本运营相关联；还要参与公司的战略决策，只有参与决策，才能实施战略。董秘要代表公司发言，无论是在上市的过程中，还是在上市以后的公司做大的过程中，董秘都必须对公司有全面的了解，理解公司的发展战略，这样才能跟投资人深入交流。

所以我认为，董秘既是一个专才，也是一个全才，要有全面的能力，能把专业知识传递给公司。做董秘，包括我自己，既不能妄自菲薄，也不能自大，因为要学的东西实在太多了。董秘的眼界、水平、知识面，一定程度上决定着公司的发展。

评价一个公司的董秘水平高不高，最核心的是看公司的市值做得大不大。所以，一个董秘不要说董事长没有给你权力，主要看你能不能跟上董事会，跟着董事长去发展，这也是一个相互的关系。真正厉害的董秘其能力是上不封顶的。尤其是这几年资本市场的变化，对董秘提出了很多的要求，董秘在公司的角色就特别的重要。我自己就感觉到，如果一个董秘在一个公司说话没有分量，那么他在资本市场上基本也没有说话的分量，这点非常重要。

资本市场是很讲信用的，所以董秘要有很高的诚信度，保证信息公开透明，引导大家遵守规则。特别是董事会的其他成员、董监高们可能不太了解其中的规则，引领他们遵守规则非常重要。我们既要遵守外部的规则，也要对内制定规则。这些都是董秘要做的。

董秘还要有独立思考的能力,需要忍辱负重。任何事情都不是一帆风顺的,一个公司的股价、行业的发展经常波动,我们要独立思考,形成自己的观点。例如,对规则的理解,不要只从字面去理解,而要理解规则的背后提倡什么、反对什么,我们就知道了做事的方向,从而可以提前去谋划。对未来的预知能力,是一个董秘最大的能力。

未来市值管理要求会更高

我认为,一个人要成大事,要成为思想者,和平时的学习、经历、眼界是分不开的。很多东西经过总结,不停地复盘,总结出自己认可的经验,就形成了自己的思想。总结过去,可以更好地预测未来,做出更好的决策。

要培养阅人的能力。我会阅懂我的客户,阅懂我的上司,阅懂我的合作者,阅懂我的下属。在各个方面,如果一个人的阅人能力很强,他就能看懂很多事。我过去跟资本市场打交道多年,有很多感受。国家出台相关政策后,很多人会向我咨询,我对每个政策的解读都有自己的思考,所以也以行业专家的身份,参与了很多行业政策征求意见等工作。如果一个企业一直在参与行业变革,参与国家的政策制定,就体现了这家企业的竞争力。

我有时候说,董秘也是一个翻译机,去翻译资本市场。企业每年盈利多少,持续盈利的能力要会讲清楚。有本事的人就体现在怎么从不同的角度来解读持续盈利。如果你站在一个投资人的角度去看待自己的公司,你就会知道自己的公司要改善什么,要学习什么。

在信息大爆炸的时代,这个世界变得很快,各种模式、结构的更新很快。很多时候,我们也希望曾经对监管部门提出的建议,可以真正落地到市场上。中国资本市场在逐渐市场化,未来,一个企业好不好的评价标准,并不是能否上市,而是上市以后能不能做强做大。

沙龙交流

我认为,未来有些上市公司会被淘汰。上市公司只有做到几百亿、上千亿的市值,才是一个公司可持续生存的基本要素。所以,未来公司是往这个方向发展的。也许上市的门会打得更开、开得更容易一些,但要在资本市场不被淘汰并不容易。也许三五年后,市场对市值的管理会提出更高的要求。

以创业者心态来做公司

尽管我在2018年就不做董秘了,但我没离开董秘这个圈子,而是一直和这个群体在一起。

这么多年,我自己感受到,做企业的人要用创业者的心态、投资人的眼光来做,这样才能把企业做得更好。从董秘的角度来说,做市值管理,要有企业和投资人两种视角,两者价值关系也是一致的,公司产业是和整个资本产业紧密相连的。

担任董秘多年,我深切体会到资本市场的腥风血雨、惊涛拍岸,做实业的人必须有很强的定力。作为董秘,不仅要成为一个好的执行者,还应该更好地去影响董事会,引领公司的战略发展方向,让公司受到投资者青睐。其实,不仅是董秘,上市公司管理团队也需要以创业者的心态来经营公司。另外,董秘不能向下看,一定要向上看。一个人的本事如何,一般是他经常交往的十个人的平均水平。我们要多和高人交流,有思想和灵魂上的碰撞才能有所提高。董秘们多去和高人交流,多去见世面,会获益良多。

时代在变,我希望年轻的董秘"后浪"们,能够比我们这一代老董秘更强,也希望他们能够把中国的资本市场和上市公司做得更好,为社会做出贡献。只有为社会创造了价值,才能实现政府、企业、机构、个人的利益共享。

葛卫东

　　葛卫东，男，1968年10月生，江苏扬州人。2000年3月至2000年10月任中国高科（集团）股份有限公司（600730.SH）董事会秘书助理；2000年10月至2009年7月，任上海世茂股份有限公司（600823.SH）董事会秘书及副总经理，完成世茂股份向世茂房地产（0813.HK）发行股份购买资产暨重大资产重组方案，发行规模83.4亿元；2009年7月至2015年8月，任苏州锦富新材料股份有限公司（300128.SZ）副总经理兼董事会秘书，完成公司IPO工作，募集资金8.9亿元；完成以承债方式并购苏州帝艾斯（韩国上市公司全资子公司）事宜，涉及业务规模20亿元；完成并购昆山迈治科技（美国苹果公司核心检测设备供应商）工作，并购规模12亿元。

葛卫东：从小散到公司高管

　　说起来，我能够进入上市公司并且从事董事会秘书工作也是机缘巧合。20世纪90年代初，我在一家地方国有企业从事基建及技术改造工作。当时，内地股市刚刚成立没几年，在很多二、三线城市还是个新鲜事物。我身边不少同事、同学等也积极参与股票投资，其中不少人获利颇丰。茶余饭后，股友们热烈的讨论，也激起了我对股票投资的兴趣。后来，我也效仿身边的朋友，拿出不多的积蓄投入股市。在我入市后，A股波动加大，对一个没有金融、财务、法律专业知识的"小散"而言，投资收益可想而知，没多少时间，自己证券账户中的资金就少了一大截。痛定思痛，我觉得要做好证券投资，还是得有一定的专业知识，也要了解上市公司的基本经营和资本运作情况。

从"小散"到"董秘秘"

　　2000年，我参加了同济大学MBA专业学习，比较系统地了解了有关公司管理、金融、财务及法律等方面的知识。学习期间，我还幸运地进入中国高科（600730.SH）工作，担任董事会秘书的秘书，协助公司董秘开展信息披露、投资者关系管理等工作。万事开头难，尤其对我这个跨专业、跨领域工作的"小白"来说，到岗后的第一感觉就是工作无从下手，为此我也没有少挨领导的批评。为了干好工作，我只有尽可能地利用工作及业余时间多了解公司的基本经营情况，学习证监会、交易所颁布的各种合规文件，多向身边的领导、同事请教。经过一段时间的磨炼，我初步了解了上市公司"三会"运作、信息披露的格式等合规要求，也能够完成董秘交办的基本工作。为此，不少同事还戏称我为办公室的"董秘秘"。

初做董秘赶上国企改制

2001年9月，我来到世茂股份（600823.SH）担任证券事务代表。世茂股份的前身万象集团是20世纪90年代上海较早的区属国资控股上市公司，鼎鼎有名的"恒源祥"就是其旗下品牌。初来乍到，工作上就遇到挑战。我记得2002年年初，公司召开临时股东大会，在靠近人民广场附近找了个剧院作为会场，考虑到之前参加会议的人数比较多，就制定了相应的会议组织方案。会议当天，来了不少持有公司1股股份的投资者，入会登记时就开始索要会议礼品。公司答复：根据监管机构新的规定，上市公司召开股东大会不得发放礼品。这可捅了马蜂窝,不少投资者起哄闹事,导致会议无法按计划进行。万般无奈之下,公司临时请当地警察到场维持秩序,才使会议得以召开。这段经历让我切身感觉到董事会工作无小事,相关工作要事前考虑周详,事中随机应变,合规推进才行。

2002年年中,经推选我担任公司董事会秘书职务。当时公司正处于控制权变更后的业务调整期,也就是要逐步剥离原有的商业零售业务及资产,建立或导入房地产开发业务。

在20年前,国有企业改制尤其是国有上市公司改制及重组的案例还是比较少见的。原万象集团之所以要重组,主要是因为公司建设位于上海南京西路、西藏中路口的万象国际广场(后更名为世茂国际广场),背上了沉重的财务包袱,加之受东南亚金融危机的影响,商业零售业务也不见起色,导致经营困难。在当时的政策、市场环境下,原国资大股东和新大股东在剥离原商业零售资产、人员及加大对房地产业务投入方面,基本上都是"摸着石头过河"。

由于受当时政策、万象集团体量较小及财力较弱等因素的限制,新控股股东的房地产业务无法完整置入上市公司,导致在推进上市公司剥离原资产及建立新业务过程中,相关工作不可避免地面临诸如关联交易多及同业竞争等新问题。尤其是在当时相关规则的规定还不是十分明晰的情况下,在具体工作中要做到兼顾现实并严守合规底线,是有一定挑战的。比如,上市公司参与开发的万象国际广场项目复建需要巨额资金,在上市公司无力参与新一轮增资的情况下,新控股股东需要单独增资来推进项目建设,但这又将导致上市公司在项目公司中的权益比重下降。按照当时的监管规则,这样的事宜其实不必提交董事会审议。但考虑到上市公司放弃追加投资将影响上市公司在项目完工后的可能预期收益,我还是建议将相关事宜作为重大关联交易提交董事会及股东大会审议。

2005 年至 2006 年,为帮助世茂股份增强房地产开发经营能力,把握内地商业地产发展机遇,逐步解决上市公司与集团之间同业竞争的问题,世茂股份与集团香港上市公司世茂房地产共同实施重大关联交易及资产置换工作,置入集团持有的商业地产业务,置出上市公司重组后开展的住宅开发业务。

在世茂股份工作期间,我感受最深的就是合规大于天,无合规,不交易。另外,由于能参与到内地及香港两地上市公司之间交易的工作中,我得以有机会熟悉香港上市公司信息披露、财务、评估制度及其他监管要求,有机会听取香港、内地专业人士对交易方案的建议、意见,这对提升自己的专业能力大有益处。

从 IPO 到并购　胸有成竹

于我而言,如果一直在上市公司工作而没有参与过拟上市企业 IPO,也是个缺憾。后来经引荐,我来到锦富新材(300128.SZ)工作,担任董事会秘书职务。虽然在来锦富新材工作前,我已经有多年的董秘工作经验,但初到锦富新材时,我内心还是比较忐忑的。一是锦富新材主营光学电子薄膜器件,归属于电子行业,而我多年在房地产及相关行业工作,对电子行业不熟悉,对公司主营业务也不了解;二是我第一次参与拟上市企业IPO工作,对相关规则及流程也不熟悉。因此,我抓紧时间向公司同事请教行业及业务相关知识,向保荐机构请教发行及审核的相关问题。公司上市后,在和同事的闲聊中,我说当初幸亏大家赐教,否则我就要拖公司上市的后腿了。

经历过IPO工作的董秘,都体会过其中的辛苦,搞上市、重组不但是个技术活,更是个体力活。记得有次要报上会前的反馈材料,在公司我与同事及中介机构老师一起通宵加班,准备好初稿后就赶往北京荣大做正式材料,等我们团队赶到荣大时天已傍晚,荣大楼内挤满了人,开始工作时已是晚上8点多了,我们加紧斟酌字句、校对数据、调整格式,时至凌晨终于提交终稿给荣大付印。等我们拿到印刷好的全套文件时,朝阳已经升起,又是一个不眠夜。

2010年10月,锦富新材成功在创业板上市。受益于行业高景气度,锦富新材上市后经营业绩也稳步攀升。然而在2013年,公司经营遇到了挑战。在一次陪同公司领导考察项目回程中,我接到同事打来的电话,说公司客户苏州DS的母公司发生财务危机,导致苏州DS经营困难,从而影响公司数千万元应收账款的安全。回公司后,我与同事们讨论应对方案。当时初步了解,苏州DS具有韩国三星一级供应商资质,拥有三星显示这一优质客户、先进的生产技术以及完备的供应链,只是由于管理不善、财务状况不佳而面临经营困境。同时,公司也了解到有同业公司意欲收购苏州 DS。为什么同业公司要收购呢？我陪公司领导来到苏州 DS 现场考察后发现，该公司在苏州工业园区拥有 5 万多平方米厂房（占地 80 亩）及储备用地 20 亩，临近即将完工的苏州中环内，区位优势及增值潜力比较大，设备也比较先进，确实有并购价值。后来的一段时间，公司组织团队加紧对苏州 DS 尽调，并积极与韩国三星、苏州 DS 的其他供应商、债权银行沟通，取得相关方对公司并购计划的支持与理解，在此基础上制定了切实可行的并购方案。后来，公司公告了并购方案，公司以 550 万美元收购苏州 DS97.82％的股权。该收购方案的实施，首先化解了公司应收账款面临的风险；其次实现了产业链延伸，帮助公司掌控独立面向终端厂商的出货渠道，完成了公司平台化转型的重要一步。

不在江湖　仍在江湖

在锦富新材工作的六年间，除了日常的董秘工作外，我还参与了公司多项并购及对外投资工作，也正是这些经历，培育了我对风险投资的兴趣。2015 年 8 月，我离任锦富新材董秘，与志同道合的几位董秘朋友共同创立了一家风险投资公司，从事共同热爱的投资工作，未来我们所投的一些项目也将进入 A 股市场。

我觉得，要做好董秘工作，一是要保持对工作的兴趣，二是要严守合规底线，三是要坚持不断地学习，四是要有个好身体。

这样才能始终保持工作热情，承受工作压力，面对各种挑战，更好地伴随资本市场发展。回首自己 14 年的董秘生涯，真正是"人前风光、背身是泪"，有压力、有挑战、有成就、有乐趣，甘苦自知。

后　记

大家翘首以盼、资本市场首推的《传奇董秘》一书终于正式出版了。

"传奇董秘"策划创意源于中国船舶股份董事、总经理、资深董秘施卫东先生，他是传奇董秘峰会及"董秘好助手"奖的主要发起人。

本书深入聚焦那些在资本市场风浪中勇立潮头的董事会秘书们，通过他们的口述或书写，剖析他们在企业发展关键时刻的思考与行动，展现了他们如何解决难题的智慧，成就了一段段传奇故事，如施卫东引领中国船舶的辉煌篇章、中国铁建余兴喜发行首单境外可转债、华鑫股份胡之奎履职董事会秘书30载而成为资本市场唯一人、紫江企业高军亲历第一批股权分置改革试点、中集集团于玉群主导首家B股转H股、河钢股份李卜海首次跨沪深交易所上市公司吸收合并、金波历经八次融资坚韧不拔……这一切，也是我国资本市场发展的重要事件，推动了中国资本市场在规则制度、资本运作上的一个个创新与突破。

　　书中每一位董事会秘书的传奇经历,在资本市场、行业、区域内都具有首创和引领特质,最黄金的二三十年岁月,都真实展现了他们的实战场景和宝贵心得,他们陪伴上市公司取得了一个个辉煌业绩,也迎来了他们个人职业生涯的高光时刻,成长为职场的耀眼明星。这是他们的青春与梦想、奋斗与坚持、智慧和专业、规范和意识的真实写照。他们的经历鲜明生动,不仅饱含个人成长的启迪,也提供了实用的策略建议。他们是我们的榜样。

　　书中多篇文章是《董事会》杂志谷学禹通过面访,独家获取第一手资料采写而成。

　　2019 年 12 月 20 日、2023 年 11 月 6 日、2024 年 12 月 20 日,《董事会》杂志分别在南京、上海(爱达·魔都号游轮上)、南京举办了三届传奇董秘峰会及勋章颁授仪式;2020 年 6 月 25 日、2023 年 7 月 26 日,《董事会》杂志分别在四川宜宾、上海举行了传奇董秘研讨会,研讨书写传奇、传承传奇、鼓舞同行、引领后辈。其间,五粮液原董事会秘书彭智辅、华鑫股份董事会秘书胡之奎、豫园股份原董事会秘书蒋伟、赣粤高速原董事会秘书熊长水、金发科技原董事会秘书宁凯军、日照港原董事会秘书余慧芳、福田汽车原董事会秘书龚敏、亚厦股份董事会秘书戴轶均、东华科技原董事会秘书罗守生、海南橡胶原董事会秘书董敬军、锦富新材原董事会秘书葛卫东等悉数参加,共话传奇。由此,我们深表感激。

　　《传奇董秘》一书的出版,得到了深圳价值在线信息科技股份有限公司的大力支持,在此,我们特别感谢。近十年来,深圳价值在线信息科技股份有限公司一直致力于推动董办工作信息化,易董 SaaS 产品自 2016 年推出以来,获得了董秘朋友们的大力支持,董秘们不仅提供了非常多的产品思路和宝贵意见,也助力其在全国的业务推广。在服务上市公司的过程中,我们有幸与众多董秘深度交流,这些互动深刻展示了董秘群体的非凡能力——他们不仅精通跨领域知识,具备卓越的沟通协调能力,还擅长资本运作,并能灵活应对各类突发挑战,确保公司合规稳健前行。

我们希望通过这本书,向那些过去、现在以及将来给予我们帮助与鼓励、信任与支持的董秘同仁们致以最诚挚的谢意。我们向积极推荐区域传奇董秘代表的相关协会致以最诚挚的谢意。对于那些正在董办岗位上辛勤耕耘、未来即将成长为董秘的共创伙伴们,我们同样怀着无限的敬意。你们与《董事会》的共创、共建、共享,你们宝贵的建议、智慧的火花,乃至批评与指正,都将成为我们前行的灯塔。

最后,我们希望通过这本书,致敬那些为资本市场做出特别贡献的传奇董秘们!无论他们是否在岗,是已转岗还是已退休,我们都一直铭记在心。同时希望通过这本书,激励那些在职场上奋斗的董办人,无论面临何种艰难险阻,都能心怀信念,勇于担当,每个人都能书写属于自己的辉煌篇章。

《传奇董秘》编委会

2025 年 6 月 30 日

入选本书董秘亲笔签名